WEINBAR. ESSBAR. WANDERBAR 2

UWE ITTENSOHN

WEINBAR. ESSBAR. WANDERBAR 2

DIE JUNGE PFÄLZER VINOTHEKENKULTUR ENTLANG DER WEINSTRASSE

UWE ITTENSOHN

GMEINER

Alle Angaben in diesem Buch wurden vom Autor mit Sorgfalt recherchiert und zusammengestellt. Für die Richtigkeit der Angaben kann jedoch keine Haftung übernommen werden. Wandervorschläge im Internet können veralten, Öffnungszeiten von Gaststätten sind volatil – bitte prüfen Sie beides nochmals vor Antritt Ihres Ausflugs. Für Hinweise und Anregungen sind wir dankbar. Bitte wandern Sie auch im Mittelgebirge gut ausgerüstet und mit Vorsicht.

Besuchen Sie uns im Internet:
www.gmeiner-verlag.de

Im Ehnried 5, 88605 Meßkirch
Telefon 07575/2095-0
info@gmeiner-verlag.de

2. Auflage 2025

Redaktion: Anja Sandmann
Lektorat: Stefanie Stoltenberg
Herstellung/Umschlaggestaltung: Susanne Lutz und Veronika Buck unter Verwendung folgender Fotografien:
© Die Abbilderei Sajovic & Scherr GesbR (Cover)
© Maria Schiffer, Berlin (U4)

Druck: Florjančič tisk d.o.o., Maribor
Printed in Slovenia
ISBN 978-3-8392-0657-7

Uwe Ittensohn – Ex-Banker, Hochschuldozent, Krimiautor, anerkannter Berater für deutschen Wein, Kultur- und Weinbotschafter – ist vielfältig engagiert.

Er sanierte ein denkmalgeschütztes Stiftsgebäude und kümmert sich um den historischen Klostergarten, in dessen schattigen Winkeln er auch die Muße zum Schreiben findet.

In diesem Buch filtert er das Beste aus dem, was er über die Pfalz und deren junge Weinkultur gesehen, geschmeckt und erfahren hat, heraus und präsentiert es zugleich informativ und sehr unterhaltsam.

Mit seinem schriftstellerischen Wirken will er die Kultur, Lebensart und den im Herzen der Pfälzer fest verankerten Hang zum Genuss über die Grenzen der Pfalz hinaus bekannt machen.

INHALT

PRO LOG

WISSEN

ZUM UMGANG MIT DIESEM BUCH

VORWORT

Mittlerweile ist es für uns zur Routine geworden, bei unseren Vinothekenbesuchen oder Wanderungen von Leserinnen und Lesern angesprochen zu werden.

Dabei steht häufig eine Frage im Vordergrund: »Was ist denn nun die schönste, die ultimative Vinothek?«

Im ersten Moment löst unsere Antwort oft Enttäuschung aus.

»Es gibt sie nicht, die alleinseligmachende Vinothek.«

Wie immer im Leben, kommt es auf die Situation und Stimmung an, in der man sich gerade befindet und die Erwartungen, die sich daraus ergeben. Sucht man nach der brillantesten Architektur, den hervorragendsten Weinen, dem schönsten Sonnenuntergang, dem/der kreativsten Winzer/in, dem wohlschmeckendsten Speisenangebot, dem spannendsten Event oder der oder dem freundlichste/n, humorvollste/n Gastgeber/in.

So vage diese Antwort klingt, so sicher sind wir uns aber jener These: »Jede in diesem Buch aufgeführte Location hat das Zeug dazu, in einer ganz besonderen Situation der beste Ort zu sein, an dem man gerade sein kann.«

Und warum beginnen Sie nicht schon heute damit, mit unserer Hilfe, diesen besonderen, glücklich machenden Ort zu finden?

Und dies gilt gleichermaßen auch für die Wanderungen in diesem Buch. Auch hier gibt es Varianten für Familien/Senioren oder eher etwas ehrgeizigere Wanderer.

Wanderungen in der vollen Sonne für die kältere Jahreszeit oder unter schattenspendenden Bäumen für den Hochsommer.

Daneben viel Natur, grandiose Ausblicke, trutzige Burgen oder gar römische Ruinen.

ÜBERSICHTSKARTE PFALZ

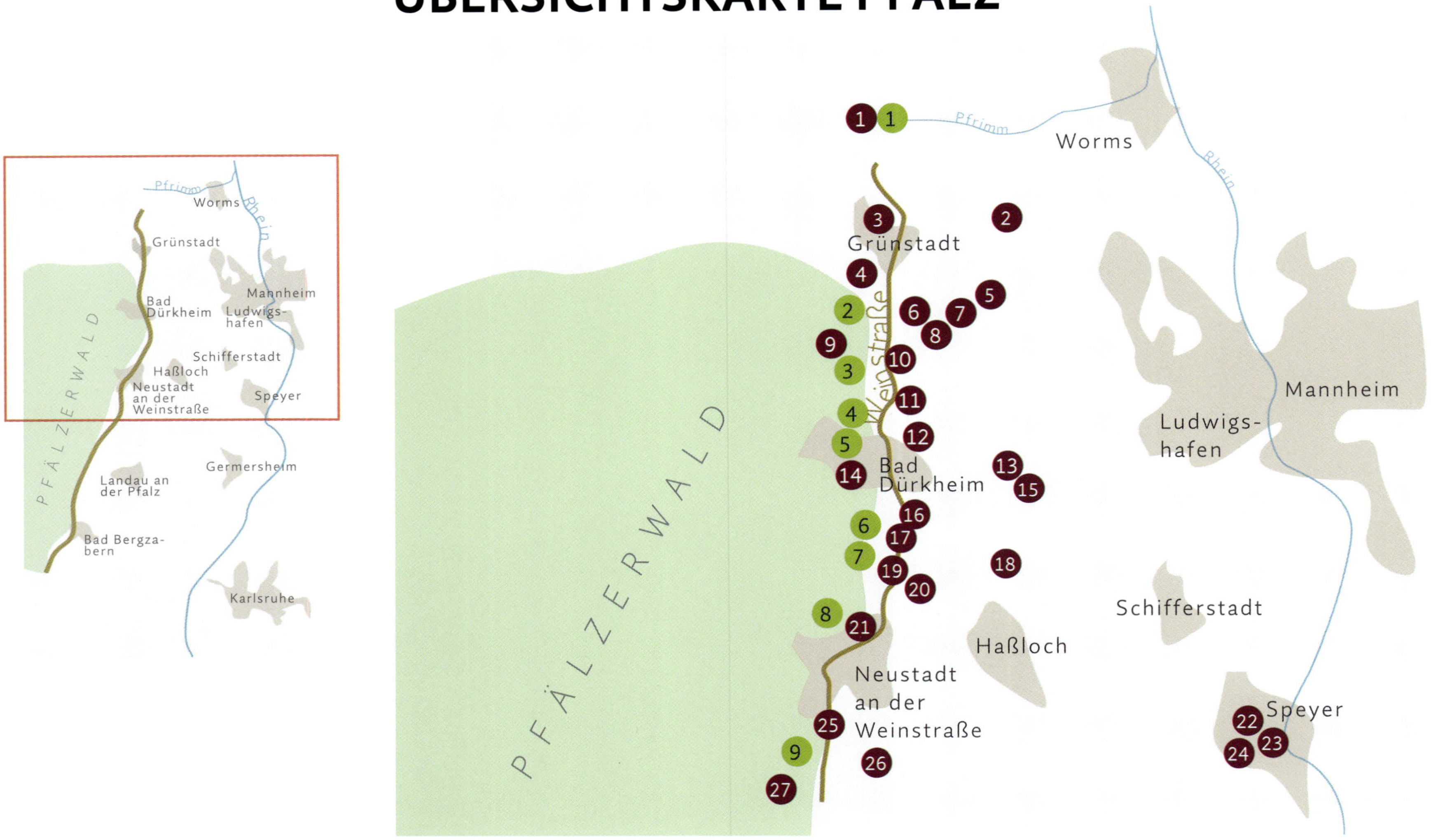

Vinotheken

01 ZELLERS – Die Weinlounge – NEU S. 22
02 Weinarkade Keth – NEU S. 26
03 Weinbar Kabale und Liebe – NEU S.30
04 Weingut Karl-Heinz Gaul S. 34
05 Palatina Weinbar – NEU S. 38
06 Vinothek Mussler S. 42
07 Vinothek und Sektkellerei Schreier S. 46
08 Weinbar Dietrich S. 50
09 ARTRIUM Holz-Weisbrodt S. 54
10 AlexWeinlounge S. 58
11 Weingut am Nil S. 62
12 Weingut Karst – NEU S. 66
13 Weingut Kesselring – NEU S. 70
14 Café und Weinbar HENSEL & GRETEL S. 74
15 Weingut Studier S. 78
16 Genießerlounge Schloss Wachenheim – NEU S. 82
17 Weinbar MAGNUM 44 – NEU S. 86
18 Wein- und Sektgut Braun S. 90
19 Weinwerk Reinhardt S. 94
20 JK WineLounge S. 98
21 Vinothek Oliver Zeter – NEU S. 102
22 Weinlounge im Berzelhof S. 106
23 SUX Restobar S. 110
24 Vinothek Küwé – NEU S. 114
25 Vinothek Weingut Ökonomierat Isler S. 118
26 Weinhaus Anton S. 122
27 Vinothek und Weingut Schreieck S. 126
28 Weingut J. J. Berizzi S. 130
29 Weingut Klein S. 134
30 Vinothek Das Weinhaus Meßmer S. 138
31 Weingut Karl Pfaffmann S. 142
32 Weingut Tina Pfaffmann S. 146
33 Weingut Emil Bauer & Söhne – NEUE LOCATION S. 15
34 Weingut Sauer S. 154

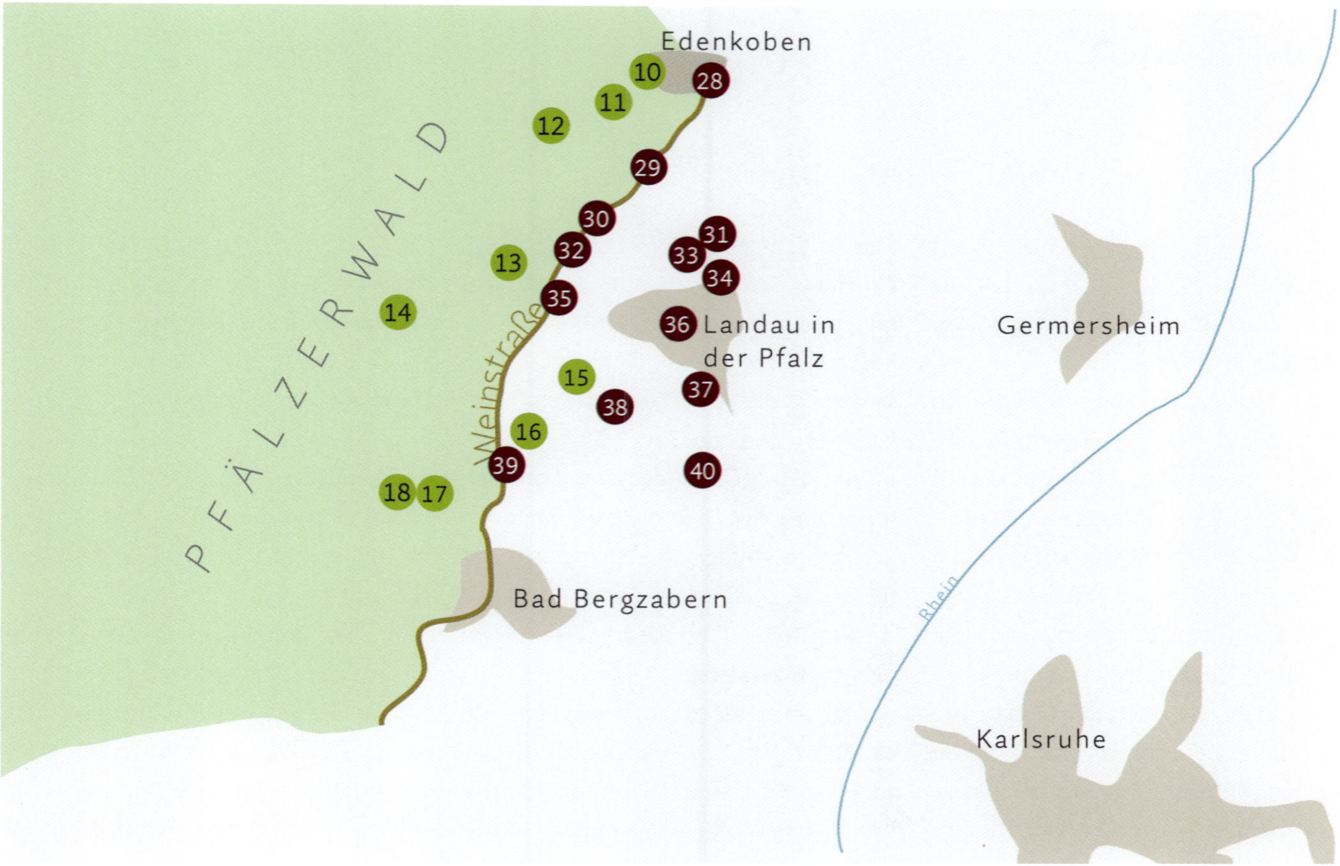

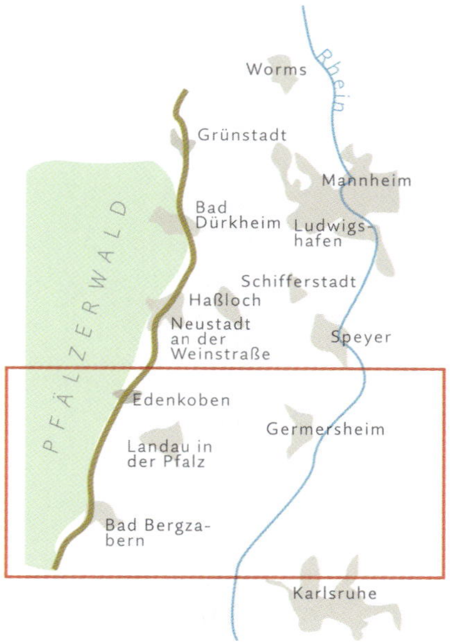

Wanderungen

HINWEISE ZUR NUTZUNG
Vinotheken

»Nicht Masse, sondern Klasse!«

Was für die Erzeugung eines guten Weines gilt, sollte erst recht für den Ort seiner Verkostung gelten. Nicht Masse, sondern Klasse ist gefragt!

Das vorliegende Buch verfolgt nicht die Absicht, ein flächendeckendes Kompendium aller Weinausschankstellen oder Winzer der Pfalz zu sein.

Es ist ein Extrakt der attraktivsten und extravagantesten Weinbars und Vinotheken der Pfalz aus meiner Sicht als Autor und meiner zahlreichen Unterstützer, die mich auf so manches Kleinod aufmerksam machten und begleiteten. Mir war es stets wichtig, viele Geschmäcker und Interessen miteinzubeziehen. Trotzdem bleibt es eine subjektive Auswahl.

Die Mischung macht's! Bei der Selektion hatten wir Leserinnen und Leser vor Augen, die eine Ausgeh-Location suchen, in der man mit allen Sinnen genießen kann. Dazu gehören ein besonderes Ambiente, ein hervorragendes Weinangebot mit besonderer Stilistik sowie die Möglichkeit, an Ort und Stelle zumindest den kleinen Hunger stillen zu können.

Von diesem Dreiklang sind wir selten abgewichen. Nur dort, wo einer der Aspekte besonders herausragend war, haben wir – meist zu Lasten des Speisenangebotes – bewusst diesen strengen Kurs verlassen.

Um Irritationen zu vermeiden, ist es uns wichtig, auf die Begriffe Weinprobiermöglichkeit, Weinprobe, Flight und Gutsausschank besonders einzugehen.

Fast alle in diesem Buch genannten Vinotheken bieten die Möglichkeit, gezielt Weine zu probieren, um sich später für einen oder mehrere zu entscheiden und zu kaufen. Dabei steht die Dame oder der Herr an der Probiertheke gerne für die nötige Beratung zur Verfügung. Danach ist es ein Gebot der Fairness, auch etwas zu kaufen – und, Hand aufs Herz, irgendwas findet man immer.

Für all die, die sich für Weine interessieren, und die einfach nur Spaß daran haben, verschiedene Geschmacksrichtungen kennenzulernen, eignen sich kostenpflichtige, aber unverbindliche Weinproben oder Flights.

Ein Gutsauschank hingegen dient einzig dazu, zu einem fairen Preis den Weindurst zu löschen und dabei im schönen Vinothekenambiente zu verweilen.

Wichtig ist zu wissen: lehnt die Thekenkraft es ab, Ihnen ein Glas Wein zu verkaufen, ist das nicht fehlender Gastfreundschaft, sondern einer fehlenden Gastro-Konzession geschuldet.

Die Vinotheken im Schnell-Check

Nr.	Vinothek	Ort	Weinverkauf: Weinverkauf	Weinverkauf: Onlineshop	Weinverkauf: Probiermöglichkeit	Gastronomie: Ausschank	Gastronomie: Restaurant	Gastronomie: Weinbegleiter	Gastronomie: Barrierefreiheit	Saisonöffnung: J	F	M	A	M	J	J	A	S	O	N	D	Übernachtung: Übernachtungsmöglichkeiten	Übernachtung: Wohnmobilstellplätze
1	ZELLERS – Die Weinblounge – NEU	Albisheim a. d. Pfrimm	x			x	x	x	x	x	x	x	x	x	x	x	x	x	x	x	x		x
2	Weinarkade Keth – NEU	zw. Dirmstein u. Offstein	x	x	x	x			x	x	x	x	x	x	x	x	x	x	x	x	x	x	x
3	Weinbar Kabale und Liebe – NEU	Grünstadt				x	x	x	x	x	x	x	x	x	x	x	x	x	x	x	x	x	x
4	Weingut Gaul	Sausenheim	x		x				x	x	x	x	x	x	x	x	x	x	x	x	x	x	
5	Palatina Weinbar – NEU	Großkarlbach	x	x		x		x	x				x	x	x	x	x	x	x				
6	Vinothek Mussler	Bissersheim	x	x	x	x		x	x					x	x	x	x	x					
7	Vinothek Sektkellerei Schreier	Großkarlbach	x	x	x	x		x	x	x	x	x	x	x	x	x	x	x	x	x	x		
8	Weinbar Dietrich	Großkarlbach	x	x	x	x		x	x			x	x	x	x	x	x	x	x				
9	ARTRIUM Holz-Weisbrodt	Weisenheim a. Berg	x	x	x	x		x	x	x	x	x	x	x	x	x	x	x	x	x	x		
10	AlexWeinlounge	Herxheim a. Berg	x	x	x	x	x	x	x	x	x	x	x	x	x	x	x	x	x	x	x		
11	Weingut am Nil	Kallstadt	x	x	x	x	x	x	x	x	x	x	x	x	x	x	x	x	x	x	x	x	x
12	Weingut Karst – NEU	Bad Dürkheim	x	x	x	x		x	x	x	x	x	x	x	x	x	x	x	x	x	x	x	
13	Weingut Kesselring – NEU	Ellerstadt	x	x	x	x		x	x				x	x					x	x	x		
14	Café und Weinbar HENSEL & GRETEL	Bad Dürkheim	x		x	x	x	x	x	x	x	x	x	x	x	x	x	x	x	x	x	x	
15	Weingut Studier	Ellerstadt	x	x	x				x														
16	Genießerlounge Schloss Wachenheim – NEU	Wachenheim	x	x	x	x		x		x	x	x	x	x	x	x	x	x	x	x	x		
17	Weinbar MAGNUM 44 – NEU	Forst	x	x	x	x	x	x		x	x	x	x	x	x	x	x	x	x	x	x		
18	Wein- und Sektgut Braun	Meckenheim	x	x	x	x		x	x									x	x				x
19	Weinwerk Reinhardt	Ruppertsberg	x	x	x	x		x	x					x	x			x	x			x	
20	JK WineLounge	Ruppertsberg	x	x	x	x	x	x	x	x	x	x	x	x	x	x	x	x	x	x	x	x	

Nr.	Vinothek	Ort	Weinverkauf			Gastronomie																	Übernachtung	
			Wein-verkauf	Online-shop	Probier-möglich-keit	Aus-schank	Restau-rant	Weinbe-gleiter	Barriere-freiheit	Saisonöffnung													Übernach-tungsmög-lichkeiten	Wohn-mobilstell-plätze
										J	F	M	A	M	J	J	A	S	O	N	D			
21	Vinothek Oliver Zeter – NEU	Neustadt-Haardt	x	x	x																		
22	Weinlounge im Berzelhof	Speyer	x	x	x	x	x	x		x	x	x	x	x	x	x	x	x	x	x	x		
23	SUX-Restobar	Speyer				x	x	x	x	x	x	x	x	x	x	x	x	x	x	x	x		
24	Vinothek Küwé – NEU	Speyer	x		x	x		x		x	x	x	x	x	x	x	x	x	x	x	x	x	
25	Vinothek Weingut Ökonomierat Isler	Neustadt-Diedesfeld	x	x	x	x		x	x	x	x	x	x	x	x	x	x	x	x	x	x		x
26	Weinhaus Anton	Kirrweiler	x	x	x	x		x										x	x				
27	Weingut und Vinotel Schreieck	St. Martin	x	x	x	x		x	x	x	x	x	x	x	x	x	x	x	x	x	x	x	x
28	Weingut J. J. Berizzi	Edenkoben	x	x	x	x		x		x	x	x	x	x	x	x	x	x	x	x	x		
29	Weingut Klein	Hainfeld	x	x	x	x		x	x				x	x				x	x				
30	Vinothek Das Weinhaus Meßmer	Burrweiler	x	x	x	x		x	x	x	x	x	x	x	x	x	x	x	x	x	x	x	
31	Weingut Karl Pfaffmann	Walsheim	x	x	x				x														x
32	Weingut Tina Pfaffmann	Frankweiler	x	x	x	x		x	x					x	x	x	x	x				x	
33	Weingut Emil Bauer & Söhne – NEUE LOCATION	Nussdorf	x		x	x		x	x														
34	Weingut Sauer	Nussdorf	x	x	x	x		x	x	x	x	x	x	x	x	x	x	x	x	x	x	x	
35	Wein- und Sektgut Wilhelmshof – NEU	Siebeldingen	x	x	x	x																	x
36	Südpfälzer Genusszentrale – NEUE LEITUNG	Landau	x		x	x		x		x	x	x	x	x	x	x	x	x	x	x	x		
37	Vinothek Par-Terre – NEUE LEITUNG	Landau	x	x	x	x		x	x	x	x	x	x	x	x	x	x	x	x	x	x		
38	WeinNest Vögeli	Wollmesheim	x	x	x	x	x	x	x	x	x	x	x	x	x	x	x	x	x	x	x	x	
39	Weingut Porzelt – NEU	Klingenmünster	x	x	x																	x	
40	Neuspergerhof	Rohrbach	x	x	x				x														

Hinweise zur Tabelle

- Die genannten Merkmale und Angebote galten zum Zeitpunkt der Drucklegung und dienen der grundsätzlichen Orientierung. Sie sind einem ständigen Wandel unterworfen. Insofern empfehlen wir dringend, vor der Anfahrt unbedingt einen Blick auf die jeweilige Homepage zu werfen. Den QR-Code, der Sie auf die jeweilige Internetpräsenz führt, finden Sie stets auf der ersten Seite der jeweiligen Location.

- Daneben bieten die meisten Vinotheken zahlreiche Events wie Weinverkostungen, Sensorikseminare, Weinbergwanderungen, Literaturlesungen, Livemusik und vieles mehr an. All dies lohnt auch einen regelmäßigen Blick auf die jeweilige Homepage, um nichts zu verpassen.

- Dort, wo Übernachtungsmöglichkeiten auf dem Weingut selbst, bei Kooperationspartnern oder sehr nahegelegenen Örtlichkeiten bestehen, wurden sie in der Tabelle mitaufgenommen. Das gilt analog für Wohnmobilstellplätze. Details finden Sie in der jeweiligen Beschreibung der Vinothek.

Legende

- Außer-Haus-Weinverkauf
- Online-Weinshop
- Weinprobiermöglichkeit
- Gastronomischer Weinausschank
- Restaurantküche
- Snacks und Weinbegleiter

Wanderungen

»Unbeschwert genießen«

Um Ihnen ein Wandern mit leichtem Gepäck zu ermöglichen, haben wir für Sie dreierlei geschaffen:

1. einen großformatigen Bildband mit viel Platz für herrliche Fotos und ausführliche Erläuterungen
2. einen digitalen Wanderführer für unterwegs mit detaillierten Informationen zur Routenführung mit Fotos von den schwierigen Wegpassagen
3. in einer führenden Wandernavigations-App all unsere Genusswanderungen in einem geschlossenen Bereich hinterlegt, sodass Sie sich bequem navigieren lassen können.

Den Bildband haben Sie vor sich, aber wie kommen Sie zum digitalen Wanderführer?

Einfach mit Ihrem Smartphone und diesem QR-Code (ihn finden Sie auch jeweils bei den Wanderungen).

Link zur Downloadseite mit Tourenverlauf

Wie hilft mir der QR-Code konkret?

Er ermöglicht Ihnen, auf eine spezielle, für Außenstehende nicht erreichbare Homepageseite, neudeutsch »Landingpage«, zu springen, wo Sie drei Dinge tun können:

Erstens: Sie können dort eine Routenbeschreibung in Form eines PDF-Dokuments downloaden und ausdrucken. Sie haben damit alles, was Sie für die Wanderung brauchen, auf ein paar Seiten Papier.

Zweitens: Natürlich können Sie das PDF-Dokument auf Ihr Smartphone laden und unterwegs die Routeninformationen direkt von Ihrem Mobilgerät lesen. Damit sparen Sie sogar jegliches Papier.

Drittens: Viele Wanderer nutzen mittlerweile Wandernavigations-Apps auf ihrem Smartphone. Deshalb haben wir alle Wanderungen in einem persönlichen Bereich einer weitverbreiteten, gut funktionierenden und in der Basisversion kostenlosen Wander-App gespeichert. Mit dem Link auf unserer Landingpage haben Sie exklusiven Zugriff auf die jeweilige Wanderroute und können sich komfortabel von der App navigieren lassen.

Fazit: Der Buchtext und die Fotos dienen als Appetitmacher und für wichtige Hintergrundinformationen zur jeweiligen Wanderung. Gewandert wird aber ohne sperriges Buch und Eselsohren – mit leichtem Gepäck.

Auf eine Sache möchten wir noch hinweisen: Die bei den Wanderungen angegebene Dauer bezieht sich ausschließlich auf die reinen Gehzeiten. Bedenken Sie, dass Sie für Besichtigungen und Pausen ein zusätzliches Zeitbudget einplanen müssen.

Die Wanderungen auf einen Blick

			Streckenmerkmale			Einschätzung						
Nr.	Genusswanderung	Ort	Reine Gehzeit (hh:mm)	Streckenlänge (km)	Anstieg (Höhenmeter)	beste Jahreszeit	Sehenswürdigkeiten	Ponarama	Kindertauglichkeit	Picknickgelegenheiten	Einkehrmöglichkeiten	m. Öfis zu erreichen
1	Pfälzisch-Rheinhessisches Grenzland: Zellertal – NEU	Wachenheim a. d. Pfrimm	03:31	10,7	160	F,H,W	★★	★★★	★	★★★	★★	X
2	Auf den Spuren der »Leininger«	Battenberg	02:37	7,5	210	F,S,H,W	★★★	★★★	★★	★★	★★★	X
3	Sonniges Berntal	Weisenheim am Berg	02:27	7,5	120	F,H,W	★★	★★	★★	★★★	★★	X
4	Römische Wiege der Pfälzer Weinkultur – MIT KINDERN – NEU	Kallstadt	01:08	4,3	50	F,H,W	★★	★★★	★★★	★★	★★★	X
5	Auf den Spuren von Römern und Heiden	Bad Dürkheim	02:16	6,6	150	F,S,H,W	★★★	★★★	★★★	★★★		X
6	Mittelalterliche Fluchtorte	Wachenheim	03:26	10,0	290	F,S,H	★★★	★★★	★	★★	★★	X
7	Wo einst Vulkane rauchten – NEU	Forst a. d. Weinstraße	03:31	9,9	290	F,S,H	★★★	★★★	★	★★	★★	X
8	Typisch Pfalz!	Neustadt/Weinstraße	02:25	8,7	170	F,S,H,W	★★	★★	★★	★★	★	X
9	Demokratie und Hüttenkultur	Maikammer	03:06	9,0	220	F,S,H,W	★★★	★★★	★★	★	★★★	X
10	Die Pfalz mit allen Sinnen genießen – MIT KINDERN	Edenkoben	02:03	5,8	160	F,S,H,W	★★	★★★	★★★	★★	★★	
11	Die schönste Quadratmeile des Königreiches – MIT KINDERN	Rhodt unter Rietburg	02:32	7,1	180	F,S,H,W	★★★	★★★	★★★	★★	★★★	X
12	Mittelalter-WG – Ganerbenburg Meistersel – MIT KINDERN – NEU	Modenbachtal	02:40	9,2	250	F,S,H,W	★★	★★★	★★★	★★		X
13	Felsen, Burgen, Keltenmystik – NEU	Albersweiler	03:47	9,9	420	F,S,H	★★	★★★	★	★★	★★★	X
14	Auf den Spuren von Richard Löwenherz	Annweiler	03:00	7,9	7,9	F,S,H,W	★★★	★★★	★	★★★	★	X
15	Schönste Weinsicht der Pfalz – MIT KINDERN	Ilbesheim	01:02	3,0	60	F,H,W	★	★★★	★★★	★★★	★	X
16	Von Burg bis Panzersperre	Göcklingen	04:06	11,9	280	F,S,H,W	★★★	★★★	★	★★	★★	X
17	1.000 Jahre Burggeschichte im Zeitraffer	Klingenmünster	01:51	5,1	170	F,S,H,W	★★★	★★★	★★★	★★	★★	X
18	Burgen – so weit das Auge reicht – NEU	Klingenmünster	03:04	8,1	320	F,S,H	★★★	★★★	★★	★★★	★★	X

VI
NO THEKEN

VON NORD NACH SÜD

NEU

ZELLERS – DIE WEINLOUNGE – ZELLERTAL

Albisheim a. d. Pfrimm

»Nördlicher geht's nicht«

01

Adresse
Am Rebfugium 1,
67308 Albisheim (Pfrimm)

Parkplätze links neben der Weinlounge
Geschäftsführer Marius und Michael Blauth
Telefon (0160) 94 60 25 23
E-Mail info@event-team-kl.de
Homepage www.zellers-weinlounge.de
Ausschank/Gastronomie Do. – So.
Sitzplätze 200 im Innenbereich und 150 auf der Terrasse
Wein Weine von renommierten Winzern des Zellertals
Speisen Flammkuchen und weinbegleitende regionale oder mediterrane Köstlichkeiten
Barrierefreiheit barrierefreie/r Zugang und Toiletten
Reservierung nicht erforderlich
Übernachtung keine
Wohnmobilstellplätze 4 – 5

www.zellers-weinlounge.de

Das Zellertal ist für viele Pfälzer Weinfreunde noch ein »Terra incognita« – ein »unbekanntes Land«.

Spricht man im Freundeskreis vom Zellertal, kommt es häufig zu kuriosen Missverständnissen. »Da war ich auch schon im Winterurlaub.« oder »Seit wann wächst mitten in den Alpen Wein?«

Vom Zellertal, nicht vom Zillertal, ist natürlich die Rede.

Und das liegt halb in der Pfalz und halb in Rheinhessen. Die Grenze schneidet es quasi von Nord nach Süd in einen Rheinhessischen Teil im Osten und einen Pfälzischen Teil pfrimmaufwärts im Westen.

Wir bleiben in Albisheim an der Pfrimm in der Pfalz und damit der Intention, die schönsten Vinotheken der Pfalz zu finden, treu.

Hier am westlichen Ortsausgang hat man nicht gekleckert, sondern geklotzt, und es ist eine der größten pfälzischen Vinotheken entstanden. Modern, architektonisch reizvoll an einem wunderbaren Fleck unterhalb des historischen Wartturms, der einen schönen Ausblick über Albisheim und das Tal bietet, thront sie über dem Ort.

Unterhält man sich mit den Inhabern Michael und Marius Blauth, spürt man sofort: Hier sind Unternehmer am Werk, die wissen, was sie wollen, zupacken können und einen festen Plan vor Augen haben. ZELLERS soll DIE Weinlounge im Zellertal werden. Und dabei legt Michael Blauth die Betonung auf das Wörtchen »DIE«. Und dafür lassen sich die beiden, die in ihrer Vergangenheit schon reichlich Erfahrungen im Bereich der Gastronomie und der Organisation von Events gesammelt haben, so einiges einfallen.

Zu Firmenevents, Familienfeiern und Hochzeiten lädt man ins lichtdurchflutete Obergeschoss mit seiner umlaufenden Fensterfront und Terrasse. Und das wirkt ganz schön elegant und schick, wenn alles eingedeckt und dekoriert ist.

Der normale Vinothekenbetrieb kann dann im Erdgeschoss weiterlaufen – entweder innen oder auf der weitläufigen Terrasse vor der Vinothek.

Dazu gesellen sich regelmäßig ganz besondere themenbezogene Events – ob »Zellers Sommernächte« mit Open-Air-Live-Musik auf dem gepflegten Rasen mit der Showbühne vor der Vinothek oder Motto-Partys im Obergeschoss mit bekannten DJs.

Selbst zu den Festtagen fällt Vater und Sohn Blauth etwas ein. So gibt es einen Weihnachtsmarkt und Glühwein zum Weihnachts- oder Silvestermorgen.

Aber auch das klassische Weinprogramm mit Weinproben von Gastwinzern oder Weinwanderungen mit Bollerwagen kommt nicht zu kurz.

Merlot Rosé
WEINGUT WICK

Sauvi-gnon Blanc
WEINGUT SCHWEDT-HELM

Daneben beweisen Sohn Marius und Vater Michael, dass sie auch etwas von Wein verstehen. Denn in ihrer Weinlounge sehen sie so etwas wie das Weinschaufenster des Zellertals mit seinen hervorragenden Winzern. Von ausgewählten Zellertaler Top-Weingütern können sich die Gäste praktischerweise auch gleich im hauseigenen Wein-Shop etwas mitnehmen. Zusätzlich bieten die Blauths mit dem Format »Winzer des Monats« monatlich wechselnde Spezialangebote von anderen renommierten Weingütern aus ganz Deutschland an.

Als wir hier waren, fragten wir gezielt, passend zur Jahreszeit und zur Atmosphäre nach frischen eleganten Weinen für die Terrasse.

Dabei verliebten wir uns in den Sauvignon Blanc vom Weingut Schwedhelm und den Merlot Rosé vom Weingut Wick, beide aus dem benachbarten Weinort Zell.

Der Sauvignon Blanc wuchs auf Lehm-/Tonböden mit massivem Kalkfels im Untergrund.

Die Trauben wurden bei vollständiger Reife geerntet. Dies spiegelt sich in der Harmonie von Frucht- und grünen Aromen wider. Am Anfang sind es eher die grünen Aromen nach Paprika und Stachelbeere, die uns in die Nase strömen. Beim Probieren schmecken wir dann exotische Aromen nach Passionsfrucht. Der Wein ist fein austariert und bietet eine harmonische Kombination aus knackiger Säure und mineralischer Struktur. Einfach fein!

Nicht minder ansprechend ist der Merlot Rosé vom Weingut Wick. Er gedieh auf den wertvollen Kalkböden des Zellertals. Er wurde im sogenannten Saignée-Verfahren erzeugt. Das heißt, dass nur der Saft, der durch das Eigengewicht der Trauben aus den Beeren fließt, aufgefangen wird. Dieses Ausbluten – Saignée

genannt – heißt im Französischen »Aderlass«. Dieser Most geht ohne Maischestandzeit in die Gärung.

In der Nase spüren wir feine Fruchtaromen nach Litschi und Physalis, am Gaumen nehmen wir an dem frisch-spritzigen Wein dazu noch feine Hefearomen wahr, die vom intensiven Hefekontakt bei der Reife herrühren. Fazit: Unbedingt probieren!

NEU

WEINARKADE KETH
zwischen Dirmstein und Offstein

»Grenzerfahrung«

02

Adresse
Weinarkade Keth 1,
zwischen Dirmstein und
Offstein an der L 455

Parkplätze auf dem Anwesen
Inhaber Matthias Keth
Telefon (06243) 75 22
E-Mail kontakt@weingut-keth.de
Homepage www.weingut-keth.de
Ausschank Di. – Sa.
Verkauf/Probiermöglichkeit Di. – Sa.
Sitzplätze 50 im Innenbereich, 30 auf der Terrasse
Wein regionaltypische Weine vom eigenen Weingut
Speisen keine
Barrierefreiheit barrierefreie/r Zugang und Toiletten
Reservierung nicht erforderlich
Übernachtung 10 Fremdenzimmer im Stammhaus (1 Kilometer entfernt)
Wohnmobilstellplätze 10

www.weingut-keth.de

Bei einer unserer Recherchefahrten im Norden der Pfalz hatten wir gerade die Nordgrenze nach Rheinhessen passiert, als unmittelbar vor uns wie eine Fata Morgana eines der imposantesten Vinotheksgebäude, das wir je gesehen hatten, auftauchte.

Natürlich konnten wir nicht anders und hielten an.

Nagelneu, der Rasen davor noch nicht recht angewachsen, erstrahlte die weiße von schlanken Säulen getragene Fassade in der Abendsonne.

Ob den Dimensionen entfuhr uns ein ehrfürchtiges »Wow«, was sich im Innern des 5.000 Quadratmeter großen Gebäudes, in dem neben der Vinothek auch die Produktion untergebracht ist, wiederholte. Mit einer Theke, die in der Länge stattliche elf Meter misst, und damit die längste Vinothekentheke in diesem Buch darstellt, wahrlich ein beeindruckender Anblick.

Unsere Zweifel, ob es denn legitim sei, in einem Pfälzer Vinothekenführer eine Vinothek aufzunehmen, die, wie wir erfuhren, nur wenige hundert Meter jenseits der Pfälzer Grenze in Rheinhessen liegt, zerstreuten sich schnell, schließlich bewirtschaften Silke und Matthias Keth auch Weinberge in der Pfalz. Und natürlich gibt es somit auch Flaschen im Sortiment des Weingutes Keth mit der Anbaugebietsangabe »Pfalz« auf dem Etikett.

Doch nicht nur uns beeindruckte die imposante Architektur dieser außergewöhnlichen Vinothek, auch die Juroren des »Wine Tourism Award« waren begeistert und verliehen ihr den 2024er »Best of Wine Tourism Award« für die besondere Architektur der Vinothek.

Aber kommen wir zu den Inhabern Silke und Matthias Keth. Sie, gelernte Mediengestalterin und Agrar-Betriebswirtin, stammt aus einem landwirtschaftlichen Mischbetrieb. Ihrer Kreativität sind auch die äußerst originellen Wandbilder hinter der Theke und ebenfalls die sehr trendige, geschmackvolle Inneneinrichtung zu verdanken.

Ehemann Matthias, Winzermeister und Weinbautechniker, hat den väterlichen Betrieb übernommen und dynamisch weiterentwickelt. Heute gilt er als der größte Bioland-Weinbaubetrieb in Rheinhessen.

Neben dem Endkundenverkauf über die Flasche – der natürlich mit der neuerbauten Vinothek gesteigert werden soll – beliefert man wie üblich den Fachhandel, die Gastronomie und ein nennenswerter Anteil der Produktion geht auch in den Export nach Lettland, Belgien und die Niederlande.

»Wie wollen Sie dann diese einzigartigen Räume nutzen?«, fragen wir Silke Keth, während wir unseren Blick über das stylishe Mobiliar und die aufwendige mit Gemäldemotiven dekorierte Wand hinter der Theke gleiten lassen.

»Zuallererst natürlich als Probierfläche, auf der wir unsere Weine angemessen präsentieren können. Aber natürlich kann man auch zu uns kommen, um einfach einen Wein gemütlich auf der Terrasse mit herrlichem Ausblick auf die Haardt und das vorgelagerte Rebenmeer zu trinken. In ein paar Monaten, wenn alles ganz fertig ist, planen wir, verschiedene Events in den weitläufigen Räumen auszurichten. Neben den typischen Weinthemen wie Jungweinprobe, Jahrgangsverkostung und unserer Herbstmesse, werden dann Musikveranstaltungen und Afterwork-Partys hinzukommen.«

Wir beschließen spontan, den Kundennewsletter zu abonnieren, denn

Cuvée Rebstoff
WEISS

Sauvi-gnon Blanc
TROCKEN

diese Schmankerl wollen wir uns nicht entgehen lassen.

Aber kommen wir zurück zum Thema Wein. Nicht nur mit der »Bioland-Weingut-Zertifizierung« aus dem Jahr 2023 zeigt Matthias Keth, dass er in seinem Weingut mit der Zeit geht. Längst hat er sogenannte pilzwiderstandsfähige Rebsorten – wie Cabernet Blanc, Muscaris und Phönix – im Anbau, die letztendlich die Ausbringung von Pflanzenschutzmitteln erheblich reduzieren und somit den Bioanbau nutzenstiftend flankieren. Aber auch anderen aktuellen Trends trägt er Rechnung. Ob mit seinem Orangewein Amber – einem auf der Maische vergo-

renen Weißwein mit komplexem Aromenspektrum von Ingwer und Rauch bis hin zu Orangen- und Limettenschalen – oder mit einem entalkoholisierten Weißburgunder, den er seit kurzer Zeit im Angebot hat.

Ihre Weine teilen die Keths in drei Qualitätsstufen ein, die ein wenig an die Fabrikate eines namhaften deutschen Autoherstellers erinnern. Nämlich einer B-Klasse, in der die Basisweine zu finden sind, einer K-Klasse für die Rebsortenklassiker und einer G-Klasse für die Top-Lagenweine des Weingutes.

Als wir hier waren, interessierten uns vor allem die Top-Seller des Weingutes, denn das was die Kunden am meisten kaufen, ist häufig der beste Einstieg, um sich einem Weingut anzunähern. Uns hat hier der Sauvignon Blanc (K-Klasse) besonders überzeugt.

Darüber hinaus wollten wir die Weine aus pilzwiderstandsfähigen Reben des Weingutes kennenlernen, die man derzeit nicht sortenrein, sondern ausschließlich in seinem Cuvée Rebstoff Weiß anbietet.

Der Sauvignon Blanc steht hellgelb im Glas und zeigt an der Nase neben Stachelbeer- auch grüne, frische, vegetative und Paprika-Aromen. Im Mund wirkt er voll mit Geschmacksanklängen an Grapefruit, Mango und wieder Stachelbeere. Die gut eingebundene Säure und leichte Mineralik machen ihn zu einem herrlich frischen Wein, nicht nur für den Sommer. Ein Wein, um immer wieder hineinzuspüren und Neues zu entdecken.

Der Rebstoff Weiß ist ein Cuvée aus den weißen pilzwiderstandsfähigen Rebsorten Cabernet Blanc (Hauptbestandteil), Phönix und Muscaris. Im Glas zeigt er ein glanzvolles Goldgelb. Sein Aroma erinnert an Birne und Apfel. Gerade seine fruchtbetonte Art macht diesen Wein so besonders. Am Gaumen zeigt er sich leichtfüßig und geschmeidig mit frischer Säure, die auch im Nachhall dem Wein eine angenehme Frische und Leichtigkeit verleiht. Ebenfalls ein toller Kandidat für die sommerliche Terrasse, bei dem man die Gewissheit hat, dass er möglichst umweltschonend angebaut wurde.

03

NEU

WEINBAR KABALE UND LIEBE
Grünstadt

»Einfachheit ist das Resultat der Reife«

Adresse
Hauptstraße 101,
67269 Grünstadt

Parkplätze auf den umliegenden Parkplätzen (z. B. dem Luitpoldplatz)
Inhaber David Richter Geschäftsführerin Sabrina Lakas
Telefon (06359) 9 29 81 09
E-Mail info@kabale-und-liebe.com
Homepage www.kabale-und-liebe.com
Gastronomie Di. – Sa., sonntags Mittagstisch
Sitzplätze 60 im Innenbereich, 80 auf der Terrasse
Wein regionaltypische Weine von Weingütern aus dem Leininger Land
Speisen regionale Küche modern interpretiert, von Vespertellern bis hin zu kompletten Menüs
Barrierefreiheit barrierefreie/r Zugang und Toiletten
Reservierung unter (06359) 9 29 81 09 oder über das Online-Reservierungstool
Übernachtung keine
Wohnmobilstellplätze keine

www.kabale-und-liebe.com

»Einfachheit ist das Resultat der Reife«, sagte schon Friedrich Schiller, wenn auch nicht in Kabale und Liebe.

Gelegen am Grünstädter Schillerplatz, stellt der Name »Kabale und Liebe« eine Hommage an diese Adresse dar.

Obiges Zitat umschreibt ganz gut die besondere Architektur der Weinbar/dem Restaurant »Kabale und Liebe«, die ihr die namhaften Grünstädter Architekten Christian Hennecke und seine Frau Anja Hennecke-Honigmann angedeihen ließen. Die Hülle, ein denkmalgeschütztes rund 300 Jahre altes Anwesen, und innen kompromisslose Modernität. Klare Formen, Reduziertheit und der Mut, konstruktive Elemente zu zeigen, machen das Interieur dieser Weinbar aus.

Und wenn Christian Hennecke schmunzelnd sagt, »eine der wenigen Weinbars, die behaupten kann, die Bartheke wurde flüssig angeliefert«, dann hat er natürlich recht. Die lange, raumgreifende Theke besteht tatsächlich aus rosa eingefärbtem Sichtbeton und ist ein echter Hingucker.

Aber noch eine Bemerkung Henneckes beeindruckt uns. »Als wir diese Weinbar planten, waren wir uns bewusst, dass wir nicht nur mit hiesigen Vinotheken konkurrieren, sondern mit jenen in den Metropolen wie Frankfurt oder Stuttgart.«

Und genauso ist es. Wer sich aufmerksam die Parkplätze der Pfälzer Vinotheken anschaut, wird eine stetig wachsende Anzahl von Kennzeichen aus eben diesen Metropolregionen und sogar aus dem benachbarten Ausland finden.

Aber kommen wir zu dem, was uns in den Räumen dieser eleganten Weinbar erwartet. Da ist vor allem eine sehr geglückte Weinauswahl mit regionalen Weinen aus dem sogenannten Leininger Land, der Region um Grünstadt. Darunter findet man Weine der Winzerstars dieser Region, wie zum Beispiel den Weingütern Knipser oder Philipp Kuhn, beide aus dem benachbarten Laumersheim. Aber auch Entdeckungen noch etwas weniger bekannter Winzer, wie zum Beispiel den Weingütern Heil und Echter aus Kirchheim beziehungsweise Grünstadt-Asselheim.

Aber dazu später mehr. Denn im »Kabale und Liebe« kann man mehr als feine Weine an der Bartheke kosten. Es wartet nämlich mit einer voll-

Merlot
WEINGUT ECHTER

Sauvignon Blanc
WEINGUT PHILIPP KUHN

wertigen Restaurantküche auf, die keinen Vergleich scheuen muss.

»Regionale Küche modern interpretiert«, fasst Sabrina Lakas, die Geschäftsführerin des »Kabale und Liebe« zusammen. Und das trifft es ganz gut. So haben wir uns beispielsweise einen Pfälzer Max aus der Vesperkarte bestellt, und wurden mit einem optisch außerordentlich gelungen angerichteten Saumagen, Krautsalat, Spiegelei auf rustikalem Bauernbrot überrascht.

Für die Vegetarier unter uns gab's geschmelzte Spinatknödel mit Röstzwiebeln, Pfifferlingen, Kirschtomaten und Thymianschaum. Beides war einfach lecker.

Natürlich kann man sich auch ein komplettes Menü zusammenstellen. Dabei stehen ebenfalls sehr pfiffige Gerichte zur Auswahl. Ob als Vorspeise einen sommerlichen Aprikosensalat mit Balsamico und Ziegenkäse oder einen Cappuccino aus lila Kartoffeln. Oder als Hauptspeise geschmorte Rinderbacke mit Gremolata, wildem Brokkoli und Brezenknödel. Alles ist auf den Punkt zubereitet und hübsch angerichtet. Zum Abschluss nahmen wir noch Orangen-Savarin mit Sanddorn, Salzmandelcréme und Urkarotten-Sorbet. Die Krönung eines wunderbaren Essens. Auch eine schöne Kinderkarte gibt es. So ist alles bereit für einen wunderbar entspannten kulinarischen Abend mit unerwartet hoher Qualität zu fairen Preisen. Gerne immer wieder.

Doch nicht nur die Weine und das Essen verdienten sich unsere Anerkennung. Das Personal war außerordentlich aufmerksam und serviceorientiert. Ein gelungenes Gesamtpaket und ein Lob an die Geschäftsführerin und Restaurantmeisterin Sabrina Lakas.

An dieser Stelle kehren wir noch einmal zu den Weinen zurück. Und

wollen genau das, was die Weinkarte bietet, bei unserer kleinen Verkostung aufgreifen. Nämlich einen kleinen Winzerbattle zwischen Platzhirsch und Außenseiter, bei dem uns Sabrina Lakas bestens beriet. Dabei haben es uns der Sauvignon Blanc vom Weingut Philipp Kuhn und der Merlot vom Weingut Echter besonders angetan.

Wie uns Lakas darlegte, entstammen die Trauben für den Sauvignon Blanc von drei verschiedenen Bodenarten: Kalkstein, Löss und Kies. Diese Böden bringen zusammen mit den unterschiedlichen Höhenmetern der einzelnen Lagen und verschiedenen Erntezeitpunkten der Trauben einen einzigartigen, vielfältigen Geschmack des Weins hervor.

In die Nase strömt uns ein wahres Potpourri an vegetativen und Fruchtaromen entgegen – Stachelbeere, frische Minze und Zitronengras, aber auch Kiwi. Am Gaumen saftig, würzig, mit Anklängen an reife Früchte, wieder Stachelbeere, Kiwi und nun auch Maracuja, dazu mineralischer Tiefgang mit etwas Feuerstein im Nachhall. Wow, mit wie vielen Aroma dieser Sauvignon Blanc aufwarten kann.

Der Merlot Asselheimer Goldberg vom Weingut Echter ist alles andere als ein Schwächling. In tiefem Rubinrot mit dunkler intensiver Farbe steht er im Glas. Das Aroma ist kurz nach dem Öffnen noch eher verschlossen, der Duft nach dunklen Beeren dezent. Ganz anders am Gaumen. Hier erwacht der Kraftprotz zum Leben. Er füllt den Mund mit kräftigen Beerenaromen. Aufgrund der schon gebrauchten Barriques, in denen der Wein reifte, ist die Holznote eher dezent – ebenso die Tanninstruktur. Der Nachhall ist lang, getragen von der fruchtigen Säure. Ein Wein, den man getrost auch noch etwas liegen lassen kann mit einem für einen Merlot sehr guten Preis-/Leistungsverhältnis.

WEINGUT KARL-HEINZ GAUL

Sausenheim

»Drei Frauen«

Adresse
Bärenbrunnenstraße 15,
67269 Grünstadt-Sausenheim

04

Parkplätze entlang der Straße, direkt vor dem Anwesen
Inhaber Dorothee und Karoline Gaul
Telefon (06359) 8 45 69
E-Mail info@weingut-gaul.de
Homepage www.weingut-gaul.de
Ausschank/Gastronomie nein
Verkauf/Probiermöglichkeit Mo. – Sa.
Sitzplätze 20 im Innenbereich, 20 auf dem Rasen vor der Vinothek
Wein breite Auswahl ortstypischer Weiß- und Rotweine vom eigenen Weingut
Speisen keine
Barrierefreiheit barrierefreie/r Zugang und Toiletten
Übernachtung 2 Ferienwohnungen im Haupthaus
Wohnmobilstellplätze keine

www.weingut-gaul.de

Seit die Schwestern Karoline und Dorothee das Weingut Gaul von ihrem viel zu früh verstorbenen Vater Karl-Heinz übernommen haben, hat sich viel getan. Von einfach »weiterführen und erhalten« kann da bei Weitem nicht mehr die Rede sein.

Die beiden haben gemeinsam mit ihrer rührigen Mutter Rosemarie das Weingut stetig nach vorne entwickelt. Am Anfang war es der gewagte Neubau des Cortenstahl-Kubus, der die Vinothek beherbergt und der bei Eröffnung im Jahr 2015 wegen seiner architektonischen Extravaganz und Modernität die Geister geschieden hat. Mittlerweile ist er zur Normalität und gleichwohl zum Sinnbild moderner Architektur an der Deutschen Weinstraße geworden.

Heute sind es zunehmend andere Attribute, die in den Vordergrund rücken. So haben die beiden Schwestern die Stilistik ihrer Weine deutlich verändert. Sie sind trockener geworden, viele davon haben kaum bis nahezu keinen Restzucker. Die Mineralität der in den Sausenheimer und Asselheimer Lagen anzutreffenden Kalkböden ist in den Vordergrund gerückt. Die Weine sind eleganter, feiner und subtiler geworden.

Das sehr gute Abschneiden bei verschiedenen Weinprämierungen zeigt, dass das auch in der Weinwelt nicht unbemerkt geblieben ist. So drängen die Gauls mit der Qualität ihrer Weine mit aller Macht nach vorne – ob im Berliner »LagenCup Weiß« 2022, wo man sie als Winzerinnen des Jahres auszeichnete, oder dem 1. Platz beim FOCUS Weintest in der Königsdisziplin Spätburgunder.

Und dies bei dauernder Doppelbelastung. Die jungen Frauen haben beide Familie und kleine Kinder zu Hause. Verbringt man einige Stunden hier, ist es geradezu hinreißend, wie die Schwestern und Mutter Rosemarie fast spielerisch Staffelstäbe übergeben und sich mal um dieses oder jenes Kleinkind kümmern, daneben die Sanierung der Kelterhalle im Blick behalten oder Kunden bedienen.

Ein eindrucksvolles Beispiel, dass sich Erfolg und Familiensinn keineswegs ausschließen.

»Unsere Mutter und wir sind halt ein perfektes Team«, bekennt Karoline nicht ohne Stolz.

Ob auf dem Weinberg, auf Weinmessen, Galas oder gar Empfängen auf der Frankfurter Buchmesse, die Gaul-Schwestern stehen überall erfolgreich ihre Frau.

Aber zurück zum Wein. »Noch immer sind 40 Prozent der Rebflächen des Weingutes mit Rieslingreben bestockt. Doch mit 35 Prozent Rotweinanteil entwickeln wir uns zunehmend zum Rotwein-Weingut«, resümiert Karoline Gaul. Und seit dem 1. Platz beim FOCUS Weintest wird es zunehmend schwieriger, die Kundennach-

frage zu bedienen. Viele der beliebten Rotweine Gauls sind vorzeitig ausverkauft. »Bei uns kommt nur das in die Flasche, was auch wirklich Potenzial hat«, erklärt Dorothee. So kommt es, dass die ein oder andere Rebsorte nicht jedes Jahr das hausinterne Prädikat »Zugpferd« erreicht und die Kunden auf den nächsten besseren Jahrgang warten müssen. »Respekt vor so viel Qualitätsbewusstsein«, können wir da nur sagen.

Keine Frage, dass so eine Ansage neugierig macht und provoziert, das Resultat auf die Probe zu stellen. Und so wollten wir sowohl einen der mineralischen Rieslinge als auch eines der roten Spitzengewächse – in diesem Fall das Spätburgunder Zugpferd – unbedingt probieren.

Ausgesucht haben wir uns den Asselheimer Riesling, der – wie Dorothee feststellt – »als typischer Vertreter der Gaulschen Kalksteinrieslinge« am besten geeignet ist.

Hellgelb mit grünen Reflexen steht er im Glas. In der Nase spüren wir florale Noten und den Duft nach reifem Pfirsich sowie etwas weißem Pfeffer. Am Gaumen sehr frisch mit dezenter Frucht und deutlich mineralischen Komponenten. Saftig, angenehmer Grip. Schön eingebundene Säure. Im Abgang bleibt eine frische Frucht und Mineralik zurück. Fein – ein Tipp für alle, die die oft säuerlichen Rieslingabgänge nicht mögen.

Dann probierten wir den Spätburgunder Zugpferd. Aus dem Glas steigen uns die Aromen dunkler Beeren in die Nase. Im Mund zeigt er eine kühle Eleganz, wirkt seidig angenehm mit dichtem Mundgefühl. Wir schmecken Cassis und etwas Vanille, die er seiner 18-monatigen Reife im Barrique verdankt. Im Abgang spüren wir gut eingebundene Tannine und eine leichte Rauchigkeit am Ende. Fazit: Wahrlich ein Zugpferd.

GAUL

NEU

PALATINA WEINBAR
Großkarlbach

»Drei Freunde!«

Es war so eine Idee – wie man sie eben beim Weintrinken hat. Die drei Freunde Johannes Reibold, sein Bruder Philipp und Jörg Beyer saßen in ihrem wunderbaren Garten zusammen und taten das, was sie am liebsten tun, nämlich einen schönen Wein genießen.

»Eigentlich zu schade, um ihn nur privat zu nutzen«, meinte einer der Drei, der gerade den Blick über den romantischen Garten schweifen ließ. Schon war die Idee geboren, daraus eine der romantischsten Vinotheken der Pfalz zu machen, und den Garten auch für Gäste und gleichgesinnte Weinliebhaber zu öffnen.

Adresse
Hauptstraße 51,
67229 Großkarlbach

05

Parkplätze entlang der Hauptstraße oder dem Parkplatz hinter der Kirche
Inhaber Johannes Reibold und Jörg Beyer
Telefon (0176) 61 97 98 66 (Weinbar) und (06238) 7 64 95 19 (Palatina Werkstatt)
E-Mail post@palatina-weinbar.de
Homepage www.palatina-weinbar.de, www.palatina-werkstatt.de, www.weingut-reibold.de
Ausschank/Gastronomie/Verkauf Fr. – So. (Weinbar) nur in der warmen Jahreszeit
Verkauf/Probiermöglichkeit Mo. – Sa. (Weingut)
Sitzplätze 40 im Innenbereich, 80 im Außenbereich
Wein breite Auswahl ortstypischer Weiß- und Rotweine vom eigenen Weingut und von anderen Weingütern
Speisen wöchentlich wechselnde kleine, feine, regionale und mediterrane Gerichte
Barrierefreiheit barrierefreier Zugang zur Weinbar und zu den Toiletten
Reservierung nicht möglich
Übernachtung keine
Wohnmobilstellplätze keine

www.palatina-weinbar.de

Wenn man an einem sonnigen Tag in dieser wunderbaren Umgebung sitzt, versteht man, warum die Pfalz immer wieder mit mediterranen Gefilden, wie beispielsweise der Toskana, verglichen wird.

Das denkmalgeschützte Anwesen mit dem hinter alten Sandsteinmauern verborgenen Garten, mit der wilden, in Teilen sehr naturnahen, Anlage könnte ebenso gut in der Provence oder sonst wo im Mittelmeerraum liegen. Wer die Provence mag, wird diesen Garten lieben und es nicht lassen können, hier Stammgast zu werden.

Mit viel Mühe und treffsicherem Geschmack wurden überall kleine Sitzecken eingerichtet. Ob auf der Wiese am alten Springbrunnen, weit oben auf den Resten eines alten Gemäuers oder unter dem geschwungenen Baldachin eines rostigen Gartenpavillons. Dazwischen immer wieder schöne alte Dinge wie Terrakotta-Amphoren, Steintröge oder Skulpturen. Vieles ist roh vom Vater selbstgezimmert, wie zum Beispiel die kleinen Gartentische aus alten Fassböden.

Aber eines ist all diesen schönen alten Dingen gemein: Sie passen auf wunderbare Art zusammen und geben dem Garten ein einzigartiges Ambiente, das so auf uns wirkt, als müsse alles genau an jenem Fleck stehen. Nichts wirkt dekoriert oder künstlich, alles organisch und eine Spur wild und mediterran nachlässig. Und genau das, verrät uns Johannes, ist oft viel schwerer zu erreichen, als wenn alles antiseptisch, in Reih und Glied angeordnet und streng gejätet jene Künstlichkeit versprüht, wie sie in formalen Gärten anzutreffen ist.

Und so sitzen wir hier herrlich entspannt zwischen Feigen-, Oliven- und Granatapfelbäumchen, die Wege gesäumt mit meterhoher gelbblühender Wolfsmilch, und fühlen eine Leichtigkeit wie im Urlaub in uns einkehren.

»Genauso wollten wir es haben«, bekennt Johannes, »ein Ort zum Wohlfühlen und zum Genießen, zum Aussteigen aus der täglichen Hektik.« Und genau diese Ruhe und Gelassenheit verbreitet der junge Mann. Er schweigt auch mal gerne, nippt am Weinglas und lässt seinen Blick schweifen.

Natürliche Bodenständigkeit. »Nicht große Ankündigungen und Versprechungen machen, einfach nur beste Qualität liefern«, beschreibt er die Philosophie der beiden Winzerbrüder.

So wirkt es wenig überraschend, dass sie einen stark ertragsreduzierten, naturnahen Bioweinbau betreiben.

Und spricht er über sein Qualitätsbewusstsein, wird aus dem so gechillten jungen Mann plötzlich ein Pedant: »Wenn ich in einer Lesekiste ein faules Träubchen sehe, muss ich es rauszupfen. Schließlich soll in unseren Wein nichts rein, was den Geschmack verderben könnte.«

Und was ihre Weine angeht, sind die Reibolds sehr selbstbewusst und scheuen nicht den Vergleich mit anderen Premiumweingütern. So bieten sie neben ihren eigenen Weinen den Gästen insgesamt 200 verschiedene deutsche Weine an. Darunter auch

Riesling
VOM KALKSTEIN

Spätburgunder
FREINSHEIM

gereifte Weine und hochpreisige Raritäten. Tendenz weiter steigend. Man will auch »Weinverrückte« verwöhnen können.

Dafür, dass die edlen Weine auch bestens in Szene gesetzt werden, sorgen extrem feine hochwertige Gläser und Eiskübel, die mit jeder Flasche ausgegeben werden. Schließlich muss für den optimalen Genuss alles stimmen.

In einem wirkt Johannes sehr entschieden. »Wir bieten nur Flaschen an, keine Viertel oder Achtel, kein Schorle und auch keine Mixgetränke oder Cocktails.« Wer noch fahren muss, kann auf ausgewählte alkoholfreie Getränke, und wer allein kommt, auf 0,375-Literflaschen ausweichen.

Das passt konsequent zur Philosophie der drei Freunde. Ihr Garten soll ein Platz zum Genießen und Verweilen sein – keine Partylocation und keine Stehkneipe für einen schnellen Drink zwischendurch.

Obwohl man sich als Habitat für Weinenthusiasten sieht, engt man sich nicht ein und ist Familien mit Kindern, die auf dem Rasen spielen, oder Hunden, die gemütlich unter dem Tischchen dösen, genauso zugewandt.

Natürlich braucht es für all die flüssigen Köstlichkeiten auch eine Unterlage. Dazu werden auf einer wöchentlich wechselnden Karte kleine, aber feine Gerichte von regionaler oder mediterraner Prägung angeboten.

Über die Palatina Weinbar zu schreiben, ohne die im gleichen Anwesen untergebrachte Palatina Werkstatt zu erwähnen, würde zu kurz greifen. Und das ist die Domäne des dritten Freundes, nämlich Jörg Beyer. Streng genommen unterteilt sich sein Angebot in zwei Kategorien:

Zum einen gibt es bei ihm all jenes zu kaufen, was auch den herrlichen Garten ausmacht, nämlich Amphoren und Terrakottagefäße aller Art – dazu viele der Pflanzen, die auch im Garten der drei zu bewundern sind. Außer-

dem alte Steingefäße, Fässer, Kunsthandwerk und vieles mehr.

Zum anderen unterhält er auch eine edle Boutique, in der man hochwertige Messer, Gläser, Berkel-Maschinen und vieles mehr findet. Nicht selten passierte es uns, wenn wir mit Freunden hier waren, dass der Wein länger als gedacht auf uns warten musste, weil vorher erstmal ausgiebig in den herrlichen Sachen gestöbert wurde.

Als wir hier waren, haben wir uns in den hauseigenen Riesling vom Kalkstein und den »Freinsheimer Spätburgunder« verliebt.

Wie uns Johannes Reibold erläutert, baut er die Reben seines Kalkstein-Rieslings auf den Lagen Großkarlbacher Burgweg und Herxheimer Honigsack an. Nach der selektiven Handlese, bei der nur die jeweils optimal ausgereiften Trauben geerntet werden, lässt er ihn spontan in Edelstahl- und Halbstückfässern vergären. Aus dem dünnwandigen Glas steigt uns – dem Kalksteinboden mit Löss-/Lehmauflage geschuldet – ein mineralischer Duft entgegen. Dazu gesellt sich das rieslingtypische Limetten-Zitronenaroma. Am Gaumen stellt sich eine überraschende Salzigkeit ein, dazu neben der Mineralität etwas zurückhaltende Fruchtigkeit. Dazu lässt die knackige Säure (obwohl nur 5,9 Gramm pro Liter bei fast fehlendem Restzucker von 0,2 Gramm pro Liter) den Riesling frisch erscheinen.

Ein spannender Wein, den man unbedingt probieren sollte.

Der Spätburgunder Freinsheim – aus den ältesten Rebanlagen rund um Freinsheim – schenkt uns eine beerige Aromatik, gepaart mit einem Hauch Würze in der Nase.

Am Gaumen spüren wir kraftvolle rote Frucht. Auch bei diesem Wein gibt uns der geringe Restzucker von nur 0,2 Gramm pro Liter bei ebenfalls 5,9 Gramm Säure ein frisches Finish.

Ein kraftvoller Wein, dem man bei aller Eleganz die 18-monatige Reife in zweit- und drittbelegten Barriques anmerkt und der auch würzigen Speisen und Käsesorten Paroli bieten kann. Wer die Weine des Weingutes Reibold probieren möchte, kann dies natürlich auch direkt im Weingut Reibold in Freinsheim tun (Wallstraße 19, 67251 Freinsheim).

VINOTHEK MUSSLER
Bissersheim

»Mondän und trotzdem familiär«

Adresse
Am Goldberg 6,
67281 Bissersheim

06

Parkplätze gegenüber dem Weingut
Inhaber Sabine Mussler
Telefon (06359) 24 90
E-Mail info@weingut-mussler.de
Homepage www.weingut-mussler.de
Ausschank/Gastronomie April und Mai sowie August und September: Fr. u. So.
Verkauf/Probiermöglichkeit Mo. – Sa. (und So. bei geöffneter Vinothek)
Sitzplätze 65 im Innenbereich, 280 im Garten
Wein breite Auswahl ortstypischer und internationaler Weine vom eigenen Weingut
Speisen wechselnde hausgemachte kleine Speisen
Barrierefreiheit barrierefreie/r Zugang und Toiletten
Reservierung nur für den Innenbereich, unter (06359) 24 90
Übernachtung keine
Wohnmobilstellplätze keine

www.weingut-mussler.de

Die monumental wirkende, schier endlos lange Zypressenallee – mit Sicherheit die längte dieser Art, die es in der Pfalz und vielleicht im kompletten süddeutschen Raum gibt, ist schon für sich genommen ein Hingucker.

Im Kontext mit den gepflegten weitläufigen Gartenflächen drum herum, stets mit Blick auf die toskanische Villa, die die Vinothek des Weingutes beherbergt, beeindruckt sie immer wieder.

Kein Wunder, dass sich heiratswillige Paare förmlich anstellen, um ihre Hochzeitsfeier hier ausrichten zu dürfen.

Wer jetzt das Gefühl hat, das alles spielt sich hinter hohen Zäunen und Mauern ab, der irrt. Freitags und sonntags sind die Vinothek und der bezaubernde Garten dahinter geöffnet. Ob man einfach nur so hierherkommt, um ein paar Gläser Wein und ein regional oder mediterran angehauchtes Tellergericht zu genießen – das Mutter Margit mit Verstärkung einer ganzen Armada fleißiger Helferinnen aus dem Ort Großkarlbach zubereitet. Oder ob man hier bei einem der Events, wie zum Beispiel dem »Dragonfly & Friends Markt«, wo man zauberhafte Kleinigkeiten erstehen kann, oder bei einem der Live-Musikabende zu Gast ist, das Gelände/die Vinothek ist immer einen Besuch wert.

Auf eines legen wir, wenn wir hier sind, allerdings immer Wert. Wir bleiben sitzen, bis sich der Trubel gelegt hat und wir nahezu alleine an einer der kleinen Sitzgruppen auf dem zauberhaft illuminierten Rasen sind. Dann lauschen wir dem einsetzenden Gesang der Grillen und beobachten die Fledermäuse, die über unsere Köpfe hinweg

fliegen und erinnern uns zurück an traumhafte Urlaube in der Toskana.

Doch auch sonst geht es hier stets gastfreundlich zu. Sabine Mussler ist eine gute Gastgeberin. Mit ihr und Hofhündin Marly sitzen wir an einem Tisch vor dem Haus und plaudern. Obwohl Sabine Mussler gerade abgespannt vom Weinberg kommt, wo sie zusätzlich zur Leitung – des für Pfälzer Verhältnisse recht großen Weingutes – ihre Frau steht, wirkt sie freundlich und ausgeglichen, antwortet geduldig auf unsere Fragen und berichtet über das, was gerade so auf dem Weingut und in der Lese passiert. Darunter auch über ihren triumphalen Sieg beim deutschen Rotweinpreis 2022.

»Den müsst ihr probieren!«, sagt sie, steht auf und kommt mit einer Flasche und Gläsern zurück.

Es ist schon etwas Besonderes, den Sieger des Rotweinpreises zu verkosten. Aber ganz bewusst wollen wir ihm einen der Musslerschen Alltagsweine voranstellen. Schließlich ist es eine Sache, einen Top-Wein, und eine andere, auch einen attraktiven Wein für jeden Tag, auszubauen. Deshalb verkosteten wir vor dem Rotwein einen Sauvignon Blanc aus dem Gebietsweinsortiment des Weingutes.

»Unser Sauvignon Blanc wurde ganz nach der neuseeländischen Art gelesen: bei einem ersten Gang durch den Weinberg nehmen wir knackig grüne Trauben mit, die eine schöne Säure und unglaubliche Frische enthalten. Beim zweiten Durchgang, ein paar Tage später, lesen wir die Trauben zum absoluten Reifezeitpunkt, wenn sie schön gelbfruchtig und saftig sind«, schildert uns Sabine Mussler.

Ein Indiz, dass man auf dem Weingut Mussler auch bei preiswerteren Weinen die Qualität großschreibt.

Der Duft des Sauvignon Blanc erinnert an exotische Früchte, Stachelbeere und einen Hauch Paprika. Diese Polarität ist sicherlich der selektiven ersten grünen und dann gelbfrüchtigen Lese zu verdanken.

Am Gaumen trifft der grüne frische Geschmack auf fruchtige Eindrücke, insbesondere eine geballte Ladung Maracuja. Sein animierendes Spiel mit der Fruchtsüße und Säure macht diesen Wein zu einem spannenden Erlebnis. Immer wieder hebt man das Glas und spürt nach. Ein Wein, von dem man sich unbedingt ein Kistchen sichern sollte.

Sauvignon Blanc
GEBIETSWEIN

Rotwein-Cuvée
TUVIJAH

In den »Tuvijah Hommage trocken, Laumersheimer Steinbuckel« haben Sabine Mussler und ihr brillanter Kellermeister Steffen Mickley ihre ganze Energie gelegt. Kein Wunder, stellt er doch eine Hommage an Sabine Musslers viel zu früh verstorbenen Ehemann Tobias dar. So bedeutet auch das Wort »Tuvijah« auf Hebräisch »Tobias«. Es ist sozusagen sein letzter Wein – ein solches Cuvée auszubauen, war immer sein Traum gewesen. »Ausgerechnet damit den von Vinum ausgelobten deutschen Rotweinpreis 2022 in der Kategorie Cuvée zu gewinnen, hat mich ganz besonders berührt«, bekennt Sabine Mussler und für einen Augenblick kehrt sie in sich und schweigt.

Letztlich besteht er aus den Rebsorten des klassischen Bordeaux Cuvées. Nämlich aus Merlot, Cabernet Sauvignon und Cabernet Franc. Er hat eine 24-monatige Reifezeit in neuen Barriques hinter sich. Daraus haben Sabine Mussler und ihr Kellermeister die besten Fässer ausgewählt und abgefüllt.

»Alles sollte optimal sein«, bekennt sie.

Und diese Absicht scheint funktioniert zu haben. Der Tuvijah leuchtet in klarem Rubinrot im Glas.

Uns steigen Beerenaromen entgegen, gefolgt von dunkler Kirsche.

In der Nase zeigt sich sein ausdrucksstarker Körper und spiegelt die Vielschichtigkeit wider.

Er liegt voll im Mund, die intensiven Fruchtaromen sind harmonisch in die Holznoten eigebunden. Wir schmecken einen Hauch Kaffee. Das gut ausbalancierte Spiel von Säure und Süße rundet den wunderbaren Geschmack perfekt ab.

Ein ganz besonderer Wein, von dem man unbedingt versuchen sollte, eine der raren Flaschen zu ergattern. Ersatzweise gibt es auch einen Nachfolger, der dem Vorgänger in nichts nachsteht.

Und für alle, die sich fragen, was der in goldenen Lettern gedruckte Schriftzug, auf dem mit Hilfe von Kreativdesigner Tino Latzko gestalteten Sonderetikett bedeutet, hier in Klarschrift:

Die Schwalbe und der Weinstock

Hier steht er, tief verwurzelt, unentbehrlich, Jahr für Jahr.

Und jedes Jahr kommt sie zurück zu ihm und bringt ihm eine Nachricht.

Er soll wachen über allen und alles fest zusammenhalten.

… und so lebt er in jedem Stock, seine Seele in jeder Rebe.

VINOTHEK UND SEKTKELLEREI SCHREIER

Großkarlbach

»Neu aufgestellt!«

Adresse
Bissersheimer Str. 4,
67229 Großkarlbach

Parkplätze vor und gegenüber der Vinothek
Inhaber Harry, Mareike und Patrick Schreier
Telefon (06238) 21 00
Homepage www.wein-sektgut-schreier.de
E-Mail info@wein-sektgut-schreier.de
Ausschank/Gastronomie Fr. – So.
Verkauf/Probiermöglichkeit Mo. – Do. (nach Absprache)
Sitzplätze 100 im Innenbereich, 56 im Hof
Wein breite Auswahl ortstypischer Weine und Sekte aus der eigenen Kellerei sowie Brände aus der eigenen Brennerei
Speisen Flammkuchen, mediterrane Tapas und Tellergerichte sowie Pfälzer Kleinigkeiten
Barrierefreiheit barrierefreie/r Zugang und Toiletten
Reservierung nicht möglich
Übernachtung keine
Wohnmobilstellplätze keine

07

www.wein-sektgut-schreier.de

Im Wein- und Sektgut Schreier hat sich einiges getan.

Mit dem altersbedingten Rückzug von Hansjürgen Kohn im Jahr 2022 galt es für Harry Schreier, sein Wein- und Sektgut zukunftsfähig aufzustellen. Neben ihm trat auch sein Sohn Patrick in die Führung des Weingutes ein, das nun von einer Zweierspitze betrieben wird. Und natürlich hat sich damit auch der Name des Weingutes geändert. Tochter Mareike unterstützt die beiden tatkräftig im Marketing, bei Veranstaltungen und dem Social-Media-Management.

Patrick ist studierter Betriebswirt und wird sich um die kaufmännischen Belange des Unternehmens kümmern. Wieder ein Beleg dafür, dass es heute viele Kompetenzen braucht, um den Herausforderungen eines großen und erfolgreichen Sekt- und Weingutes gerecht zu werden.

Und das gilt insbesondere dann, wenn man so vielfältig engagiert ist wie die Familie Schreier.

Neben einem Weingut und einer Weinkellerei, die auch fremde Trauben verarbeitet, werden auch die angebotenen Sekte selbst im eigenen Gut hergestellt. Daneben übernimmt Harry Schreier die Lohnversektung auch für andere Winzer.

Aber damit nicht genug. Auch gastronomisch sind die Schreiers sehr aktiv. Neben einem Ausschank in der gepflegten Vinothek bietet man den Gästen eine breite Auswahl mediterraner und regionaler Kleinigkeiten und wechselnde Tagesgerichte an.

Und damit es den Kunden und Gästen nie langweilig wird, ist man wie

kaum eine zweite Vinothek mit einem prall gefüllten Veranstaltungskalender sehr vielseitig aufgestellt.

Neben Bands wie Mocábo mit der haitianischen Sängerin Lisbania Perez oder Stayfunny mit Stefanie Nerpel – bekannt aus Voice of Germany –, wird den Gästen eine beachtliche Qualität geboten. Aber nicht nur Musikdarbietungen füllen den Kalender. Mareike Schreier ist sehr kreativ und setzt auf Abwechslung: Neben traditionellen Weinwanderungen und Weinproben, gibt es Modeschauen (Wine meets Catwalk), Handarbeitsworkshops, Kunsthandwerk-Ausstellungen (Wine meets Design), Yoga im Weinberg oder Lesungen in Form von »Wine meets Crime Abenden«.

Um auch den Freunden und Fans außerhalb der Pfalz gerecht zu werden, geht die Familie Schreier jeweils im August auch noch auf Tournee und wirkt bei Weinfesten im Ruhrgebiet und Aachen mit.

Eine weitere Besonderheit des Schreierschen Angebotes ist die Verkaufsausstellung von Terrakottatöpfen und mediterranen Pflanzen. Ob uralte Rebstöcke mit dekorativen armdicken Hochstämmen aus der Mittelmeerregion, Zypressen, Olivenbäume oder besondere Obstgehölze. Hier wird jeder fündig, der seinem Garten eine mediterrane Note verleihen will.

Aber auch das Wein- und Sektangebot der Schreiers ist unglaublich vielseitig. Von den üblichen regionalen Rebsorten abgesehen, die man lückenlos im Angebot hat, finden sich auch viele internationale Rebsorten, wie zum Beispiel Merlot, Cabernet

Sauvignon oder Auxerrois. Dazu greift man auch auf hier in der Region eher seltene alte deutsche Rebsorten wie Bachus, Trollinger oder Kanzler zurück.

Dass er auf der Höhe der Zeit ist, beweist Harry Schreier auch damit, dass er moderne pilzwiderstandsfähige Rebsorten und entalkoholisierte Still- und Schaumweine im Angebot hat. Und diese sind – wie wir uns selbst überzeugen konnten – durchaus gelungen. Wie er nicht ohne Stolz verkündet, bietet er dazu passend auch alkoholfreie Pendants zu Mischgetränken, wie Aperol Spritz und Co., an.

Als wir hier waren, haben wir uns besonders auf die prickelnden Köstlichkeiten des für seine Sekte bekannten Betriebes fokussiert. Dabei haben uns der Secco Premium und der Winzersekt Pinot Blanc Brut besonders gut gefallen.

Spricht man Winzer auf ihre Seccos an, schwingt in der Antwort häufig etwas Entschuldigendes mit. Noch immer haben Seccos nicht den besten Ruf, wurden doch von weniger qualitätsorientierten Winzern früher darin manchmal auch Überschüsse oder weniger nachgefragte Weinsorten verarbeitet und mit etwas Kohlesäurezusatz trinkbar gemacht.

Bei Schreiers ist das anders. Hier nehmen die Seccos mit insgesamt fünf Sorten einen breiten Platz im Weinangebot ein. »Es kommt immer auf die Gelegenheit an«, so Mareike Schreier. Im Sommer auf der Terrasse sind sie unschlagbar. »Und da darf sogar auch ausnahmsweise ein Eiswürfel rein – erlaubt ist, was schmeckt.«

Und der Secco Premium schmeckt uns ausgesprochen gut an jenem Sommertag bei Familie Schreier in der Vinothek. Ein feines Erdbeeraroma strömt uns aus dem zartrosa Blanc de Noirs Secco entgegen. Seine Perlage ist für einen Secco überraschend fein und verleiht ihm eine angenehme Frische.

Auch auf der Zunge spüren wir den fruchtigen Erdbeergeschmack, begleitet von einem angenehmen Mundgefühl und voller Cremigkeit. Man könnte einen warmen Sommerabend auf der Terrasse kaum angenehmer beginnen.

Das Wein- und Sektgut Schreier zu verlassen, ohne einen Sekt zu probieren, wäre wahrlich eine Sünde. Auf der Suche nach einem unkomplizierten frischen Sekt sind wir gerne Mareikes Empfehlung gefolgt und haben den Winzersekt Pinot Blanc Brut probiert.

Im Aroma des Weißburgundersektes schlagen sich das lange Hefelager von 24 Monaten und eine reife dezente Fruchtigkeit nieder.

Im Geschmack nehmen wir neben reifen Äpfeln ein sehr dezentes Briochearoma wahr, die zurückhaltende, gut eingebundene Säure verleiht ihm Tiefe und Frische. Bei nächster Gelegenheit werden wir Mareikes Ratschlag folgen und ihn zu Frischkäse oder einem jungen Ziegenkäse probieren.

WEINBAR DIETRICH
Großkarlbach

08

»On the sunny side …«

Hat man das Privileg, an einem lauen Sommer- oder Frühherbstabend vor der 2010 eröffneten Weinbar Dietrich entweder an einem Tisch, Hightable oder gar auf einer mitgebrachten Picknickdecke zu sitzen, einen feinen Sekt oder Wein vor sich zu haben und hier vom Osterberg in den Sonnenuntergang zu schauen, spürt man, dass man gerade »On the sunny side of life« ist. Romantischer und entspannter kann man einen Tag kaum ausklingen lassen.

Und das hat sich allmählich in der Weinwelt herumgesprochen. Kein Wunder, dass der Parkplatz unterhalb der Vinothek fast überquillt und man schon eine Fläche hinter dem Weingut freigeben musste, um den Limousinen, Sportwagen und SUVs mit Kennzeichen aus dem Rhein-Main-Gebiet, Rhein-Neckar-Raum, der Bergstraße und natürlich aus der Pfalz ausreichend Platz zu bieten.

Spricht man die Brüder Arnd und Gerrit Dietrich auf den mondän anmutenden Gästefuhrpark an, wehren sie ab. »Nein, wir wollen für alle da sein, für Jung und Alt, Arm und Reich« und tatsächlich sind auch die Preise entsprechend fair geblieben.

Auch mit einem weiteren Aspekt tragen sie dazu bei, dass ihre Weinbar auch eine echte Weinbar im wörtlichen Sinne bleibt und sich nicht zu einer x-beliebigen Bar entwickelt. »Bei uns gibt es keinen Schnickschnack, wie Cocktails und Mischgetränke – sieht man mal von einem anständigen Pfälzer Schorle ab.« (Anmerkung der Redaktion: Will man sich nicht sofort als Auswärtiger outen, dann in der Pfalz

Adresse
Am Osterberg 1,
67229 Großkarlbach

Parkplätze unterhalb der Weinbar und hinter dem Weingut
Inhaber Arnd, Gerrit, Erhard und Ellen Dietrich
Telefon (06238) 20 00
E-Mail info@weinhof-dietrich.de
Homepage www.weinhof-dietrich.de
Ausschank/Gastronomie Fr. – So.
Verkauf/Probiermöglichkeit Mo. – Sa.
Sitzplätze innen 65, außen 150 oder je nach mitgebrachten Picknick-Decken
Wein regionaltypische und internationale Weine vom eigenen Weingut
Speisen Flammkuchen, Antipasti-Teller und andere mediterran angehauchte Kleinigkeiten
Barrierefreiheit barrierefreie/r Zugang und Toiletten
Reservierung nicht möglich
Übernachtung keine
Wohnmobilstellplätze keine

www.weinhof-dietrich.de

bitte immer *der* Schorle und nicht *die* Schorle wie im Hochdeutschen oder *das* Schorle wie im Schwäbischen sagen.)

Auch sonst fokussieren sich die beiden auf das Wesentliche, was wahrscheinlich auch ihren Erfolg ausmacht. Die Weinbar soll möglichst immer an den Wochenenden für die Gäste, die teilweise mehr als 100 Kilometer Anreise auf sich nehmen, geöffnet haben. Daher gibt es weder Events, wie Weinproben, noch private Feierlichkeiten mit geschlossenen Gesellschaften.

Ähnlich konsequent handhaben sie es auch mit ihrem Weinangebot. Es ist voll auf den Bedarf der Weinbar abgestimmt. Easy-Drinking ist angesagt, mit leichten unkomplizierten Weinen, die perfekt zu einem Sonnenuntergang auf der Terrasse passen. Und das sind hauptsächlich Rieslinge, Burgunderweine, Sauvignon Blanc, Chardonnay, Rosé und international angehauchte Rotweine.

Doch auch Spezialitäten haben die Brüder im Angebot. So gehörten sie mit ihrem »OC«, einem maischevergorenen und im Barrique ausgebauten Chardonnay, quasi zu den Pfälzer Pionieren des sogenannten »Orangeweins«. Daneben hat es ihnen das Holz angetan. Arnd kommt ins Schwärmen,

Weißwein-Cuvée
RIESLING UND SAUVIGNON BLANC

Rosé
PINOT NOIR

wenn er von im Barrique ausgebauten Weißweinen und Rosés spricht. »Wir haben bereits 2008 mit einem Weißburgunder, einem Sauvignon Blanc und einem Pinot Noir Rosé unsere Oaked-Linie nach südafrikanischem Vorbild geschaffen. Bis heute ist diese Stilistik in der Pfalz einzigartig. Ohne diese besonderen Weine und der daraus resultierenden Chance auch Neues auszuprobieren und sich weiterzuentwickeln, würde es doch aber nur halb so viel Spaß machen«, bekennt Arnd Dietrich lächelnd.

Als wir hier waren, ließen wir uns von Gerrit Dietrich seine Gästelieblinge –

das Weißwein-Cuvée aus Riesling und Sauvignon Blanc und den Rosé Pinot Noir – einschenken.

Obwohl das Cuvée zu 70 Prozent aus Riesling und zu 30 Prozent aus Sauvignon Blanc besteht, dominiert im Aroma der Sauvignon Blanc mit seinem Duft nach Stachelbeere, das subtil vom Pfirsich- und Aprikosenaroma des Rieslings begleitet wird. Am Gaumen spüren wir klare, gelbgrüne Fruchtigkeit mit einer frischen, leichten Säure. Etwas Riesling-Restsüße liegt zart über allem. Die Sommerfrische im Glas. Fazit: Zu 100 Prozent terrassentauglich.

Der Pinot Noir Rosé hatte nur eine kurze Maischestandzeit, um eine Frische und Leichtigkeit zu erhalten. Er ist kühl im Edelstahltank vergoren und trocken ausgebaut.

Sein Aroma erinnert an Erdbeere und Himbeere. Am Gaumen zeigt er frische Säure, aber auch eine leichte Restsüße. Wir schmecken rote Johannisbeere, Himbeere, Erdbeere. Auch ein perfekter Sommerwein für all jene, denen Terrassenweine auf keinen Fall zu säuerlich sein dürfen.

Er eignet sich hervorragend zur leichten Sommerküche, wie zum Beispiel Seafood und Pasta oder auch einfach nur, um ihn solo zu genießen. Ein toller Wein für die warme Jahreszeit.

ARTRIUM HOLZ-WEISBRODT

Weisenheim am Berg

»Am Puls der Zeit!«

Adresse
Leistadter Straße 25
67273 Weisenheim am Berg

09

Parkplätze vor oder rechts neben dem Artrium
Inhaber Familie Weisbrodt
Telefon (06353) 9 36 10
E-Mail artrium@holz-weisbrodt.de
Homepage www.holz-weisbrodt.de
Ausschank/Gastronomie Mi. – So.
Verkauf/Probiermöglichkeit Mo. – So. (Stammhaus)
Sitzplätze 80 im Innenbereich, 120 auf der Terrasse
Wein regionaltypische und internationale Weine und Sekte von der Erzeugergemeinschaft Holz-Weisbrodt
Speisen Flammkuchen sowie mediterrane Tellergerichte und Weinbegleiter
Barrierefreiheit barrierefreie/r Zugang und Toiletten
Reservierung unter (06353) 93 61 22
Übernachtung im Ort
Wohnmobilstellplätze auf Anfrage

www.holz-weisbrodt.de

Kaum ein Weingut verdient das Prädikat »Am Puls der Zeit« mehr als das Weingut Holz-Weisbrodt.

Man kann der Familie Weisbrodt durchaus attestieren, dass sie mit ihrem ARTRIUM wohl *die* Keimzelle der Pfälzer Vinothekenkultur war. Und das wurde gerade mal vor 20 Jahren eröffnet. Heute gehören Vinotheken ganz selbstverständlich zur Identität der deutschen Weinstraße und sind hier in ihrer Dichte einzigartig in Deutschland und geradezu prägend für das Weinanbaugebiet Pfalz.

Aber auch bei einem anderen Trend war das Weingut Holz-Weisbrodt vorne mit dabei – nämlich beim Secco.

So gehörte das Weingut Weisbrodt zu den ersten Weingütern, die schon Anfang der 2000er ganz bewusst auf diesen mit zugesetzter Kohlensäuere geperlten Wein setzten. Mit ihrem Secco Verde, der Anleihen beim portugiesischen Vinho Verde nimmt – was ihm seinen ganz besonders frischen Ausdruck gibt –, hat Sebastian Weisbrodt einen Kult-Secco geschaffen, der nach wie vor zu einem der besten Pfalz-Seccos gehört und mit seinen nur 9,6 Prozent Alkohol überdies sehr leicht ist.

Auch bei den sogenannten pilzwiderstandsfähigen Weinen (PIWIS), die in Zeiten immer strenger werdender Umweltauflagen den Schlüssel zu weniger Chemie im Weinberg darstellen, spielt man ganz vorne mit. Sebastian Weisbrodt kann gleich mit einer ganzen Reihe dieser Weine wie zum Beispiel: Muscaris, Cabernet Blanc, Sauvignac, Sauvitage usw. aufwarten.

Doch noch bei einem weiteren brandaktuellen Trend geht er vorneweg. Nämlich bei den entalkoholisierten Weinen, Seccos und Sekten gehörte das Weingut Holz-Weisbrodt zu den Pfälzer Winzerbetrieben, die dieses Terrain schon sehr früh betreten haben.

So lassen sich heute hier einige Erfolge vorweisen. 2023 wurde beispielsweise der Freepearl Rosé aus dem Hause Holz-Weisbrodt von Mundus Vini mit Gold prämiert.

Zuletzt traute man sich an eine weitere Innovation – nämlich teilentalkoholisierten Wein. So kann der jugendlich frech aufgemachte Rosé »Lottchen am Meer« mit nur drei Prozent Alkohol aufwarten. »Weniger als Bier«, sagt Indra Weisbrodt stolz, der diese Kreation eine Herzensangelegenheit war und die Ausstattung und Alkoholgehalt quasi bei ihrem Ehemann und Kellermeister Sebastian in Auftrag gab.

»Wir haben zum Glück eine Betriebsgröße, die es uns erlaubt, mit nahezu allen gängigen Rebsorten Neues auszuprobieren und auch mal etwas, was nicht geklappt hat, zu verwerfen«, setzt Sebastian Weisbrodt hinzu. Man spürt, dass er hin und wieder gerne in die Rolle des Tüftlers und Produktentwicklers schlüpft und sie als Bereicherung seiner Arbeit im Keller sieht.

So gehört es bei der Familie Weisbrodt zum Geschäftsmodell, jedes Jahr bis zu vier Winzer-Azubis beziehungsweise duale Studenten des Weincampus Neustadt einzustellen und ihnen die Komposition ihres eigenen Azubi-Weines zu ermöglichen.

Wen wundert's, dass all diese Innovationen auch ein ganz besonderes Publikum anlocken. So berichten Indra und Sebastian stolz, dass auch mehr und mehr junge Leute in die Vinothek kommen, was trotz der Modernität der Pfälzer Vinotheken noch nicht unbedingt typisch ist.

Doch neben dem Stolz auf diese Modernität taucht in unserem Gespräch auch immer wieder der Bezug zur Familie und deren Tradition auf. Was so weit ging, dass Sebastian einen Riesling aus seinen besten Lagen als Hommage an seinen Vater Willibald »Vadder« genannt hat. »In diesen Wein hat der Kellermeister sein ganzes Können gelegt«, bekennt Indra schmunzelnd. Hinein kamen nur beste handverlesene Trauben – im Ertrag halbiert.

Und dass das keine leere Versprechung war, bestätigt die goldene Kammerpreismünze, die er für diesen Wein verliehen bekam.

Natürlich wollten wir uns das nicht entgehen lassen und haben vor Ort diesen Wein verkostet.

In die Nase steigt uns ein Duft frischer Honigmelonen, Pfirsich und Banane, untermalt von Aromen grünen Apfels. Im Mund ein komplexer Riesling mit ausgewogenem Süße-/Säurespiel und einem Geschmack nach saftigen gelben Früchten. Lecker.

Da wir natürlich auch immer nach dem Besonderen suchen, wollten wir uns eine weitere Rarität des Hauses Holz-Weisbrodt nicht entgehen lassen – den Manzoni Bianco. Dieser Wein ist in der Pfalz nur bei ein oder zwei weiteren Winzern zu finden und genießt hierzulande zu Unrecht ein Schattendasein. Er wurde Anfang der 1930er Jahre von Luigi Manzoni, dem ehemaligen Direktor der Scuola Enologica von Conegliano unweit von Venedig, gezüchtet. Lange ging man davon aus, dass die Eltern dieser Kreuzung Riesling und Pinot Blanc waren, heute weiß man aus DNA-Analysen, dass statt des Pinot Blancs wohl eher ein Chardonnay am Start war. Derzeit wird der Manzoni Bianco in größeren Mengen überwiegend in Südtirol und Venezien angebaut.

Durch seine kleinen, dickhäutigen, einzelnstehenden Beeren besitzt er ein hohes Maß an Resistenz gegen den echten und falschen Mehltau, was ihn auch für den Bioweinbau besonders attraktiv macht.

In der Nase finden wir Aromen von Zitrus, Litschi und weißen Blüten.

Am Gaumen offenbart er eine leichte Frucht gepaart mit dem Geschmack exotischer Früchte.

Unserer Erfahrung nach passt er auch sehr gut in empfindliche Mägen, die viel zu oft auf den säurebetonten Riesling verzichten müssen. Auf keinen Fall entgehen lassen.

ALEXWEINLOUNGE

Herxheim am Berg

»Angesagt«

10

Adresse
Weinstraße 1
67273 Herxheim am Berg

Parkplätze links neben dem Anwesen
Inhaber Alexander Bröhl
Telefon (06353) 9 32 56 30
E-Mail info@alexweinlounge.de
Homepage Vinothek www.alexweinlounge.de
Homepage Wein-Shop Winzergenossenschaft Herxheim a. B. www.wg-herxheim.com
Ausschank/Gastronomie Mi. – So.
Verkauf/Probiermöglichkeit Mo. – So. (Winzergenossenschaft)
Sitzplätze 85 im Innenbereich, 100 auf der Terrasse
Wein regionaltypische Weine und Sekte der Winzergenossenschaft Herxheim am Berg eG
Speisen saisonale Tellergerichte, Leckereien oder herzhafte Brotzeiten, passend zum Wein
Barrierefreiheit barrierefreie/r Zugang und Toiletten
Reservierung keine
Übernachtung keine
Wohnmobilstellplätze keine

www.alexweinlounge.de

Kaum eine Vinothek in der Pfalz ist so populär und bekannt wie die AlexWeinlounge. Eine bedeutende Rolle dabei spielt zweifellos die einzigartige Lage des Gebäudes auf dem höchsten Punkt der Deutschen Weinstraße, auf 212 Meter über Meereshöhe, in Herxheim am Berg. An einem klaren Tag ist der Blick über das Rebenmeer in die Rheinebene bis hinüber zu Odenwald, Bergstraße und sogar dem Nordschwarzwald geradezu grandios.

Aber es gibt noch einen zweiten Aspekt, der die AlexWeinlounge so populär macht, nämlich die Inhaber Alex Bröhl und seine Ehefrau Alexandra sowie ihr Team – immerhin mittlerweile zusammen über 50 Personen. Sie gehen perfekt mit dem Besucheransturm um und verstehen es, alle hungrigen und durstigen Gäste schnell mit dem gewünschten Wein, Sekt oder Essen zu versorgen. An vorderster Front, immer mittendrin, wenn der Besucheransturm anrückt, sind Alex und Alexandra Bröhl an der Theke anzutreffen. Und das ist wohl auch das Erfolgsgeheimnis der Weinlounge.

Dass hier trotz der großen Zahl an Gästen die Qualität stimmt, beweist auch die Tatsache, dass der Restaurantführer Gault&Millau die Weinlounge in seiner Ausgabe 2023/24 mit einer Kochmütze belohnt hat, wie Alex Bröhl fast schon verlegen über diese Ehre bekennt.

Die Bröhls tun auch sonst alles, dass sich die Gäste wohlfühlen. Man versucht, jedem Geschmack gerecht zu werden und bietet neben einem breiten Sekt- und Weinangebot von der Win-

zergenossenschaft Herxheim am Berg auch zahlreiche Cocktails und Mixgetränke an.

Auch zur Unterhaltung der Gäste wird so einiges auf die Beine gestellt. Jeden Donnerstag gibt es Musik. An jedem ersten und dritten Donnerstag legen unter dem Motto »Berg'n Beats« verschiedene wechselnde DJs chillige Beats auf.

Und an jedem zweiten und vierten Donnerstag im Monat gibt es unter dem Titel »Der Berg groovt« Live-Musik in toller Atmosphäre. Tragend ist dabei die »C3NTRAL Hausband«, die, wie Alex Bröhl erklärt, unglaublich vielseitig ist. Ihr Repertoire reicht von Latin bis Jazz und Pop und wird über alle Genres hinweg perfekt interpretiert. Nicht zuletzt gelingt das durch wechselnde Solisten, wie unter anderem die in der Region weithin bekannte haitianischen Sängerin Lisbania Perez. Und natürlich gibt es auch außer den Donnerstagen immer mal wieder Specials, wie zum Beispiel das »X-MAS Special« oder Jahresabschluss-Tanzpartys, mit denen Alex seine Gäste aus der Reserve lockt.

Wer eher weinorientierte Events sucht, ist gleich nebenan in den Räumen der Winzergenossenschaft Herxheim am Berg gut aufgehoben. Hier im Nordflügel des modern gestalte-

ten Gebäudes kann man in Ruhe die Weine der Genossenschaft verkosten oder sich bei einer der zahlreichen Veranstaltungen, wie zum Beispiel »Blindflug«, eine Weinverkostung aus schwarzen Gläsern, Fassweinproben oder Kellerführungen mit dem Kellermeister einbuchen, und den Tag danach bei einem schönen Abendessen nebenan in der Alex Weinlounge ausklingen lassen.

Als wir hier waren, haben wir uns von Alex Bröhl und Thomas Vogel, dem Geschäftsführer der Winzergenossenschaft Herxheim am Berg, durch die Publikumslieblinge im Weinsortiment der Weinlounge führen lassen.

Dabei sind uns besonders der Sauvignon Blanc trocken aus dem Wein-

segment »Hang« und der Chardonnay trocken vom Weinsegment »Plateau« positiv in Erinnerung geblieben.

Anzumerken sei hier, dass die Winzergenossenschaft ihre Weine in die vier Segmente: »Anhöhe«, »Hang«, »Plateau« und »Gipfel« mit jeweils aufsteigender Qualität untergliedert.

Der Sauvignon Blanc »Hang« steht hellgelb im Glas. Sehr ausgewogen steigen uns zunächst sortentypisch die grünen Aromen wie Stachelbeere und grüner Paprika gefolgt vom Duft nach tropischen Früchten wie Litschi und Passionsfrucht entgegen. Diese Fülle schmecken wir auch beim Kosten des Weines. Sie verleiht ihm ein reiches mundfüllendes, intensives Bukett. Im Abgang geben ihm eine lebendige, knackige Säure Eleganz und ein feiner Geschmack nach Ananas noch einen schönen bleibenden Nachhall. Fein zu einem sehr fairen Preis.

Der Chardonnay trocken »Plateau« ist in der Herxheimer Lage Kobnert gewachsen. Selbst ohne Holzausbau ist er kräftig und zeigt schon an der Nase Brioche-, Pfirsich- und Apfelnoten, die sich am Gaumen wiederholen. Seine filigrane Säure gibt ihm einen langen Abgang. Ein guter Begleiter zu mildem Käse.

WEINGUT AM NIL
Kallstadt

»Die Farbe Lila«

11

Adresse
Neugasse 21
67169 Kallstadt

Parkplätze großer Parkplatz an der Nordseite des Weingutes
Geschäftsführerin Christine Ludt
Telefon (06322) 95 79 10 00
E-Mail info@weingutamnil.de
Homepage www.seieinlilaloewe.de
Ausschank/Gastronomie Do. – So.
Verkauf/Probiermöglichkeit Mi. – So.
Sitzplätze 80 im Restaurant, 70 im Innenhof
Wein breite Auswahl ortstypischer Weine und Sekte vom eigenen Weingut
Speisen umfassendes Speisenangebot von Weinbegleitern bis hin zu Menüs
Barrierefreiheit barrierefreie/r Zugang und Toiletten
Reservierung unter (06322) 9 57 91 00 80
Übernachtung 15 Doppelzimmer bzw. Suiten
Wohnmobilstellplätze am Friedhof, 200 Meter entfernt

www.seieinlilaloewe.de

Es gibt kaum ein Weingut mit einem solchen Wiedererkennungswert im Außenauftritt wie das Weingut am Nil. Man hat geradezu den Eindruck, alles hier sei in irgendeiner Form lila.

Ob Etiketten, die Illumination oder Teile des Innenanstrichs. Alles erstrahlt in edlem Lila. Dazu kommt das Löwenlogo, das dem Kallstadter Löwenbrunnen gleich vor der Kirche entlehnt ist – ein gelungener Markenaufbau.

Aber auch sonst tut man alles, um in der Pfälzer Weinwelt ganz vorne mitzuspielen. Zu dem elegant gestalteten Restaurant und dem korrespondierenden pittoresken Innenhof gibt es seit kurzem auch eine stylish gestaltete Vinothek. Das heißt, einen Raum, in dem man nach Herzenslust die Erzeugnisse des Weingutes probieren und in den ausgestellten Geschenk- und Feinkostartikeln stöbern kann.

Für all die, die einfach nur mal im gepflegten Ambiente einen Wein probieren möchten, gibt es mehrere Möglichkeiten dies zu tun. Entweder an der Theke in der eleganten neuen Vinothek oder man nimmt sich sein Gläschen mit und probiert in Ruhe auf einem der Liegestühle, die im Sommer um die neue Vinothek im hübsch angelegten Hof aufgestellt sind.

Aber all das reicht Christine Ludt, der rührigen Geschäftsführerin des Weingutes, nicht.

»Die Gäste sollen uns auf vielfältige Weise erleben können«, sagt sie schwärmerisch und spielt damit auf die hochwertigen Veranstaltungen des Weingutes an. Und die reichen von klas-

sischen Weinevents wie Weinproben, Kellerführungen, Wein- und Käse- oder Sensorik-Seminaren bis zu Weinwanderungen mit und ohne Picknickrucksack.

Aber auch weniger typische Formate, wie Wine & Crime-Lesungen oder sogenannte »Chill'n Wine-Afterworkveranstaltungen« mit DJ, Solist oder Band, auf denen sich nicht selten mehrere hundert Gäste tummeln, gehören dazu. Aber der jährliche Höhepunkt ist sicherlich das Kallstadter Löwenfestival, wo sich Spitzenköche und -winzer kulinarisch geradezu überbieten. Die Eintrittspreise für die Veranstaltung sind nicht gerade günstig, aber es ist eben auch DAS gastronomische Highlight an der Weinstraße.

Bemerkenswert ist auch die schiere Menge wertiger Veranstaltungen, die Christine Ludt und ihr Team jährlich auf die Beine stellen und die an der Weinstraße ihresgleichen sucht.

Auch das Speisenangebot des Restaurants ist vielseitig und umfangreich. Eines ist fast allen angebotenen Speisen, ob Snack oder Hauptspeise, gemein. Sie sind mediterran angehaucht. Neben italienischer Pinsa und spanischen Tapas stehen auch eher selten in der Region anzutreffende portugiesische Spezialitäten auf der Speisekarte. Dazu gibt es zusätzlich zu den Weinen vom Weingut am Nil auch edle Tropfen von Schwesterweingütern in Portugal.

Rotweincuvée
PÚRPURA

Sauvignon Blanc
TROCKEN

Und natürlich kann man auf dem weitläufigen Gelände des Weingutes auch in einem der elegant und geschmackvoll eingerichteten Gästezimmer oder einer der Suiten übernachten. Bei Bedarf stehen zusätzlich noch verschiedene Tagungsräume für geschäftliche Aktivitäten zur Verfügung.

Aber kommen wir zum Herzstück des Weingutes: Zum Wein. Das Lagenportfolio erstreckt sich von der Großlage Kallstadter Saumagen im Norden über den Weilberg, auf dem einst schon die Römer Reben anbauten, bis zum Herrenberg in Ungstein im Süden.

Auf Löss-Lehm, Roterde und vor allem den kalkhaltigen Böden gedeihen besonders mineralisch geprägte Rieslinge, aber auch Burgunderweine.

Natürlich baut man auch internationale Weißweine an, darunter Chardonnay, Merlot und Sauvignon Blanc sowie Rotweine wie Cabernet Sauvignon und Cabernet Franc.

Daneben gilt es noch ein paar spannende Zusatzangebote zu entdecken. Zum einen wäre da der Likörwein Léon zu nennen. Mit dem Kellermeister Till Tempel – ausgebaut nach den Richtlinien für Portwein – die Brücke nach Portugal schlägt und uns zeigt, dass man auch in der Pfalz sehr schöne

weingut am
Nil
KALLSTADT/PFALZ

Likörweine herstellen kann. Aus den Schwesterweingütern in Portugal werden auch hochwertige Weine – überwiegend gehaltvolle Rotweine – importiert, die die eigene Palette sinnvoll erweitern. Dazu gibt es neuerdings noch einen zugekauften schäumenden entalkoholisierten Wein.

Als wir hier waren, wollten wir ganz bewusst die Weine außerhalb des Rieslingangebotes probieren.

Dabei haben uns vor allem der Sauvignon Blanc und das Rotweincuvée Púrpura gefallen.

Im Glas präsentiert sich der Sauvignon Blanc in einem hellen Zitronengelb mit leuchtenden Reflexen. Der Geruchseindruck ist geprägt durch die Aromen von Stachelbeere und Passionsfrucht. Die Aromenvielfalt wird abgerundet durch dezente Noten von Ananas und Holunderblüte. Ein schön ausbalancierter Wein, mit einem harmonischen Süße-/Säureverhältnis. Toller Allrounder für jeden Tag.

Wie uns Christine Ludt verrät, ist das Rotweincuvée Púrpura einer der Publikumslieblinge des Weinguts. »Wir kommen kaum nach mit dem Abfüllen«, gesteht sie. Dieser extravagante Wein besticht im Glas mit einem intensiven Dunkelrot und dezenten purpurnen Reflexen. Er duftet nach Sauerkirsche, Brombeere und Cassis. Typisch für die verwendeten Rebsorten Cabernet Sauvignon, Cabernet Franc und Merlot. Dem steht ein dezenter Duft nach Tabak gegenüber.

Am Gaumen kommen feine Nuancen von Pfeffer, Kaffee und Vanille hinzu. Ein wunderbares Rotwein-Cuvée, das uns an lauschige Terrassenabende am Mittelmeer erinnern lässt. Till Tempel beweist damit, dass in der Pfalz mittlerweile auch kräftige Rotweine gedeihen, aus denen die Kellermeister herrlich südländische Weine machen können.

NEU

WEINGUT KARST

Bad Dürkheim

12

Adresse
In den Almen 15
67098 Bad Dürkheim

Parkplätze auf oder gegenüber dem Anwesen
Inhaber Uli Karst
Telefon (06322) 28 62
E-Mail info@weingut-karst.de
Homepage www.karstwein.de
Ausschank/Gastronomie Fr. – So.
Verkauf/Probiermöglichkeit Di. – So.
Sitzplätze 60 im Innenbereich, 30 auf der Terrasse
Wein regionaltypische Sekte und Weine vom eigenen Weingut
Speisen Weinbegleiter, Flammkuchen und kleine, modern interpretierte regionale Gerichte
Barrierefreiheit barrierefreie/r Zugang und Toiletten
Reservierung unter (06322) 28 62 möglich, meist aber nicht erforderlich
Übernachtung 12 Fremdenzimmer unterschiedlicher Kategorien auf dem Weingut
Wohnmobilstellplätze auf Anfrage

www.karstwein.de

»Immer ist es besser, zu versuchen, als viel reden«

Das obige Zitat, das man Goethe zuschreibt, ist auf der Homepage des Weingutes Karst in Bad Dürkheim zu lesen.

Je mehr man sich mit Uli Karst und seinem Weingut beschäftigt, desto mehr spürt man, dass ihn dieser Sinnspruch in allem, was er tut, überraschend zutreffend charakterisiert.

Dass er und seine Frau Karina, Professorin an der Universität in Mannheim, eine stylishe, architektonisch ansprechende Vinothek besitzen, kündigen sie nicht mit großformatigen Hinweisschildern oder ähnlichem an. Man muss sie selbst entdecken.

Wen wundert's da, dass es eher vorbeifahrende Radfahrer sind, die am Wochenende die Terrasse bevölkern, anstatt von weit her angereiste Tagestouristen.

»Mir ist es sehr wichtig, sauberen einwandfreien Wein zu machen«, merkt Karst an. Auf die Frage, warum man nirgends auf der Homepage ein Bio-Label findet, antwortet er spontan: »Als Diplom-Biologe weiß ich genau, wie Bioweinbau funktioniert. Ich verzichte auf die üblichen chemischen Pestizide, verwende wenig Schwefel und so weiter, aber mir gefällt diese aufgebauschte artifizielle Abgrenzung nicht.«

Erstaunt fragen wir: »Und warum lassen Sie sich nicht zertifizieren?«

»Weil ich keine Lust auf die Bürokratie rund um die Zertifizierung habe. Und meinen Kunden kann ich auch selbst erklären, was ich tue.«

Als wir auf seine Sekte zu sprechen kommen, begegnet uns wieder der fast trotzig klingende Hang zur Bescheidenheit.

Auf unsere Nachfrage, warum er bei seinem Premium Sekt Cuvée Luise nicht die Bezeichnung »Crémant« aufs Etikett druckt, antwortet Karst: »Weil wir für unseren Sekt keine französischen Bezeichnungen brauchen. Wir können selbst erklären, was wir im Keller damit tun, und schließlich können ihn unsere Kunden auch einfach probieren.«

Karsts Weinberge liegen in einem Umkreis von fünf Kilometern um das Weingut in den besten Bad Dürkheimer Lagen, wie zum Beispiel dem Dürkheimer Spielberg, Dürkheimer Rittergarten, Dürkheimer Hochbenn. Alleinstellungsmerkmal des Weingutes ist der für die Region um Bad Dürkheim hohe Rotweinanteil auf rund 40 Prozent seiner Rebflächen.

Neben den klassischen deutschen Rotweinsorten wie Spätburgunder und Sankt Laurent, setzt er vor allem auch auf internationale Rotweine wie Cabernet Sauvignon, Cabernet Franc, Syrah und Merlot.

Er probiert gerne aus, lässt sich Zeit für die Entwicklung und hat Spaß, Neues zu entdecken. So ist er auch gegenüber den neuen pilzwiderstandsfähigen Rebsorten aufgeschlossen und kultiviert einen Sauvignac.

Grundlage hierfür ist die moderne Kellerausstattung, die er aufzubieten hat. Mit neu erbautem Kelterhaus, voller Klimatisierung der Arbeits- und Lagerräume, schonender Presstechnik und einer komplett temperaturgeführten Gärung der Traubenmoste, hat er

Winzersekt
CUVÉE LUISE

Syrah
FASS NO. I

alle Voraussetzungen, um hochklassige Weine zu erzeugen.

Aber nicht nur bei den Rebsorten und im Keller hat Uli Karst Lust an Innovationen, auch gegenüber Forschungsprojekten des Weincampus, der Hochschule für Önologie und Weinbau in Neustadt, ist er aufgeschlossen.

Wem das alles zu theoretisch klingt, dem sei empfohlen, sich an einem Wochenende etwas Zeit zu nehmen und einfach mal selbst vorbeizuschauen. Sich auf der schönen Terrasse oder im stylishen Innenraum einen Platz mit hübschem Ausblick auf die Reblandschaft drum herum durch die große Fensterfront zu suchen. Dazu lässt es

sich vorzüglich die Karstschen Weine genießen und gemütlich eines der kleinen Gerichte, die vom Weinbegleiter bis hin zu Flammkuchen oder modern interpretierten regionalen Kleinigkeiten reichen, verspeisen.

Wem das zu beschaulich klingt, der sollte zum großen Hoffest am zweiten und dritten Juliwochenende wiederkommen. Dann geben sich um die zehn regionale Musik-Interpreten mit Repertoires von Pop, Rock, Soul bis House die Türklinke in die Hand.

Und wer so etwas gerne von langer Hand plant, dem sei verraten, dass Karsts hier nicht nur ein Weingut und eine Vinothek betreiben, sondern auch zwölf Fremdenzimmer unterschiedlichster Kategorien vorhalten.

Getreu dem Eingangszitat »Immer ist es besser, zu versuchen, als viel reden«, wollten wir es nicht bei Ankündigungen belassen, sondern auch versuchen, was der hiesige Keller so hervorbringt.

Einerseits war dies einer der internationalen Rotweine, nämlich der Syrah, und davor der Sekt Cuvée Luise.

Karst bekennt schmunzelnd, dass das Cuvée Luise nach dem jüngsten Spross der Familie benannt ist.

Mit feiner Perlage steht der Sekt im Glas. In seiner Stilistik soll er einem Champagner nahekommen. Nach einem Ausbau im Tonneau hat er ein 36-monatiges Hefelager in der Flasche hinter sich. Ein Brut Nature ohne Versanddosage und ganz ohne zugesetzten Schwefel, wie Karst erläutert. Zarte Briochenoten und ein feines Apfelaroma steigen uns in die Nase. Wir schmecken reife gelbe Äpfel flankiert durch eine kalkig-karge Mineralik und wieder ins haselnussige gehende Briochenoten. Wahrlich ein feines, sehr filigranes Getränk für Champagnerliebhaber.

Danach wollten wir uns noch den internationalen Rotweinen, die Karst anbaut, genauer widmen. Gefallen hat uns dabei der »Syrah Fass No. I«

Mit einem strahlenden Rubinrot mit violetten Reflexen ein typischer Syrah. Ein sanfter Veilchenduft strömt uns entgegen. Am Gaumen nehmen wir pfeffrige Noten und einen Geschmack nach Beerenkonfitüre wahr. Insgesamt ein cremiger Körper, nicht zu wuchtig, mit feinem Holz, das er der Lagerung im französischen Barrique verdankt, sehr elegant und facettenreich am Gaumen. Ein Wein, dem auch noch ein paar Jahre Keller guttun. Fein.

NEU

WEINGUT KESSELRING

Ellerstadt

13

Adresse
Im Flachsgrund 2
67158 Ellerstadt

Parkplätze auf dem Anwesen
Inhaber Lukas Kesselring
Telefon (06237) 69 06
E-Mail info@weingut-kesselring.de
Homepage www.weingut-kesselring.de
Ausschank/Gastronomie April bis Mai und Oktober bis Mitte Dezember jeweils Freitag und Samstag
Verkauf/Probiermöglichkeit ganzjährig Fr. und Sa.
Sitzplätze 40 im Innenbereich, 60 auf der Terrasse
Wein regionaltypische Weine und internationale Weine vom eigenen Weingut
Speisen Flammkuchen und regional/mediterran angehauchte Weinbegleiter
Barrierefreiheit barrierefreie/r Zugang und Toiletten
Reservierung nicht vorgesehen
Übernachtung keine
Wohnmobilstellplätze auf Anfrage

www.weingut-kesselring.de

»Fast schon eine Drive-in-Vinothek«

Spricht man im Bekanntenkreis über Vinothekenbesuche und Weinproben, wird einem oft entgegengehalten, dass das für Autofahrer ein schwieriges Thema sei. Warum nicht einfach mal die öffentlichen Verkehrsmittel nutzen? Insbesondere dann, wenn es so einfach ist, wie bei der Vinothek Kesselring in Ellerstadt. Die Entfernung zwischen dem Weingut und der Haltestelle Ellerstadt West der Rhein-Haardtbahn beträgt noch nicht einmal 200 Meter. Und damit ist die Freiheit fast grenzenlos. Denn die Bahnstrecke verbindet direkt, ohne umzusteigen, die Hauptbahnhöfe der Städte Mannheim, Ludwigshafen und Bad Dürkheim miteinander und das fast rund um die Uhr. So fährt der letzte Zug Richtung Mannheim Hauptbahnhof hier in Ellerstadt um 0:54 Uhr ab und kommt nur 40 Minuten später in Mannheim an. Komfortabler und sicherer geht es kaum.

Aber kommen wir nun endlich zur Vinothek selbst. Sie ist brandneu und wurde vom Ehepaar Angelika und Lukas Kesselring im Oktober 2022 eröffnet. »Wir sind noch im Testbetrieb«, bekennt Lukas Kesselring bescheiden. Doch für diese Bescheidenheit gibt es keinen Grund. Die Vinothek, die in der nordwestlichen Ecke der großen Kelter- und Lagerhalle untergebracht ist, kann sich sehen lassen. Mit goldener Außenverkleidung vom Rest optisch abgetrennt, wirkt sie geradlinig und reduziert. Dazu passt die Einrichtung, die ebenfalls modern und farbenfroh daherkommt. »Genauso wollten wir es haben«, erwidert Kesselring stolz.

Doch nicht nur das Gebäude selbst macht den Reiz der Vinothek aus. Es sind die bodentiefen Verglasungen, die ohne störende Säulen und Streben den Blick auf die Weinberge und das Haardtgebirge freigeben. Gerade im Herbst, wenn sich das Laub der Reben in goldene und blutrote Töne färbt, ist der Ausblick hier traumhaft.

Der studierte Önologe Lukas Kesselring ist ein ruhiger unaufgeregter Mann, der genau weiß, was er will. So hat er 2012 sein Weingut auf biologischen Weinbau umgestellt. »Biologischer Weinbau ist für mich die Zukunft und der Schlüssel zu nachhaltiger Qualität«, bekennt er fast trotzig. Wen wundert es da, dass er auch die pilzwiderstandsfähige neugezüchtete Sorte Cabernet Blanc anbaut, die fast ohne Spritzungen auskommt.

Spricht er über seine Weine, formuliert er weicher. »Wein ist für mich ein Lebensgefühl, das es zu vermitteln gilt.« und »Für mich ist nicht jeder Tag ›Riesling‹, bei mir gibt´s Weine für fast jeden Moment im Leben.«

Und so nutzt er das besondere Terroir, das er in Ellerstadt und Umgebung vorfindet, um darauf im Einklang mit der Natur das anzubauen, was später im Glas begeistert. Und das sind nun mal auf den sandigen Kiesböden rund um Ellerstadt besonders auch die roten internationalen Rebsorten, wie Cabernet Sauvignon, Merlot und Cabernet Franc. Mit einem Rotweinanteil von rund 40 Prozent liegt er im Pfalzvergleich auffällig hoch. Aber auch die Burgunderweine bilden einen weiteren Schwerpunkt.

Fragt man ihn, wie die Handschrift bei seinen Weinen aussieht, so hat er auch hier eine klare Antwort parat: »Fruchtig, unkompliziert, verbraucherfreundlich«.

Und so unkompliziert geht es auch in der Vinothek zu. An der Selbstbedienungstheke decken sich die Gäste mit Flammkuchen, Käse, Würsten oder einer Suppe ein und wählen aus dem breiten Weinsortiment einen Wein. Gemütlich nimmt man auf der ansprechend modern – unter anderem auch mit Liegestühlen – möblierten Freifläche vor der Vinothek Platz und lässt sich von dem lauen Lüftchen, das hier oft weht, erfrischen. Alternativ dazu

Cuvée
CABERNET SAUVIGNON UND MERLOT

Sauvignon Blanc
TROCKEN

sucht man sich einen Platz – vorzugsweise im ersten Obergeschoss – und genießt von dort die wunderbare Aussicht.

Als wir hier waren, wollten wir uns einen Überblick über die Kesselring-Weine verschaffen. Besonders gut gefielen uns der Sauvignon Blanc (Gutswein) und das Cabernet Sauvignon Merlot Cuvée.

Der Sauvignon Blanc ist ein filigran ausgewogener Wein, der sowohl grüne wie exotische Noten in sich vereint. Zunächst nehmen wir den Duft grüner Paprika, Gurke und gar von Tomatenblättern wahr. Im Mund spüren wir ein leichtes Moussieren, was uns ein herrlich erfrischendes Mundgefühl schenkt. Wir schmecken exotische Früchte wie Limette, Maracuja und Physalis. Die Fruchtaromen kombiniert mit der knackigen Säure geben diesem Wein einen langen angenehmen Nachhall. Ein wunderbar komplexer Wein, bei dem es mit jedem Schluck Neues zu entdecken gibt. Wie gut, dass die Rhein-Haardtbahn unsere Heimfahrt übernimmt.

Auch das Cuvée aus Cabernet Sauvignon und Merlot hat es in sich. Schon das dunkle Purpurrot verrät, dass wir hier einen kräftigen Rotwein im Glas haben. Sofort steigt uns ein Aroma nach dunklen Früchten entgegen. Auch einen Hauch Vanille, den der Wein seiner zwölfmonatigen Reife in ein- bis vierfach belegten Barriques verdankt, nehmen wir wahr.

Wir schmecken Brombeere und schwarze Johannisbeere mit einem Touch von gerösteter roter Paprika. Dazu gesellen sich würzige Noten von Piment, Pfeffer und dunkler Schokolade.

Das Mundgefühl ist zunächst weich, im Abgang kleiden dann kräftige Tannine den Mund aus. Der Nachhall dieses Kraftprotzes ist noch lange präsent. Viel Wein zu einem günstigen Preis. Für alle Freunde kraftvoller Rotweine gilt: unbedingt probieren.

CAFÉ UND WEINBAR HENSEL & GRETEL
Bad Dürkheim

»Frauenpower«

14

Adresse
Römerplatz 9–11
67098 Bad Dürkheim

Parkplätze auf den umliegenden Parkplätzen oder in den citynahen Parkhäusern
Inhaber Tina Norheimer und Sabina Götzelmann
Telefon (06322) 9 59 16 00
E-Mail kontakt@henselundgretel.eu
Homepage www.hensel-gretel.de
Ausschank/Gastronomie Di. – Sa.
Verkauf/Probiermöglichkeit Di. – Sa.
Sitzplätze 56 im Innenbereich, 60 auf dem Römerplatz
Wein gezielte Auswahl Pfälzer Spitzenweine, von renommierten Pfälzer Winzern – u. a. den Weingütern Markus Schneider und Thomas Hensel
Speisen gehobene französische Patisserie, Flammkuchen, zünftige Brotzeiten und die Spezialität des Hauses: Brizza, eine an Pizza erinnernde Kreation auf einer Laugenbrezel
Barrierefreiheit barrierefreie/r Zugang und Toiletten
Reservierung möglich unter (06322) 9 59 16 00
Übernachtung drei Ferienwohnungen und Seminarraum
Wohnmobilstellplätze keine

www.hensel-gretel.de

»Modern und zugleich familiär – hoher Qualitätsanspruch und gemütliche Wohlfühloase, dafür steht das HENSEL & GRETEL als Café & Weinbar«, ist auf der Homepage zu lesen.

Diese Charakterisierung im Stakkato-Ton trifft es unseres Erachtens nicht ganz. Uns fehlen dabei die Menschen und damit meinen wir die beiden Inhaberinnen Sabina Götzelmann und Tina Norheimer. Denn ohne sie wäre das »HENSEL & GRETEL« nicht das, was es ist. Nicht nur, dass ihre Blicke stets aufmerksam umherschweifen, um ihre Gäste zu empfangen oder ihnen möglichst jeden Wunsch von den Lippen abzulesen. Die Inhaberinnen haben auch ganz viel von sich selbst in das wunderbar gestaltete Café eingebacht. Ob es architektonische Finessen sind, die Tina Norheimer, selbst Bauleiterin, eingebracht hat. Oder das sehr geschmackvolle und moderne Interieur, das Sabina Götzelmann, eigentlich Raumausstatterin, mitgeprägt hat.

Aber es geht nicht nur um die »Hardware«. Auch im Speisen- und Weinangebot spiegelt sich sehr viel guter Geschmack wider. »Wir bieten unseren Gästen nur das an, was wir auch selbst gerne essen und trinken.«

Und das sind gleichermaßen kleine regionale und mediterrane Köstlichkeiten von bodenständigen Broten, Wurst- und Käsebrettern, Flammkuchen bis hin zu Brizza, einer Mischung aus Brezel und Pizza, die es hier mit innovativen Belägen wie Lachs oder als Hommage an Tina Norheimers Heimat – das Saarland – mit Lyoner gibt.

Dazu kommt feinste Patisserie, die man täglich vvom Tortenatelier Husch in Böhl-Iggelheim bei Speyer erhält und daneben ein reichhaltiges Frühstücksangebot dekorativ auf der Etagere angerichtet.

Aber auch bei den im Weinstore angebotenen Weinen liegt die Latte sehr hoch. Auch hier greift man auf die besten Weingüter der Pfalz zurück. Ob Bassermann Jordan, von Winning, Winterling, Markus Schneider oder Thomas Hensel. Alle Weine kann man hier nicht nur à la Carte bestellen, sondern auch probieren und zu fairen Preisen mit nach Hause nehmen.

Seit unserem letzten Besuch hat sich noch eines geändert. Es gibt nun nämlich einen schönen Freisitz vor dem Café auf dem lebendigen Römerplatz, dem Zentrum Bad Dürkheims. Hier lässt es sich gut aushalten, genießen, beobachten, sehen und gesehen werden.

Als wir hier waren, haben wir uns auf Empfehlung der beiden Inhaberinnen für Weine aus dem Kooperationsprojekt der beiden Top-Winzer und Freunde Thomas Hensel und Markus Schneider entschieden – nämlich dem Witch Hunter Sauvignon Blanc und dem Witch Hunter rot.

Der Witch Hunter Sauvignon Blanc stellt die qualitative Spitze des

HENSEL & GRETEL Witch Hunter
SAUVIGNON BLANC

HENSEL & GRETEL Witch Hunter
CABERNET FRANC

HENSEL & GRETEL-Projektes dar und wird nur in kleinen Chargen und diese in unregelmäßigen Abständen aufgelegt. Das Lesegut der einzelnen Partien wurde reif, gesund und differenziert voneinander in mehreren Durchläufen geerntet. Nach einer Maischestandzeit von acht Stunden, schonend und unter geringem Druck gepresst, erfolgte anschließend eine kontrollierte Vergärung in kleinen Stahltanks und mehrjährigen Tonneau-Fässern.

Im Glas zeigt er ein helles Zitronengelb. Reife Stachelbeere kommt mit dunkler Johannisbeere und reifer Mirabelle in die Nase. Typisch für Sauvignon Blanc findet man auch sehr zurückhaltend etwas Paprikaaroma. Im Mund spüren wir zusätzlich einen leicht vanilligen Geschmack. Ein mundfüllender kräftiger Wein mit gut eingebundener Säure im Abgang.

Der HENSEL & GRETEL Witch Hunter Cabernet Franc zeigt im Glas ein tiefes Purpur. Sein Geruch erinnert an dunkle Beeren, wie Brombeere, Kirsche und Cassis. Er füllt unseren Mund aus mit reichhaltigen Geschmackseindrücken, wieder nach dunklen Beeren, aber auch Zedernholz und rosa Pfeffer, die uns auch im Abgang lange erhalten bleiben. Wow.

mt
SPECIAL♥EDITION
wb
SPECIAL♥EDITION
mt
HÖHENFLUG merlot
SPECIAL♥EDITION

WEINGUT STUDIER
Ellerstadt

15

»Im Kommen«

»Auch wenn das Weingut Studier seine Bekanntheit über die nationale Gastronomie und den Fachhandel erlangt hat, spielt die Kundengruppe „regionale Endkunden“ eine immer größere Rolle«, erläutert uns Inhaber Reinhard Studier.

Im schönen Degustationsraum mit Blick auf die Produktion kann man nach Herzenslust probieren und die Weine des Weingutes kennenlernen.

»Wir haben das bewusst so gebaut, dass unsere Kunden beim Weinprobieren in die Produktion schauen und zusehen können, wie unser Wein entsteht. Darin sehen wir eine Form von Transparenz«, unterstreicht Reinhard Studier, während im Hintergrund von der Kellermeisterin Aleksandra Frank und ihren Mitarbeiterinnen und Mitarbeitern gerade Pressen und Gärtanks vom Herbsteinsatz gereinigt werden.

»Auch sonst wollen wir unseren Kundinnen und Kunden möglichst viele Einblicke in die Arbeit auf einem Weingut geben und sie Teil der Studier-Familie werden lassen. Dazu haben wir sogenannte Rebstockpatenschaften eingerichtet. Diese werden auch sehr gerne an Verwandte und Freunde verschenkt. Für rund einen Hunderter gibt es einen signierten Pachtvertrag über drei Jahre, einen Erntenanteil von einer Flasche Sauvignon Blanc pro Jahr und ein graviertes Namensschild an einer Rebe. Natürlich kann man seine Rebe auch besuchen und bei der Ernte mithelfen. Dazu gibt es natürlich noch ein zünftiges Weinleseevent mit Wein, Leberknödeln und Saumagen

Adresse
Am Hohen Weg 2
67158 Ellerstadt

Parkplätze vor der Vinothek
Geschäftsführer Reinhard Studier
Telefon (06237) 97 72 80
E-Mail info@weingut-studier.de
Homepage www.weingut-studier.de
Ausschank/Gastronomie nein
Verkauf/Probiermöglichkeit Mo. – Sa.
Sitzplätze 20 im Innenbereich, 30 auf der Terrasse
Wein breite Auswahl ortstypischer Weine vom eigenen Weingut
Speisen keine
Barrierefreiheit barrierefreie/r Zugang und Toiletten
Reservierung nicht erforderlich
Übernachtung keine
Wohnmobilstellplätze keine

www.weingut-studier.de

exklusiv für die Rebstockpaten und -patinnen. On top gibt es noch einen Einkaufsrabatt«, erläutert uns Reinhard Studier nicht ohne Stolz.

»Aber auch für all unsere anderen Kunden gibt es die Möglichkeit, an den sonstigen Events des Weingutes teilzunehmen. Ob individuell organisierte Weinproben für Gruppen, die Jahrgangsverkostung im Mai oder die Adventsverkostung um den Nikolaustag herum mit Essen und Glühwein – auf dem Weingut geht es stets lebendig zu.«

Reinhard Studier wird nicht müde, sich immer Neues für seine Gäste einfallen zu lassen und für Abwechslung zu sorgen. Waren es in den letzten Jahren White Partys mit DJ oder Grillfeste, so feilt Studier gerade an einer etwas entstaubten Form von Weinbergswanderungen, nämlich einer Ausfahrt mit seinen zwei gutseigenen Geländewagen und einer Weinverkostung im Wingert.

Wir dürfen gespannt sein, welche Ideen er sonst noch schmiedet und sollten den Newsletter des Weingutes abonnieren, um nichts zu versäumen.

Was das Weinangebot des Weingutes angeht, bleibt man seiner Namensgebung – die am Weingutsnamen »Studier« ausgerichtet ist – weitgehend treu. Wo andere sich der VDP-Nomenklatur mit »Gutswein«, »Ortswein«, »Lagenwein« anschließen, heißt das bei Studier »Campusweine«, »Bachelorweine« und »Masterweine«.

Während die Einstufung »Campusweine« eher sortentypische im Edelstahltank ausgebaute, frische, spritzige Weine enthält, stehen hinter der Einstufung »Masterweine« eher komplexere im Holzfass oder gar im Barrique ausgebaute Weine mit besonderer Cremigkeit und vom Holz herrührenden Vanillenoten.

Auch innerhalb der Einstufungen spart Studier nicht an akademischen Begriffen wie »Sommersemester«, »Erstsemester«, »Audimax« oder »Dekan«. Wen wundert's, dass seine Weine auch gerne zu erfolgreich absolvierten Semestern, Studienabschlüssen, Promotionen oder ähnlichem verschenkt werden. Passend dazu füllt er eine breite Auswahl seiner Weine auch in Großflaschen wie Magnum, Doppelmagnum oder noch größeren Kalibern ab.

Die Auswahl an Rebsorten ist breit. Wobei neben den regionaltypischen Klassikern gerne auch Spezialitäten wie Heroldrebe, Gewürztraminer oder die pilzwiderstandsfähige Neuzüchtung Cabernet Blanc angeboten werden. Sieht man von den Reben auf neuerworbenen

Grauburgunder
CAMPUS

Cabernet Sauvignon & Merlot Cuvée
MASTER

Wingertslagen ab, die erst noch die vorgeschriebene dreijährige Karenzzeit für die Umstellung auf Bio-Weinbau überbrücken müssen, verfügen alle Weine über das EU-Bio-Siegel.

Auch das Sortiment internationaler Rebsorten ist breit. Neben den Weißweinen Auxerrois, Sauvignon Blanc und Chardonnay, gibt es auch Rotweine wie Cabernet Franc, Cabernet Sauvignon, Merlot und Acolon. Natürlich bietet Studier seinen Kunden auch immer wieder gelungene Cuvée-Variationen an.

Als wir vor Ort waren, wollten wir uns sowohl über die sortentypischen Pfälzer Weine als auch über die internationalen roten Rebsorten einen Überblick verschaffen.

Dabei gefielen uns der Grauburgunder aus der Campuslinie und das Cabernet Sauvignon & Merlot Cuvée aus der Masterlinie.

Der Grauburgunder ist ein bodenständiger, typischer Vetreter jener Rebsorte mit Aromen nach Aprikose, Birne und Blüten im Hintergrund. Die moderate Säure von nur 4,1 Gramm pro Liter gibt ihm ein angenehm weiches Mundgefühl – wirkt schlank und elegant. Im Abgang spüren wir eine leichte Mineralität und Erdigkeit. Lecker, eine idealer Wein für alle, deren Magen negativ auf Säure anspricht.

Das Cabernet Sauvignon & Merlot Cuvée aus der Masterlinie ist, wie Studier betont, »ein beliebter Klassiker meiner Cuvées«, und das zu Recht, wie wir meinen.

Aus dem Glas steigen uns kräftige Vanillenoten und Beerenaromen entgegen. Im Mund bietet sich uns ein vielfältiges Potpourri an Eindrücken. Da sind einerseits Anklänge an Waldbeeren und Cassis, aber auch wohldosierte, nicht erschlagende, Holznoten und im Abgang Mokka und ein leichter Geschmack nach Geröstetem. Ein sehr schönes, ausgewogen komponiertes Rotweincuvée. Unbedingt probieren.

STUDIER

NEU

GENIESSERLOUNGE SCHLOSS WACHENHEIM

Wachenheim

16

Adresse
Kommerzienrat-Wagner-Str. 1
67157 Wachenheim

Parkplätze hinter der Kirche (Burgstraße)
Inhaber Schloss Wachenheim AG
Telefon (06322) 9 42 73 80
E-Mail direktvermarktung@schloss-wachenheim.de
Homepage www.schloss-wachenheim-pfalz.de
Ausschank/Gastronomie täglich außer dienstags
Verkauf/Probiermöglichkeit täglich außer dienstags
Sitzplätze 50 im Innenbereich, 80 im Hof
Wein Sekte und Crémants aus der eigenen Kellerei
Speisen Flammkuchen, Käsesnacks u. ä.
Barrierefreiheit nein
Reservierung nicht erforderlich
Übernachtung keine
Wohnmobilstellplätze keine

www.schloss-wachenheim-pfalz.de

»Prickelnd«

Unsere Gesprächspartnerin Heike Kuhly wirkt versonnen, genießerisch und ein wenig pathetisch, wenn sie über ihre Sekte spricht. Man merkt sehr schnell, dass ihr die Tätigkeit als Leiterin Direktmarketing – gemeinsam mit Betriebsleiter Johannes Reiter, Doppelspitze des Wachenheimer Standorts der Schloss Wachenheim AG – mehr als nur irgendein Beruf bedeutet.

Es scheint der gebürtigen Siegerländerin geradezu eine Berufung zu sein, möglichst viele für ihre Sekte und Crémants zu begeistern.

So verwundert es auch nicht, wenn sie sagt: »Das Produkt Sekt ist für mich ein ganz besonderes Getränk. Er ist immer gekoppelt an positive Augenblicke, an glückliche Momente im Leben und an wertvolle Begegnungen.«

Und damit hat sie natürlich recht. Es kommt nicht von ungefähr, dass immer dann, wenn es etwas zu feiern gibt, auch eine schöne Flasche Sekt im Mittelpunkt steht.

In der Genießerlounge sind es sogar derer viele. »Eines ist allen vor Ort in Wachenheim hergestellten Produkten gemein, es sind hochwertige Sekte aus traditioneller Flaschengärung, die man hier seit 1888 praktiziert und mit großer Erfahrung und modernsten Methoden immer weiter optimiert«, so Kuhly.

Aber widmen wir uns zunächst dem Anwesen, das die Genießerlounge beherbergt – dem Barockschloss, das im Zuge des Wiederaufbaus nach dem Pfälzischen Erbfolgekrieg im Jahre 1725 entstanden ist. Hinter dem historischen Schlossgebäude mit seinen weitläufigen Kellern finden sich ein modernes Kel-

lereigebäude und der wunderschön angelegte Schlosspark mit bis zu 250 Jahre alten Bäumen.

Für die Besucher allerdings ist das Herzstück die 2018 neueröffnete Genießerlounge. »Sie bietet neben unseren Premiumsekten anregende Accessoires und Geschenkideen für den perfekten Sektgenuss«, informiert Kuhly. »Meist wollen unsere Gäste zunächst etwas über die Geheimnisse der Sektproduktion erfahren und buchen eine unserer Kellerführungen mit anschließender Sektverkostung, die wir dreimal in der Woche, donnerstags, samstags und sonntags, anbieten. Achtung: aufgrund der großen Nachfrage ist eine Voranmeldung zwingend erforderlich.«

Und danach? Eine kleine Auszeit bei einem Sekt, Cocktail, Wein – oder typisch pfälzisch – bei einem leckeren Wein- oder Sektschorle und köstlichem Flammkuchen in der Genießerlounge gefällig? Insbesondere in der warmen Jahreszeit lockt der malerische Schlosshof mit 80 Sitzplätzen unter ausladenden Sonnenschirmen zwischen Oliven und Zitrusbäumchen und dem leise plätschernden Dom-Pérignon-Brunnen am Eingang. Er geht auf den Erbauer des Anwesens, Kommerzienrat Wagner, zurück, der den Brunnen nach einem französischen Vorbild in Hautvillers in der Champagne hier im Innenhof zu Ehren des Mönches Dom Pérignon, der die Prozesse rund um die

Crémant Pfalz extra Brut
PLATIN EDITION

Sekt
PINOT BLANC DE NOIR

Champagnerbereitung deutlich weiterentwickelte, errichten ließ.

Jährlich am deutschen Sekttag wird er mit Secco gefüllt.

Neben den Kellereiführungen mit Sektprobe gibt es auch übers Jahr verteilt zahlreiche Events zum Feiern und Genießen. Ob das Lichterfest im November, die Masterclass Crémant-Events mit Crémant-Probe, den Deutschen Sekttag am ersten Sonntag im Mai, das prickelnde Oktoberfest oder das Vespa-Treffen.

Wer eine individuelle Feier oder ein Firmenevent auszurichten hat, dem seien die Räumlichkeiten des Schlosses Wachenheim ans Herz gelegt. Mit dem Marmorsaal, dem Gartensaal oder draußen im Schlosshof und -garten gibt es für unterschiedlichste Gästezahlen passende Veranstaltungsflächen.

Aber kommen wir zurück zum Sekt.

Das Angebot im Shop der Genießerlounge ist nahezu erschlagend. Grund genug, etwas Transparenz zu schaffen, denn in Wirklichkeit ist alles ganz einfach. Sieht man von den als »Klassiker« bezeichneten Sekten ab, die aus dem Schloss-Wachenheim-Konzern stammen und meist im Tankgärverfahren hergestellt wurden, sind

es vor allem drei Produktlinien, die das Angebot attraktiv machen.

Zum einen ist da die sogenannte »Edition Sekt b. A. Pfalz« mit rebsortentypischen meist fruchtbetonten Geschmacksnoten der jeweiligen Grundweine. Vergleichbar mit klassichen Pfälzer Winzersekten. Darüber lässt sich die »Edition Crémant b. A. Pfalz« einordnen. Dies sind hochwertige Sekte, die den eng gesteckten Qualitätskriterien für Crémants entsprechen und mit ihrem längeren Hefelager deutliche Briochenoten aufweisen. Ganz oben in der Qualitätsskala liegt die Edition »Platin Crémant b. A. Pfalz« mit einem Hefelager über drei Jahren und deutlicher geschmacklicher Nähe zu französischen Champagner-Sekten.

Daneben hat ein großes Haus wie die Schloss Wachenheim AG zusätzlich alle möglichen Sondereditionen und Spezialabfüllungen anzubieten.

Bei unserer kleinen Verkostung haben uns insbesondere der Pinot Blanc de Noir Sekt und der Crémant Pfalz extra Brut aus der Platin Edition gefallen.

Der Pinot Blanc de Noir – ein Cuvée aus Pinot Noir und Schwarzriesling – reifte neun Monate auf seinem Hefelager in der Flasche. Er ist ein Genuss für die Sinne. Schon die lachsrote Farbe und die feine Perlage im Glas animieren uns. Er verströmt einen verführerischen fruchtig-frischen Duft, in dem sich auch florale Noten finden. Im Mund zeigt er sich spritzig und harmonisch, mit einer feinen Balance zwischen Süße und Säure und einer kräftigen mineralischen Note. Ein Sekt, der Spaß macht.

Der Crémant Pfalz extra Brut aus der Platin Edition entstand aus für die Crémant-Herstellung geeigneten sonnenverwöhnten reifen Pfälzer Trauben der Rebsorten Chardonnay und Spätburgunder. Sie wurden von Hand gelesen und durch eine Ganztraubenpressung schonend gekeltert. Bei seinem über dreijährigen Hefelager in der Flasche wurde er handgerüttelt. Er steht in hellem Gelb mit grünlichen Reflexen und einem langanhaltenden sehr feinem Mousseux im Glas.

Sein Duft ist fruchtig und elegant, nach Brioche – was er dem langen Hefelager verdankt – und nach reifen gelben Früchten.

Er füllt unseren Mund mit feiner Perlage und außergewöhnlich harmonisch mit angenehmer cremiger Säure im langanhaltenden Abgang. Sehr fein.

NEU

WEINBAR MAGNUM 44
Forst

»Coole Location!«

17

Adresse
Weinstraße 44
67147 Forst

Parkplätze entlang dem Freudenstückweg
Inhaber Florian und Markus Spindler (Weinbar bzw. Weingut)
Telefon (06326) 58 50 (Weinbar) und (06326) 96 29 10 (Weingut)
E-Mail info@weinbarmagnum44.de
Homepage www.weinbarmagnum44.de
Ausschank/Gastronomie Di. – Sa.
Verkauf/Probiermöglichkeit Di. – Sa.
Sitzplätze 40 im Innenbereich, 50 im Außenbereich
Wein breite Auswahl Sekte, Weiß- und Rotweine vom eigenen Weingut und von anderen Weingütern
Speisen gehobene Bistroküche
Barrierefreiheit kein barrierefreier Zugang zur Weinbar und den Toiletten
Reservierung nicht möglich
Übernachtung keine
Wohnmobilstellplätze keine

www.weinbarmagnum44.de

Obwohl es sicherlich architektonisch auffälligere Vinotheken gibt, hat die »Weinbar MAGNUM 44« einen ganz besonderen Charme und vermittelt eine einzigartige Atmosphäre, die uns immer wieder hierherzieht.

Mit groovigen dezenten Beats im Hintergrund, unter modernen Sonnensegeln sitzt man auf der gepflegten Rasenfläche. Zurückgelehnt in Liegenstühlen oder Loungemöbeln mit einem Sekt oder einer raffinierten kulinarischen Kleinigkeit vor sich, lässt man die Augen über die Forster Spitzenlagen streichen – ein grandioser Ausblick, der meistens auch noch von einem bezaubernden Sonnenuntergang gekrönt wird. Was will man mehr?

Nicht nur bei schlechtem Wetter, auch sonst ist das Innere der Weinbar sehr einladend und stylish. Der lange Gastraum – der im Giebel des Anwesens untergebracht ist und ehemals ein Heuboden war – ist schick möbliert und gemütlich.

Das Publikum ist gemischt. Florian Spindler betont »Bei uns sind alle willkommen: Familien, Weinenthusiasten oder Ausgehfreudige aus den Metropolen am Rhein – vom Winzergesellen bis zum Professor.« Trotzdem sind die Gäste vielleicht einen Tick jünger als in anderen Vinotheken.

Möglicherweise liegt das an den beiden Spindler-Brüdern Florian und Markus – beide Anfang 40 – mit ihrem jugendlichen Auftreten.

Florian, gelernter Koch, ist der Gastronom und Markus der Önologe und Winzer. Jeder tut das, was genau sein Ding ist. Die beiden bekennen, dass es

nie eine Diskussion über die Aufgabenteilung gab. Und das spürt man: Die Küche ist hervorragend, der Service sehr zuvorkommend. Die Weine modern und terroirbetont. Beide Brüder verstehen virtuos ihr Handwerk und es macht Spaß, die Früchte ihrer Arbeit zu genießen.

Bescheiden fasst Florian Spindler seine Küche auf der Homepage mit »Flammkuchen und Tapas« zusammen. Das trifft es unseres Erachtens nicht. Sie ist weit mehr. Selbst wenn er einen Flammkuchen anbietet, so ist es meist eine Ausführung mit besonderem Pfiff, wie zum Beispiel mit Pfifferlingen. Die Küche ist vielseitig und die Karte wechselt hin und wieder. So findet man auch Pinsa mit Trüffeln, gebratene Knoblauchgarnelen, eine Asia Beef Bowl und noch viel mehr kulinarische Überraschungen. Eines ist allen Gerichten gemein: Sie sind sehr delikat und werden hübsch präsentiert. Wir nennen es eine »gehobene Bistroküche«.

Aber auch neben dem normalen Gastrobetrieb lässt sich Florian Spindler einiges für seine Gäste einfallen. Ob eher gastronomische Themen wie die speziellen »MAGNUM 44 Menüabende« oder »Schokolade trifft Wein« mit dem Elsässer Star-Chocolatier Daniel Rebert. Oder musikalische Events wie: »MAGNUM-Beats« oder die »After Hour Party mit Funk und Reggae auf Vinyl«. Für jeden Geschmack wird etwas geboten. Und wer es glamourös mag, sollte die nächste »Glamour Party« nicht versäumen. In den Monaten November bis März ändert sich das Speisenangebot, denn dann werden die Räume der Weinbar vom Restaurant Spindler im Erdgeschoss mitbekocht und die Küche wechselt von Bistrokü-

Winzersekt
HENRI BRUT

Riesling
PECHSTEIN

che zu Restaurantküche mit wesentlich bereiterem Angebot.

Florian Spindler will, dass sich alle Menschen mit ihren unterschiedlichen Geschmäckern bei ihm wohlfühlen, daher schenkt er neben den Weinen des im Nachbarhaus untergebrachten Weingutes seines Bruders auch Weine von anderen deutschen und internationalen Winzern aus.

Trotzdem wollten wir, wenn wir über die Weinbar MAGNUM 44 schreiben, auch näher auf die Weine des Weingutes Heinrich Spindler, geführt von Bruder Markus Spindler, eingehen. Immerhin ist es – schon im Jahre 1620 gegründet – eines der traditionsreichsten Weingüter der Pfalz. Markus Spindler hat seine Winzerlehre, wie in der Branche üblich, gleich bei drei namhaften Weingütern (Dr. Deinhard in Deidesheim, Eugen Müller in Forst und Fritz Becker in Schweigen) absolviert. Danach setzte er noch ein Önologiestudium in Geisenheim obendrauf. Natürlich kommt ein Weingut, das seine Wingertsflächen in den Großen und Ersten Lagen Forsts unterhält, nicht drum herum, auf terroirbetonte Rieslinge zu setzen, die die besonderen Aromen, die von den vulkanischen Böden ausgehen, ins Glas bringen. Und das ausschließlich als Bioweine.

Wenn wir hier sind, muss es eben meist eine Große Lage sein, die wir uns gönnen. So wie den Pechsteinriesling. In diesen Wein gelangen nur Trauben aus der sogenannten dritten Passage der selektiven Handlese, die gewährleistet, dass nur optimal reife Trauben in den Wein gelangen. Aber auch sonst zieht Markus Spindler bei diesem Wein alle önologischen Register. 95 Prozent des Lesegutes presst er direkt nach der Lese ab, aber fünf Prozent lässt er auf der Maische vergären, um dem Wein neben der Frische noch etwas Körper mitzugeben. Das Resultat hat daher einen festen, straffen Körper. In der Nase spüren wir das rieslingtypische Zitrus- und Quittenaroma und leichte Anklänge an angeschlagenen Quarzkies. Im Geschmack kommt dann das Feuersteinaroma, das er aus seinem vulkanischen Untergrund, nämlich schwarzem Basalt, aufgenommen hat, deutlich zum Vorschein und gibt ihm einen langen Nachhall. Wenn man in Forst ist, unbedingt probieren.

Dass er auch anders kann, zeigt Markus Spindler zum Beispiel mit seinem Sekt Henri Brut. Er entspricht ganz dem Zeitgeist moderner hefegeprägter Winzersekte und ist mit seinem Geschmacksbild nahe an einem Champagner. Das mindestens 16-monatige Hefelager gibt ihm ein angenehmes, nicht zu aufdringliches Briochearoma, die frühe Handlese, aber auch Frische und ein leicht grünes Apfelaroma. Sein Körper ist fest und cremig, der Nachhall ausgeprägt.

Aber Markus ist auch sehr experimentierfreudig und wagt sich als passionierter Bergsteiger auch an reichlich untypische Weinkreationen.

So ist sein neuestes Projekt eine Bergsteiger-Edition – neudeutsch: Climbwines – bestehend aus drei Weißweinen mit Bezeichnungen wie »Bouldering«, »Alpine« und »Free Solo«. Was in etwa von Easy-Drinking bis komplex zu deuten ist.

WEIN- UND SEKTGUT BRAUN

Meckenheim

»Traditionsbewusst«

Adresse
Hauptstraße 51
67149 Meckenheim

18

Parkplätze im Hof
Inhaber Michael und Martin Braun
Telefon (06326) 85 96
E-Mail bws@braun-wein-sekt.de
Homepage www.braun-wein-sekt.de
Ausschank/Gastronomie September, Oktober: Mi – So.
Verkauf/Probiermöglichkeit Mo. – Sa.
Sitzplätze 64 im Innenbereich, 100 im Hof
Wein breite Auswahl ortstypischer Weine vom eigenen Weingut
Speisen Flammkuchen und Weinbegleiter
Barrierefreiheit barrierefreie/r Zugang und Toiletten
Reservierung nicht vorgesehen
Übernachtung im Ort
Wohnmobilstellplätze an der Sporthalle, 200 Meter entfernt

www.braun-wein-sekt.de

So mancher Urpfälzer reagiert befremdet auf die wie Pilze aus dem Weinbergsboden sprießenden hypermodernen Vinothekengebäude. Die einen stören sich an der Bebauung des Weinbergareals außerhalb der Ortschaften. Die anderen befürchten, die gemütlichen vertrauten Pfälzer Winzertraditionen rund um Dubbeglas, Schorle, Saumagen und die allgegenwärtige freundliche Winzerfamilie, könnte von technokratisch-gelackten, Sushi und Austern anbietenden Starwinzern verdrängt werden. Das, was man in der Stadtplanung Gentrifizierung nennt, nämlich eine Luxusmodernisierung mit Verdrängung der bisherigen Strukturen, fürchten sie auch für die traditionellen Winzerbetriebe.

Dass das nicht zwingend so sein muss, beweist das Wein- und Sektgut Braun. Dort ist man – um ein Modewort zu bemühen – *hybrid* aufgestellt. Und das durch und durch.

Von außen fährt man durch den alten Torbogen des Winzerhofes, so wie man das wohl seit Generationen getan hat. Zunächst deutet nichts auf eine moderne Vinothek hin. Erst weiter hinten erkennt man das stylische neue Vinotheksgebäude.

Die Winzerfamilie ist quasi omnipräsent und das trifft nicht nur auf die beiden Brüder Martin und Michael Braun, sondern auch auf deren Partnerinnen und Eltern zu – ein echter Familienbetrieb eben. Aber auch die Kunden des Weingutes sind vielfältig und darauf legt man größten Wert. Von Stammkunden von der Nordseeküste, die einmal im Jahr hierherkommen, um ihre Weinvorräte aufzufüllen, dem

Ausflüglerpaar aus dem nahen Mannheim, das zum Wandern an der Haardt war, bis zum Nachbarn aus Meckenheim, der sich eine Kiste Literflaschen-Riesling für seine Schorle kauft.

Und das ist Martin und Michael sehr wichtig. Sie wollen nicht nur edelste Weine, die handselektiert, spontanvergoren, Jahre im Barriquefass lagerten, verkaufen, sondern auch die klassische Basis pflegen. So verwundert folgendes Zitat nicht: »Auch wenn wir viel Freude daran haben, sehr hochwertige Weine auszubauen, so vertreten wir auch die Auffassung, dass trotzdem ein gescheiter Schorle-Riesling oder Rosé die Visitenkarte eines Pfälzer Weingutes sein sollte. «

Dabei sollte nun nicht der Eindruck entstehen, die Gebrüder Braun hätten den Anschluss an die moderne Weinwelt verpasst. Ganz im Gegenteil.

Man probiert Neues aus und wagt sich auch an sehr ausgefallene Produktinnovationen. So überraschen uns die Brüder bei unserem Besuch gleich mit zwei Novitäten: Einem unfiltrierten Naturwein mit dem provokanten Namen »Dirty Sauvignon« und einem nach dem Portweinverfahren hergestellten restsüßen Likörwein namens BRAUNY. Für Freunde dieser besonderen Weinstilistiken sind es beide unbedingt wert, probiert zu werden.

Aber Martin und Michael Braun sind auch gut darin, Traditionelles modern zu interpretieren und damit ganz bemerkenswerte Erfolge zu erzielen.

Ein Beispiel dafür ist der »Gänsfüßer«.

Mit der »Gänsfüßerrebe« können erfahrungsgemäß die wenigsten Weinliebhaber etwas anfangen. Es sei denn, sie kommen aus dem Ort Haßloch ganz in der Nachbarschaft von Meckenheim. Denn nur dort hat die im Aussterben begriffene Rebsorte überlebt. Dabei ist ihre Geschichte durchaus kurios. 1503 zum ersten Mal im »Kreuterbuch« des pfälzischen Gründervaters der Botanik Hieronymus Bock erwähnt, stammt sie wohl aus dem Mittelmeerraum. Sie war fast ausgestorben und war lediglich als Hausrebe im pfälzischen Haßloch anzutreffen. Aufgrund ihres fast baumartigen Wuchses und ihres hohen Wasserbedarfs wurde sie zum Teil sogar in den Kellern gepflanzt und wuchs dann durch die Kellerfenster nach oben an der Hausfassade entlang. Das Ganze hatte den gewünschten Nebeneffekt, damit feuchte Keller zu entwässern. Für den klassischen Weinbau war sie

Gänsfüßer
JOHANN CASIMIR

Char-donnay
2PUNKTo

allerdings nach heutigen Maßstäben ungeeignet. Sie war ein Massenträger, der aufgrund seines Höhenwuchses für den Winzer kaum zu bändigen war.

Trotzdem gab es immer wieder Anhänger, so der Administrator der Kurpfalz, Johann Casimir, der für die Weinberge der Rebsorte eine Lanze brach, indem er verbot, sie auszuheben. Als Hommage an ihn nannten die Brauns ihre Abfüllung »Gänsfüßer Johann Casimir«

Als nun der Haßlocher Beigeordnete Jürgen Vogt und die Pfälzer Weinbau-Ikone Dr. Fritz Schumann, der schon lange über den Gänsfüßer geforscht und geschrieben hatte, auf die Familie Braun zukamen, doch für diese aussterbende Sorte versuchsweise den Kulturanbau zu übernehmen, um den Fortbestand dieser Rebsorte zu sichern, war das experimentierfreudige und gleichsam traditionsbewusste Weingut Braun zur Stelle, und stimmte zu, mit Unterstützung des Weincampus in Neustadt (der Hochschule für Weinbau) eine Fläche mit Gänsfüßer zu bestocken.

Nach einigen Jahren des Anbaus hatte sich schnell herausgestellt, dass sich bei Anwendung moderner Weinbaumethoden, einem konsequenten Schnitt und strikter Ertragsreduzierung, sehr wohl ein ausgesprochen hochwertiger Wein aus den fast schwarz-violetten Trauben dieser bemerkenswerten Sorte herstellen ließ. Ein schönes Beispiel dafür, wie sich Traditionsbewusstsein mit Modernität verbinden lässt. Und wie Martin Braun aus Erfahrung berichtet: »Er wird auch gerne als Geschenk gekauft. Für Weinfreunde, die das Besondere lieben und schon alles haben.«

Natürlich haben wir es uns nicht nehmen lassen, diesen besonderen Wein zu verkosten.

Tiefrot steht er im Glas. Vanille und Beerenaromen steigen uns entgegen.

Er schmeckt voll und ausgewogen mit einem angenehmen Mundgefühl. Brombeere und wieder Vanille, sehr gut eingebundene Holztöne, die er der Reife im Barrique verdankt. Dabei ein sehr angenehmes Süße-/Säureverhältnis. Alles sehr harmonisch, nichts drängt sich in den Vordergrund. Im Nachhall bleibt er fruchtig und vanillig, wenig Tannine, wenig Bitteres. Für alle, die aufdringliche Tannine nicht mögen, ein idealer Wein. Unbedingt probieren, aber Achtung: dieser besondere Wein ist eine Rarität und steht nur in begrenzter Menge zur Verfügung.

Nach dieser guten Erfahrung haben wir uns weiter durch die sogenannten Hochqualitätssegmente der Unikate des Weingutes Braun probiert und sind auf den »Chardonnay 2Punkt0« gestoßen. Er wurde im Barriquefass vergoren und reifte nach der Gärung für sechs Monate auf der Hefe. Tägliches Aufrühren (die sogenannte Battonage) sorgte dafür, dass der Wein noch mehr an Komplexität und Ausdruck gewonnen hat. Aus dem Glas strömen uns Aromen von gelben Pfirsichen und tropischen Früchten entgegen. Am Gaumen schmecken wir wieder reifen Pfirsich, etwas Mango, untermalt von Vanille-Noten, die er der Holzfassreife verdankt. Lecker, ein kräftiger Wein, der auch zu etwas kräftigeren Speisen passt. Wir mögen ihn besonders zu Camembert und anderen Weichkäsen.

WEINWERK REINHARDT
Ruppertsberg

»Fokussiert«

Adresse
Hof am Deidesheimer Weg
67152 Ruppertsberg
(Navigationseingabe: Im Diedel 1,
67146 Deidesheim)

19

Parkplätze vor der Vinothek
Geschäftsführer Stefan Reinhardt, Lukas Reinhardt und Anna Reinhardt-Weisbrodt
Telefon (06326) 98 26 777
E-Mail info@weingut-reinhardt.de
Homepage www.weingut-reinhardt.de
Ausschank, Verkauf und Probiermöglichkeit täglich außer Dienstag
Sitzplätze 90 im Innenbereich, je nach Saison 100 auf Terrasse und Balkon
Wein ortstypische Weine und Sekte vom eigenen Weingut
Speisen weinbegleitende kleine Speisen, im Sommer- und Herbstausschank (Sep./Okt.) Pop-up-Gastronomie am Wochenende
Barrierefreiheit barrierefreie/r Zugang und Toiletten
Reservierung nicht erforderlich, ab 4 Personen möglich
Übernachtung Steigenberger MAXX Hotel gegenüber
Wohnmobilstellplätze keine

www.weingut-reinhardt.de

Die Weine vom Weingut Reinhardt tragen eine klare Handschrift, die sich mit wenigen Schlagworten erklären lässt:

Fokussierung auf die Rebsorten, die am besten zum Terroir der eigenen Lagen passen. Die finden sich um Ruppertsberg, Niederkirchen, Deidesheim und Forst. Und darauf gedeihen besonders gut Rieslinge sowie Weiß- und Spätburgunder.

Rotweine stehen mit nur 15 Prozent der Rebfläche deutlich im Hintergrund.

Im Keller sind es Maischestandzeiten (auch bei Weißweinen), Spontangärung, Reife auf dem Hefelager und gezielter, zu den Rebsorten passender Holzeinsatz, was die Reinhardtschen Weine ausmacht.

»Dies gibt den Weinen eine kräftige, charaktervolle Note«, resümiert Anna Reinhardt-Weisbrodt.

Neben Weinen sind es insbesondere hochwertige Sekte, die Anna und ihrem Bruder Lukas – dem Winzer – am Herzen liegen.

»Unsere Kunden mögen unsere Sekte ganz besonders. Wir kommen kaum noch hinterher. Immer wieder sind einzelne Sorten ausgetrunken und die Kunden müssen auf die nächste Abfüllung warten«, bekennt Anna nicht ohne Stolz.

Aber woher kommt der Run auf die Sekte des Hauses Reinhardt? Es liegt wohl daran, dass auch sie eine besondere, charaktervolle Note aufweisen, die wohl zu 100 Prozent den Zeitgeist der heutigen Sektenthusiasten trifft.

Lukas und Anna haben da nämlich so eine Vision: »Wie Champagner sol-

len sie schmecken, aber das deutsche Sekthandwerk repräsentieren.« Und dazu tragen sie alles Nötige bei. Extrem lange Hefelager von bis zu fünf Jahren, wenig bis keinen Restzucker sollen sie haben. Kein Wunder, dass sich Fallstaff, Eichelmann, Vinum & Co. mit ihren Bewertungen und Auszeichnungen geradezu überbieten.

Diese Fokussierung und Reduktion findet sich auch im Gebäude der Vinothek – des Weinwerks, wie es die Reinhardts nennen.

Das von den Wiener Stararchitekten »Norbert Grabensteiner« in Zusammenarbeit mit »Spitzbart + partners« geplante Gebäude kommt nüchtern, reduziert und minimalistisch daher – ohne Schnörkel oder anheimelnde Dekorationselemente. Dafür scheint es wie viele Bauwerke Grabensteiners lichtdurchflutet und voller Leichtigkeit geradezu zu schweben und stets den Blick auf die Natur drum herum preiszugeben.

Fazit: Für uns einer der extravagantesten Vinotheksbauten an der Weinstraße, den man sich unbedingt anschauen sollte.

Aber nicht nur die Weine und Gebäude machen eine Vinothek aus, sondern auch die Personen dahinter.

»Wir sind ein gutes Team«, stellt Anna Reinhardt-Weisbrodt – Betriebswirtin und für Vertrieb und Kommunikation zuständig – fest. Und

Sekt
CHARDONNAY RÉSERVE

Weißer Burgunder
DEIDESHEIM

damit meint sie Vater Stefan, der nach wie vor tatkräftig im Betrieb wirkt, und ihren Bruder Lukas, dessen ganzer Fokus auf dem Keller und dem Außenbetrieb liegt.

Und dass seine Erfolge nicht unentdeckt bleiben, beweist der Pfalzwein e. V., der Lukas 2023/2024 nun zum achten Mal ununterbrochen seit Beginn des Wettbewerbs zu den besten 20 Jungwinzern der Pfalz gekürt hat – was eine absolute Ausnahme darstellt. »Hut ab! Alle Achtung!«, kann man da nur sagen. Doch Lukas ist das nicht zu Kopf gestiegen, er sucht nicht die Bühne, sondern wirkt und werkelt lieber im

Wingert und Weinkeller. »Ein Pfälzer Schaffer eben«, bemerkt seine Schwester Anna lächelnd.

Aber auch in der Vinothek des Weinwerks gibt es Innovationen. Neben Themenabenden, bei denen auswärtige Köche in einer Pop-up-Gastronomie die Gäste mit edlen Speisen verwöhnen, gibt es natürlich stets auch kleine weinbegleitende Köstlichkeiten.

Eines hat uns besonders gut gefallen. Nämlich die Mini-Weinproben oder auf Neudeutsch »Flights«. Hier gibt es kompetent zusammengestellte dreier- oder vierer-Proben bei denen bestimmte Weincharakteristika im Vordergrund stehen, die es gegeneinander herauszuschmecken gilt. Die Auswahl ist dabei vielfältig: Ob ein sogenannter »Prickelnder Flight«, bestehend aus Sekten, ein »Terroirflight« oder ein Flight mit der originellen Bezeichnung »Sweets for my Sweetheart« mit feinherben oder eher restsüßen Weinen, für jede oder jeden ist etwas dabei.

Wer sich für einen solchen Flight entscheidet, sollte unbedingt nach den jeweils passenden korrespondierenden Verkostungsempfehlungen, die von Käse über Schinken bis hin zu süßen Variationen reichen, fragen.

Natürlich konnten wir auch das Weinwerk nicht verlassen, ohne etwas zu probieren. Ganz besonders interessierten uns dabei die hochgelobten Sekte. Wir entschieden uns für das Flaggschiff der Reinhardtschen Sekte, den Chardonnay Réserve.

Klar, dass die 57 Monate Hefelager im Aroma ihre Spuren hinterlassen. Wir riechen ein deutliches Hefearoma, begleitet von Spekulatius und Holznoten. Im Geschmack ebenfalls Briochenoten und eine frische Säure, was bei einem Null-Dosage-Sekt mit einer Restsüße von gerade mal 0,2 Gramm pro Liter wenig verwundert. Ein charaktervoller Sekt, den man durchaus auch zu einem Essen genießen kann.

Nach diesem Ausflug in die Oberklasse wollten wir unbedingt noch einen Wein der Mittelklasse – einen Ortswein – probieren. Wir entschieden uns für einen Weißen Burgunder Deidesheim. Dazu muss man wissen, dass Lukas Reinhardt jedem seiner Weißweine im Ortswein- und Lagensegment eine mehr oder weniger lange Reifezeit im Holzfass gönnt. In der Nase nehmen wir ein sortentypisches gelbes Apfel- und Birnenaroma wahr. Dazu kommt – dem Holz geschuldet – eine mandelige Note. Am Gaumen spüren wir wieder gelbe Äpfel und Birnen. Dazu kommen eine lebendige Säure und ein zarter Schmelz. Auch dies ein Wein, der auch zu pikanteren Speisen gereicht werden kann und natürlich aus solo schmeckt.

Ein Weißburgunder der Sonderklasse.

JK WINELOUNGE
Ruppertsberg

»Weinflüsterer«

20

Adresse
Hauptstraße 68
67152 Ruppertsberg

Parkplätze gegenüber der Vinothek
Geschäftsführer Josef Köhr (Vinothek) und Dr. Christopher Köhr (Weingut)
Telefon (06326) 89 09
E-Mail hof-info@weingut-koehr.de
Homepage www.weingut-koehr.de
Ausschank/Gastronomie Do. – So.
Verkauf/Probiermöglichkeit täglich außer Di.
Sitzplätze 75 im Innenbereich, 40 im Hof
Wein Auswahl ortstypischer Weine vom eigenen Weingut
Speisen vollwertige Restaurantgastronomie mit fester Speisekarte und Wochenkarte mit wechselndem kulinarischem Motto, daneben auch Weinbegleiter
Barrierefreiheit barrierefreie/r Zugang und Toiletten
Reservierung sinnvoll unter (06326) 89 09
Übernachtung 6 Doppelzimmer und eine Ferienwohnung für 4 Personen
Wohnmobilstellplätze keine

www.weingut-koehr.de

Man könnte den Untertitel »Weinflüsterer« leicht falsch verstehen – ihm gar eine esoterische Bedeutung beimessen.

Das würde es aber ganz und gar nicht treffen. Dr. Christopher Köhr ist ein Mann, der mit zwei Füßen auf dem Boden steht und der genau weiß, was er tut und wie seine Weine riechen und schmecken sollen.

»Man muss immer zu jeder Zeit wissen, was ein Wein braucht«, ist einer seiner Glaubenssätze. Dieser Satz in unserem Gespräch ließ mich aufhorchen und wir fragten nach, was er darunter versteht. »Man muss wissen, was gerade in einem Tank oder Fass abläuft: stockt die Gärung, ist der Wein zu warm oder zu kalt und so weiter. Dazu muss man den bio-chemischen und physikalischen Zustand dessen, was sich gerade in einem Fass befindet, genau kennen.«

Zu diesem Zweck hat sich Christopher Köhr ein vollwertiges Wein-Analyselabor zugelegt. Damit sticht er unter den Winzern der Weinstraße deutlich heraus.

»Und dann setzen Sie das zu, was der Wein braucht?«, fragten wir nach. Köhr wehrt lachend ab. »Natürlich nicht. Der Wein soll schließlich so, wie er vom Weinberg kommt, möglichst unverfälscht in die Flasche. Es geht darum, Fehlentwicklungen frühzeitig zu erkennen und Gegenmaßnahmen schonend einzuleiten. Zum Beispiel den Wein zu kühlen.«

Dazu hat Christopher Köhr all seine Tanks und sogar die Holzfässer mit Kühlelementen ausgestattet, so

kann er von außen eingreifen, ohne dem Wein etwas zuzusetzen.

Aber nicht nur im Keller geht Köhr überlegt und sorgfältig vor. »Schließlich kann man nur das verarbeiten und abfüllen, was man geerntet hat. Ist das Lesegut nicht von höchster Qualität, nutzen auch alle Anstrengungen im Keller nichts.« So setzt er bei vielen seiner Weine auf selektive Handlese. Das bedeutet, dass man in mehreren zeitlich gestuften Etappen erntet, um nur jeweils Trauben mit dem optimalen Reifezustand zu lesen. Dabei geht man selektiv vor, das heißt Trauben, die nicht optimal sind, werden noch auf dem Weinberg verworfen und kommen nicht in die Erntekisten.

Eine ähnlich hohe Aufmerksamkeit lassen die Köhrs der Küche der Vinothek, die unter der Regie der Eltern Martina und Josef Köhr steht, angedeihen.

Sie ist das Reich von Marc Kern, einem äußerst profilierten Chef de Cuisine, einem Franzosen aus dem nahen Elsass, der seine Laufbahn mit einer Lehre im Sterne Restaurant Cheval Blanc in Lembach begann und über verschiedene Stationen, wie unter anderem als Chef de Partie im Europaparlament, schließlich seinen Weg in die Küche der JK WineLounge gefunden hat.

Darüber hinaus wird er nahezu jede Woche aufs Neue in seiner Kreativität gefordert. Mit wechselnden Wochenkarten wird jede Woche unter ein besonderes Motto gestellt. Seien es auf die jeweiligen Zutaten ausgerichtete Schwerpunkte, wie etwa Fisch oder Wild oder in anderen Wochen Länder- oder Regionalküchen. Besonders beliebt sind auch die regelmäßig wiederkehrenden Tapas-Abende.

Hin und wieder gibt es auch Sonderveranstaltungen wie zum Beispiel Weinproben, Kutschfahrten, Weinbergwanderungen oder Wine-meets-Crime-Abende. Da lohnt ein regelmäßiger Blick auf die Homepage oder das Abonnement des Newsletters.

Als wir vor Ort waren, interessierten wir uns für frische Sommer- und Terrassenweine. Unsere Favoriten waren dabei der Sauvignon Blanc Gutswein und der Cabernet Sauvignon Rosé.

Der Sauvignon Blanc spiegelt sehr ausgewogen die beiden sortentypi-

Sauvignon Blanc
GUTSWEIN

Cabernet Sauvignon
ROSÉ

schen frischen grünen wie auch tropischen Aromanoten wider. Zunächst riechen wir feine Noten grünen Paprikas und dann tropische Fruchtaromen, wie zum Beispiel Maracuja. Wie uns Christopher Köhr erläutert, hat er die Trauben für diesen Sauvignon Blanc mehrmals sorgfältig von Hand selektiert, in mehreren Etappen geerntet, um maximale Reife bei perfekter Traubengesundheit am Rebstock zu erzielen. Der Wein vermittelt ein angenehm volles Mundgefühl mit frischen Säurenoten. Unser Fazit: »Genauso muss ein Sommerwein schmecken«.

Dann wandten wir uns dem Cabernet Sauvignon Rosé zu. Er wurde aus

der Kultrebsorte Cabernet Sauvignon hergestellt. Im sogenannten Saignée-Verfahren ließ Köhr die Trauben, die er für seinen Premium Rotwein Casamero verwendet, gleich nach der Ernte sozusagen »ausbluten« (Saignée heißt im französischen »Aderlass«). Das geschieht in der Form, dass man die Trauben zunächst nicht presst, sondern nur den Saft, der durch das Eigengewicht des Erntegutes austritt, auffängt. Dies sorgt für eine zarte Lachsfarbe und einen besonders frischen, eleganten Roséwein. Der Vollständigkeit halber sei erwähnt, dass die Trauben nach der entsprechenden Maischestandzeit dann abgepresst und durch den vorherigen Saftentzug einen besonders intensiven, konzentrierten Rotwein ergeben.

Aber zurück zum Rosé. Aus dem Glas steigt uns ein frisches Aroma nach Grapefruit, Johannisbeere und eine Spur Pfirsich entgegen. Am Gaumen gesellen sich dazu noch subtile Kirschnoten. Säure und Süße sind sehr gut ausgewogen und gut eingebunden. Jeder Schluck macht Lust auf den nächsten. Nicht zu vergleichen mit den herkömmlichen Portugieser-Weißherbst-Rosés, sondern ein moderner Roséwein, der Erinnerungen an laue Urlaubsabende am Mittelmeer aufkommen lässt. Unbedingt probieren!

NEU

VINOTHEK OLIVER ZETER

Neustadt-Haardt

21

Adresse
Eichkehle 25
67433 Neustadt Weinstraße
Ortsteil Haardt

Parkplätze im Hof
Inhaber Oliver Zeter
Telefon (06321) 9 70 09 33
E-Mail vinothek@oliver-zeter.de
Homepage www.oliver-zeter.de
Ausschank/Gastronomie nur im Rahmen von Events
Verkauf/Probiermöglichkeit Mi. – Sa.
Sitzplätze 8 im Innenbereich, 8 im Außenbereich plus 16 in der sogenannten Beletage
Wein regionaltypische und internationale Weine aus eigenem Ausbau
Speisen nur im Rahmen von Events
Barrierefreiheit nein
Reservierung bei Gruppen ab 5 Personen empfehlenswert unter (06321) 9 70 09 33
Übernachtung keine
Wohnmobilstellplätze keine

www.oliver-zeter.de

»Bärenstark«

Oliver Zeter ist zweifellos ein Charakterkopf, der konsequent seinen Weg geht, auch wenn das nicht immer der geradlinigste ist.

Nach Winzerlehre und Ausbildung zum Weinbautechniker stieg er zunächst in den Weinhandel seines Vaters ein und handelte in Hamburg mit internationalen Weinen, die aus der ganzen Welt importiert wurden.

Dann mit 40 Jahren kam eine Rückbesinnung auf die pfälzische Heimat und der wachsende Wunsch einen langgehegten Traum in die Tat umzusetzen. Zeter wollte zurück in die Pfalz und dort nicht nur mit Weinen handeln, sondern sie selbst anpflanzen und ausbauen – ganz nach eigenem Gusto.

Insbesondere die Rebsorte Sauvignon Blanc, die in jener Zeit in der Pfalz noch sehr selten angebaut wurde, hatte es ihm angetan. Also begann er, in ganz kleinem Umfang zu experimentieren. Auf nur einem halben Hektar baute er seinen ersten Sauvignon Blanc an. »Er war der älteste Jungwinzer der Pfalz«, stellt seine Frau Birgit lächelnd fest.

Das war 2004; seinen ersten Wein füllte er 2007 in Flaschen.

Er besaß nichts von dem, was ein Weingut ausmacht: kaum Wingertsfläche, keinen Keller, keine Technik, keine Vinothek. Mühsam war der Anfang, bei dem er sich alles irgendwie von anderen Winzern leihen musste und die ihm erlaubten, ihre Infrastruktur mitzunutzen.

Ein erster großer Meilenstein war der Kauf, die Sanierung und 2018 der Bezug des heutigen Vinotheksgebäudes – der Villa eines ehemaligen Weinkommissionärs in Neustadts pittoreskem Stadtteil Haardt, dem sogenannten Balkon der Pfalz.

Social-Media- und Event-Managerin Susanne Nett – bekannt aus der ARD-Reihe »Die Rezeptsucherin« – führt uns durch das architektonisch reizvolle Anwesen, das von der modern und stilvoll in Szene gesetzten alten Bausubstanz lebt. Die schwierige Balance zwischen der Erhaltung alter Bausubstanz und Modernität haben die Zeters mit Bravour gemeistert. Heute beherbergt das hübsche Anwesen eine kleine Vinothek und einen edel gestalteten Veranstaltungsraum mit Gastroküche in der sogenannten Beletage und einen kleinen, aber sehr beindruckenden Weinkeller, in dem Zeter seine besten Weine in Barriques und Tonamphoren reifen lässt.

Doch es gibt noch etwas, was in einer Charakterisierung des Weingutes Zeter nicht fehlen darf: das Etikett mit dem Bären. Einst vom Neustadter Maler Otto Dill für Oliver Zeters Urgroßvater – Walter Baer – gemalt, sollte es dessen Gesichtszüge beim Genießen eines Pfälzer Weines am Stammtisch nur 400 Meter vom heutigen Anwesen entfernt festhalten. Heute ist es zum Markenzeichen der Zeters geworden.

Aber kommen wir zum Herzstück aller Zeterschen Bemühungen: dem Wein.

Die Vielfalt des milden Klimas und der Terroirs der Pfalz prägen Zeters Ansatz. Er ist »Lagensammler«. Wo andere eher arrondieren, diversifiziert er und sucht sich die Lagen, die am besten zu seinen Weinen passen. Und so verwundert es nicht, dass sich mittlerweile seine Weinberge wie ein Patchwork-Teppich über die komplette Weinstraßenregion erstrecken. Ob Appenhofener »Steingebiss«, Haardter »Herzog«, Siebeldinger »Im Sonnenschein«, Nussdorfer »Kaiserberg«,

Pinot Noir
RÉSERVE

Sauvignon Blanc
FUMÉ

Ungsteiner »Weilberg« oder Kallstadter »Saumagen«. Zeter ist immer da, wo er die besten Voraussetzungen für seine spezielle Weinauswahl findet.

Und die ist aufgrund seiner früheren Tätigkeit als Weinhändler international ausgerichtet. Vom pfalztypischen Riesling und Pinot Noir hin zu Chardonnay, Chenin blanc, Viognier, Semillion, Syrah und Cabernet Franc kultiviert er all jene Reben, von denen er sich hervorragende Ergebnisse verspricht.

Zusammengefasst haben es ihm die »Big Ten« der internationalen »Noble Grapes« angetan.

Und dass das nicht ohne Erfolg bleibt, demonstrieren eindrucksvoll die Auszeichnung von Eichelmann, Falstaff, Vinum und Co., die sich geradezu zu überbieten scheinen.

Doch Oliver Zeter ist nicht nur »Lagen-«, sondern auch »Talentesammler«. Mit dem Trio Kellermeister Felix Forster, Sommelier und Weinberater für Gastro- und Handels-Kunden Robin Spitz, Social-Media- und Event-Managerin Susanne Nett haben sich er und seine Frau durchaus zukunftssicher aufgestellt.

Nach all den Vorschusslorbeeren waren wir natürlich auf die Weine des Weingutes Zeters gespannt. Insbesondere der Sauvignon Blanc, den man hier als Paradepferd des Weingutes bezeichnet, und die Rotweine zogen unser Interesse auf sich.

Am Ende gefielen uns ganz besonders der Sauvignon Blanc Fumé und der Pinot Noir Réserve.

Der Sauvignon Blanc Fumé stammt aus Zeters ältesten und besten Weinbergen von der Südpfalz und der Mittelhaardt. Bewusst hat Zeter die Reben dazu auch auf unterschiedlichen Böden angebaut. »Es trägt zur Diversifizierung der Aromen bei«, so Zeter. Der Most wurde in gebrauchten 300- und 500-Liter-Fässern spontan vergoren und blieb noch neun Monate auf der Vollhefe. Das gibt dem Wein eine ausgeprägte Intensität. An der Nase spüren wir Aromen von Tomatenblatt, Sternfrucht und gelber Kiwi. Mineralische, leicht reduktive Aromen bereichern subtil das Bouquet. Das Mundgefühl ist balanciert und offenbart eine erhabene Textur mit elegantem Schmelz. Der Abgang ist lang, getragen von einer reifen Säure.

Kein Wunder, dass ihn Falstaff mit 93 Punkten ausgezeichnet hat. Unbedingt probieren.

Auch der Pinot Noir Réserve ist auf verschiedenen Lagen gewachsen. Die Trauben wurden von Hand gelesen und wurden nur teilentrappt (nur von einem Teil der Ernte die Beeren vom Stielgerüst entfernt). Die Maische erfolgte in kleinen Holzcuves (offenen Gärständern). Ausgebaut wurde er in 500-Liter-Tonneaus und Barriques. »Bewusst haben wir den Anteil des neuen Holzes dabei bei nur 25 Prozent belassen, um zu erreichen, dass ein perfektes Gleichgewicht von frischer Frucht und subtilen Holztönen entsteht«, erläutert Zeter.

Stilistisch erinnert der Pinot Noir eher an einen in Burgund erzeugten Wein. Im Aroma zurückhaltend, muss man sich erst hineinfinden. Er ist nicht aufdringlich, sondern elegant in seinem komplexen Fruchtspiel und der dichten, facettenreichen, aber straffen Struktur mit einem angenehmen Nachhall. Ein Wein für Kenner zum Hineinspüren. Einfach fein.

WEINLOUNGE IM BERZELHOF

Speyer

»Ein noch unentdecktes Juwel«

Adresse
Tränkgasse 1a
67346 Speyer

22

Parkplätze auf dem nahegelegenen Parkplatz nördlich des Doms
Geschäftsführer Jan Kubat
Telefon (06232) 6 01 08 94
E-Mail info@berzelhof-weinlounge.de
Homepage www.berzelhof-weinlounge.de
Öffnungszeiten täglich außer dienstags, jeweils am Nachmittag
Sitzplätze 30 im Innenbereich, plus 20 im Veranstaltungsraum (1. OG), 40 im Hof
Wein Auswahl ortstypischer Weine vom Weingut Weegmüller und anderen renommierten Weingütern
Speisen Weinbegleiter und kleine Tellergerichte
Barrierefreiheit nein
Reservierung nicht erforderlich
Übernachtung keine
Wohnmobilstellplätze keine

www.berzelhof-weinlounge.de

Beim Schreiben dieses Textes durchzuckt uns mehrfach der Impuls »lieber nicht darüber zu schreiben und die Existenz dieser etwas versteckten Weinlounge einfach für uns zu behalten«.

Tatsächlich ist der Berzelhof unter den häufig chronisch vollbesetzten Vinotheken wenigstens zeitweise eine Ausnahme. Kommt man unter der Woche vorbei, hat man gute Chancen, auch ohne Reservierung noch einen Tisch zu erhaschen.

Dabei bringt er alles mit, was eine richtig schöne Weinlounge so braucht: Eine stylishes Ambiente, aus der gelungenen Kombination der schönen historischen Bausubstanz und der modernen Einrichtung. Alles in allem ist das, was einen erwartet, wohl am zutreffendsten mit den neudeutschen Adjektiven »shabby chic« zu umschreiben.

Dazu laden hervorragende Weine aus Neustadt-Haardt vom Weingut Weegmüller, ergänzt durch edle Tropfen aus der Schatzkammer des Online-Handels VINOX79 und eine kleine, aber feine Speisenauswahl zum Verweilen ein.

Ein guter Teil des Shabby-Chic-Ambientes ist sicherlich Alexandra Remus zu verdanken, die im Anbau der Weinlounge einen Blumenladen betreibt und den gemeinsamen Hof als Ausstellungsfläche mitnutzt. Und dabei beweist sie regelmäßig außerordentliches Geschick, alles so zu drapieren, als müsse es genau an diesem oder jenen Platz stehen. Mit ihren besonderen Pflanzenarrangements füllt sie den schönen historischen von warmen roten Sandsteinmauern umfriedeten Hof mit provenzalischem Flair und

BERZELHOF
Weinlounge
VINOX79

BERZELHOF
B
WEINLOUNGE

Scheurebe Mandelring
WEINGUT WEEGMÜLLER

Merlot Bürgergarten
WEINGUT WEEGMÜLLER

animiert uns jedes Mal, das ein oder andere Stück für die heimische Terrasse mitzunehmen.

Auch die schönen original-französischen Metallmöbel auf dem Hof verleihen ihm einen mediterranen Charme.

Die Weine und Sekte im offenen Ausschank sind allesamt vom Weingut Weegmüller im Neustadter Ortsteil Haardt – dem sogenannten Balkon der Pfalz. Kein Wunder, denn die Weinlounge Berzelhof hat mit Jan Kubat denselben Mitinhaber.

Nach dem Vorbild des Berzelhofs ist gerade auch eine Vinothek im Obergeschoss der Kelterhalle des Weingutes mit herrlicher Aussichtsterrasse zum pittoresken Haardter Schlösschen mit der Burg Winzingen in der Entstehung. Wir sind sehr auf das Ergebnis gespannt und werden sicherlich zu den ersten Gästen dort gehören.

Aber Jan Kubat ist nicht nur Geschäftsführer des Weingutes Weegmüller und des Berzelhofs. Der umtriebige Speyerer hat noch ein weiteres Steckenpferd: Er handelt mit seiner Firma VINOX79 online mit Champagner und erlesenen Premiumweinen schwerpunktmäßig aus Frankreich, von denen er hier auch einige der flüssigen Juwelen glasweise ausschenken lässt.

Dazu gibt es neben kleinen Snacks verschiedene Flammkuchen sowie Antipasti-, Wurst- oder Käseplatten. Wer typische Pfälzer Spezialitäten schätzt, dem sei die Hausmacherplatte empfohlen. Eines ist all diesen Platten gemein: Alles, was man darauf findet, stammt von renommierten regionalen Zulieferern und ist hochwertig und lecker.

Aber auch für private Feiern, Empfänge oder Firmenevents sind der Gastraum des Berzelhofs und der Veranstaltungsraum im ersten Obergeschoss mit weiteren 20 Sitzplätzen mit und ohne Weinprobe oder ähnlichem zu haben.

Aber kommen wir zu den Weinen. Dabei wollen wir uns, der Thematik dieses Buches geschuldet, ausschließ-

lich mit den Pfälzer Weinen vom Weingut Weegmüller auseinandersetzen.

Um das Weingut Weegmüller kennenzulernen, spannten wir bewusst den Bogen weit und wollten einen Weißwein und einen Rotwein auswählen. Im Ergebnis fanden wir die Scheurebe Mandelring trocken und den Merlot von der Lage Bürgergarten hervorhebenswert.

Der trocken ausgebauten Scheurebe, mit nur 0,7 Gramm Restzucker, entsteigt ein blumiges Aroma, das uns an Holunderblüten erinnert. Auch am Gaumen bleibt diese Blumigkeit. Im Abgang legt sie eine mineralisch-harmonische Säure an den Tag und bleibt anhaltend intensiv. Eine Scheurebe mal ganz anders, die einen bleibenden Eindruck hinterlässt. Macht Lust auf mehr.

Das Kontrastprogramm dazu ist der Merlot Bürgergarten, einer der Premiumweine des Weingutes Weegmüller. Zwölf Monate reifte er in Tonneaus und Barriques, was ihm Komplexität und Tiefe verleiht. In der Nase nehmen wir Aromen von Kirsche und Blaubeere wahr. Im Mund gesellen sich dazu Schokolade, süßliche Kräuter und Vanille. Insgesamt ist er kräftig und vollmundig mit langem Abgang. Ein Wein für gemütliche Kaminabende.

SUX RESTOBAR

Speyer

23

»Ob zum Schlemmen oder einfach nur so, um einen von Philipps Weinschätzen zu kosten«

Es gibt viele Gründe, einen Abend in der SUX Restobar, die in Speyer so etwas wie eine Institution ist, zu verbringen. Sei es, sich ein gemütliches ausführliches Abendessen mit Familie oder Freunden zu gönnen, oder einfach nur mal eben auf einen Sprung mit einem Glas Wein und einer Portion Tapas den schnellen Hunger zu stillen.

Inhaber Philipp Rumpf will beiden Bedürfnissen gerecht werden. So gliedert sich – auch wenn das für Außenstehende oft nicht ersichtlich ist – die Restobar in zwei Zonen.

Nämlich, den mit Stühlen und Tischen ausgestatteten Restaurantteil links vom Tresen und den mit Hightables und Barhockern möblierten Barteil rechts. Damit erschließt sich auch der tiefere Sinn des Kunstwortes Restobar, das sich aus den Wortteilen Rest(aurant) und Bar zusammensetzt.

So weit, so gut. Für alle, die sich jetzt fragen: »Warum die ausführliche Erklärung?«

Diesen Hintergrund zu verstehen, ist wichtig, um an einen freien Tisch in der SUX Restobar zu kommen. »Denn diese sind oft schon eine Woche vorher reserviert«, wie Philipp Rumpf bedauernd bekennt. Daher empfiehlt es sich, die normalen Tische im Restaurant stets vorab zu reservieren. Nur äußerst selten ist dort etwas »zufällig« frei. Aber Philipp Rumpf will, dass seine SUX Restobar sozusagen ein offenes Haus ist, bei dem man auch einfach nur so auf ein Gläschen Wein vorbeischlendern kann. Daher sind die Plätze an den Hightables und im Hof nicht reservierbar und hier hat man dann oft das Glück, einen freien Tisch zu ergattern.

Adresse
Korngasse 31
67346 Speyer

Parkplätze im nur 100 Meter entfernten Hof des Finanzamtes, der abends den Besuchern der Stadt zur Verfügung steht
Inhaber Philipp Rumpf
Telefon (06232) 9 00 57 19
E-Mail genuss@sux-speyer.de
Homepage www.sux-speyer.de
Ausschank/Gastronomie Di. – Sa.
Verkauf/Probiermöglichkeit nein
Sitzplätze 60 im Innenbereich, 45 im Hof
Wein regelmäßig wechselnde breite Auswahl Pfälzer und internationaler Weine
Speisen Tapas und sonstige Weinbegleiter sowie pfälzisch-mediterrane Restaurantküche à la carte
Barrierefreiheit barrierefreie/r Zugang und Toiletten
Reservierung zu empfehlen unter (06232) 9 00 57 19
Übernachtung keine
Wohnmobilstellplätze keine

www.sux-speyer.de

Auf die Speisenauswahl hat dies keine Auswirkung. Hat man im Innenraum, gleich ob an den normalen Tischen oder den Hightables Platz genommen, steht einem die komplette Speisekarte offen. Und die umfasst neben großen Gerichten wie zum Beispiel gegrilltem Pulpo auf Kartoffelbett oder Donnersberger Bärlauchsaumagen, auch einfach nur Tapas mit kleinen, aber nicht minder schmackhaften Köstlichkeiten.

Sitzt man im Freien, im geräumigen Innenhof, hat man die Auswahl zwischen Bowls, Tapas und kleineren Gerichten, die ausgezeichnet zum Wein passen.

Und wie wir schon oft erlebt haben, scheint die SUX Restobar auch für die Speyerer Künstlerszene attraktiv zu sein. So kommt es nicht selten vor, dass Speyerer Jazz-Größen wie der international bekannte Jazz-Saxophonist Lömsch Lehmann und der Gitarrist Dr. Beutelspacher hier einfach mal spontan zu einem Gig ihre Instrumente auspacken.

Kommen wir zu den angebotenen Weinen. Hier legt Philipp Rumpf einen deutlichen Schwerpunkt auf Pfälzer Weine. Neben einer festen Weinkarte, in der auch so mancher Platzhirsch der Pfälzer Winzerschaft vertreten ist, besteht sein besonderer Ehrgeiz darin, auch Top-Weine von kleineren oder unbekannteren Winzern zu erschwinglichen Preisen zu entdecken und seinen Gästen anzubieten.

Als wir hier waren, wollten wir von beidem einen typischen Vertreter kennenlernen.

Rumpf zögerte nicht lange und bot uns einen Viognier vom Weingut Oliver Zeter aus Neustadt-Haardt, einem seiner Stammweingüter, und einen Riesling Kirchberg vom Weingut Viermorgen Niederhorbach bei Bad Bergzabern an.

Zugegebenermaßen hatten wir von letzterem tatsächlich noch nie gehört. Rumpf grinste verschwörerisch. »Klar, die haben ja auch nur vier Morgen Anbaufläche« Er genoss es geradezu, zuzuschauen, wie wir in unserem Winzerwissen kramten, um uns in Erinnerung zu rufen, wie groß denn die Fläche eines Morgens ist. Es sind 2.500 Quadratmeter oder um es etwas weinbautauglicher auszudrücken, 25 Ar oder ein Viertelhektar. Glaubt man also dem Namen »Viermorgen«, dann beschränkt sich die Anbaufläche auf nur einen Hektar.

»Wie, nur ein Hektar?«, war unsere verblüffte Frage. Rumpf nickte. »Einfach mal hinfahren, ihr werdet staunen«, antwortete er lakonisch.

Und genau das taten wir am folgenden Tag. Und tatsächlich staunen

Riesling Kirchberg
WEINGUT VIERMORGEN

Viognier
WEINGUT OLIVER ZETER

wir, als wir dort sind. »Alles hat mit einer fixen Idee begonnen, wir wollten neben unseren stressigen Berufen Zahnarzt und Unternehmer noch einen Ausgleich und etwas anderes ausprobieren«, berichtet Axel Becht, einer der beiden Eigentümer des Weingutes »Viermorgen«. »Aber so einfach war das nicht. Keiner wollte uns einen gescheiten Wingert verkaufen. Wir bekamen nur kleinere Geländestücke, die niemand wollte, weil sie zu trocken, zu steinig, zu mager waren. Man lächelte über uns zwei Spinner. Trotzdem haben wir auf diese Weise irgendwann einen guten Hektar zusammenbekommen.«

»Und darauf baut ihr den Riesling an, den wir in der Speyerer SUX Restobar probiert haben«, ergänzen wir.

Becht grinst nachsichtig. »Den Riesling, einen Sauvignon Blanc, Weißburgunder, Chardonnay, Muskateller, Shiraz, Cabernet Franc, Merlot und einen Spätburgunder. Neben den reinsortigen Weinen bauen wir daraus auch einen Rosé, einen Blanc de Noir und zwei Cuvées aus«, setzt er nach und weist auf seine Weinliste mit insgesamt 13 Positionen.

»Und wie schafft ihr das, auf so einer kleinen Fläche so viele Weine zu produzieren?«

»Mit sehr viel Handarbeit«, bekennt Becht. »Pro Sorte haben wir oft nur ein paar hundert Flaschen. Viele Gerätschaften und Anlagen mussten wir eigens für uns herstellen lassen, wir haben da einen Kontakt in China, der uns das baut.«

Wer jetzt denkt, wenn sich zwei Amateure unter diesen Umständen an Wein versuchen, kann ja nichts dabei herauskommen, der irrt. Überall zeugen Plaketten und Urkunden von Falstaff, Eichelmann, Vinum und Gault & Millau im kleinen Probierraum, dass Boris Peter und Axel Becht mit dem, was sie tun, außerordentliche Erfolge haben. Sie nennen sich selbst »Schrägeinsteiger und Querdenker«.

Auf die Ursachen ihres Erfolges angesprochen, erläutert Becht: »Das ist ganz einfach, es ist die konsequente Handarbeit und die Tatsache, dass auf den benachteiligten Böden, die wir haben, schon naturgemäß nur kleine Mengen wachsen. Aber deren Qualität ist außerordentlich hoch.«

Wir sind beindruckt von den beiden Idealisten und können jedem Weinfreund nur empfehlen, einfach mal dort in Niederhorbach nach telefonischer Voranmeldung vorbeizuschauen.

Umso mehr interessiert uns natürlich, wie uns der Riesling Kirchberg der beiden »Schrägeinsteiger« mundet.

Gewachsen ist er auf dem kargen Muschelkalkboden des Kirchbergs in Gleiszellen-Gleishorbach. Aus dem Glas nehmen wir ein frisches Limetten-/Apfelaroma wahr. Auch im Mund ist er spritzig und knackig mit gut eingebundener milder Säure. Im Abgang ist er cremig mit sanften mineralischen Anklängen. Ein Riesling, der Spaß macht und das auch für Nichtrieslingtrinker.

Danach probierten wir den Viognier des Weingutes Oliver Zeter in Neustadt-Haardt.

Viognier ist eine Rebsorte, die überwiegend im Rhônegebiet angebaut wird.

Hier in Deutschland ist sie noch eher selten zu finden. Oliver Zeter nutzt für seinen Viognier Eichenfässer für die Spontangärung und lässt ihn bis zum nächsten Sommer auf der Hefe, wo er in regelmäßigen Abständen aufgerührt wird (Batonnage).

Der Duft, der aus den Gläsern steigt, überrascht uns – ein Hauch von Mandeln mit etwas Vanille.

Am Gaumen schmecken wir reife Birne und Marzipan mit leichten Röstaromen. Süße und Säure sind gut eingebunden, es bleibt ein cremiger facettenreicher Nachhall. Was für ein feiner Wein. Unbedingt hier vorbeikommen und probieren.

NEU

VINOTHEK KÜWÉ

Speyer

24

Adresse
Roßmarktstraße 1B
67346 Speyer

Parkplätze Parkplätze und Parkhäuser Mühlturmstraße und untere Langgasse
Inhaber Andre Golfier
Telefon (06232) 6 84 84 82
E-Mail info@kuewe.de
Homepage www.küwe.de
Ausschank/Gastronomie Di. – Sa.
Verkauf/Probiermöglichkeit Di. – Sa.
Sitzplätze 40 im Innenbereich, 16 vor der Vinothek
Wein breite Auswahl regionaler und internationaler Weine
Speisen kleine Snacks
Barrierefreiheit kein barrierefreie/r Zugang zur Vinothek und den Toiletten
Reservierung nur für den Innenbereich, unter (06232) 6848482
Übernachtung in den umliegenden Ferienwohnungen und Hotels
Wohnmobilstellplätze keine

www.küwe.de

»Treffpunkt«

Eigentlich war nichts von alldem so geplant. Als Andre Golfier sein Abitur in der Tasche hatte, stellte sich zunächst Ratlosigkeit über die künftige berufliche Ausrichtung bei ihm ein. »Soll ich es mit einem Bürojob versuchen?« Die Antwort seiner Mutter Gabi, die ihn heute im Küwé unterstützt, war klar und direkt: »In ein Büro kann man dich nicht stecken, das ist weder für dich, noch für die anderen dort um dich herum gut.«

So entschied er sich, zunächst ein Praktikum bei einem befreundeten Winzer in Freinsheim einzuschieben. Es machte ihm Spaß. Mit Begeisterung spricht er über den unkomplizierten Zusammenhalt und die gemütlichen Afterwork-Schöppchen nach getaner Arbeit im Wingert und Keller mit dem Winzer und seinem gesamten Team.

Andre Golfier war sich nun sicher, »Teil der Weinwelt« werden zu wollen und nahm ein Önologiestudium am Weincampus in Neustadt auf.

Während seines dualen Studiums absolvierte er wie üblich zahlreiche Praxisphasen bei renommierten Pfälzer Weingütern. Obwohl ihm das gefiel und er schwärmerisch über die durchweg gute Kollegialität und die schönen Erfahrungen in frischer Luft in familiärem Umfeld berichtet, entdeckte er damals aber einen wachsenden Freiheitsdrang in sich. Er wollte sein eigener Chef werden.

Seinen ersten Versuch unternahm Andre Golfier mit einem Freund. »Book-a-Tasting« hieß das Projekt und sollte daraus bestehen, sich zu Hausweinproben buchen zu lassen. »Wir haben so gut wie alles

falsch gemacht, aber viel daraus gelernt«, kommentiert er seine ersten Gehversuche. »Es war eine gute Vorbereitung« für das, was danach gekommen ist.

Aber auch dabei entwickelte sich so einiges nicht nach Plan. Er eröffnete eine Weinhandlung am jetzigen Standort in der romantischen Roßmarktstraße unweit des Altpörtels in Speyer. Doch die Kunden wollten nicht ganz so, wie er es sich vorgestellt hatte. Freilich kauften sie die angebotenen Weine, doch sie wollten einfach nicht mehr nach Hause gehen. So gemütlich und familiär ging es in der Weinhandlung zu, für die Andre gleich mal Mutter Gabi und Vater Bernd als erstes Personal akquiriert hatte.

Andre wollte kein schlechter Gastgeber sein und bewirtete seine Gäste. So ist aus der angedachten Weinhandlung heute eine Vinothek geworden, in der man nicht nur Wein kaufen und probieren, sondern auch verweilen und gemütlich einige Gläschen Sekt oder Wein konsumieren kann.

Aber es ist noch viel mehr daraus geworden. Zum einen ein Treffpunkt, wo sich die Speyerer Weinwelt trifft und man nie alleine ist. Um die als Tische aufgestellten Barriquefässer findet man immer noch ein Plätzchen, um sich – wie in der Pfalz üblich – irgendwo dazu zu gesellen. Und so stehen einträchtig Urspeyerer, Zugezogene und Touristen vereint beisammen, genießen Andres Wein-Neuentdeckungen und philosophieren darüber.

Andre Golfier bezeichnet sich selbst, bezogen auf seine Weinauswahl, als ein »önologisches Trüffelschwein«. Neben einigen Stammweingütern in seinem Sortiment ist er ständig auf der Suche nach neuen jungen Weinmachern und deren vorzüglichen Produkten. Kompetent, mit breitem Überblick über die Pfälzer Weinbranche, gibt er Auskunft und erklärt seine Weine.

XXL Rotwein
WEINGUT KIRCHNER

Cuvée 6 am Gaumen
WEINGUT BURNICKEL

Wer mehr will, kann als Gruppe oder im Rahmen offener Veranstaltungen eine Weinprobe im Küwé buchen. Und mit etwas Glück stellt Andre Golfier gleich noch eine kleine Ausbildung im fachgerechten Sektflaschenöffnen mit dem Säbel – sabrieren – voran.

Als wir im Küwé waren, interessierten wir uns speziell für die weniger bekannten Weingüter und – passend zur Location – ihre besten Cuvées.

Allen voran das Cuvée »6 am Gaumen« vom Weingut Burnickel in Niederkirchen und der »Rotwein-Cuvée XXL« vom Weingut Kirchner in Freinsheim.

»6 am Gaumen«, ein Cuvée, auf das das Schlagwort »Easy Drinking« wie die Faust aufs Auge passt.

Wir waren nicht selten dabei, wenn Andre Golfier seine »Universalwaffe« »6 am Gaumen« an einem Tisch unschlüssiger Gäste zum Einsatz brachte. Und noch nie lag er damit falsch. Obwohl in der Pfalz halbtrockene Weine nicht immer den Geschmack der Gäste treffen – dieser tut es. Mit insgesamt sechs Rebsorten ist es Steffen Burnickel aus Niederkirchen gelungen, ein Weißweincuvée zu kreieren, das sich förmlich einschmeichelt. Im Geruch sehr aromatisch, nach Pfirsich duftend, macht es Lust auf den ersten Schluck. Der Geschmack ist fein austariert, auch nach Pfirsich und reifen gelben Früchten. Die leichte Restsüße gepaart mit harmonischer Säure macht Lust auf mehr.

Der XXL Rotwein vom Weingut Kirchner aus Freinsheim ist ein klassisches Bordeaux Cuvée, bestehend aus den Rebsorten Cabernet Sauvignon und Merlot. Gewachsen sind die Reben auf einem Sand-Löss mit freiem Kalk, sandig und geröllhaltig mit einem Hektarertrag von nur 3000 Litern. Aus dem Glas springt uns ein zartwürziger Duft entgegen, in dem wir Himbeernoten wahrnehmen. Am Gaumen kommen dazu rauchige fruchtige Facetten hinzu, dazu kräftige gut eingebundene Tannine und Holznoten, die der Wein seiner 18-monatigen Lagerung im Barrique verdankt. Ein echter Geschmacksriese, der die Bezeichnung XXL wahrlich verdient. Ein »Bravo« an Ralph Kirchner, der uns schon länger durch seine vollmundigen internationalen Rotweine aufgefallen ist.

25

VINOTHEK WEINGUT ÖKONOMIERAT ISLER

Neustadt-Diedesfeld

»Generationenwechsel«

Adresse
Weinstraße 622
67434 Neustadt-Diedesfeld

Parkplätze vor der Vinothek
Inhaber Familie Isler
Telefon (06321) 8 62 36
E-Mail info@weingut-isler.de
Homepage www.weingut-isler.de
Ausschank/Gastronomie täglich außer Di.
Verkauf/Probiermöglichkeit täglich außer Di.
Sitzplätze 100 im Innenbereich, 100 auf der Terrasse
Wein breite Auswahl ortstypischer Weine, Sekte, Traubensäfte und Brände vom eigenen Weingut
Speisen Kaffee und Kuchen sowie kalte Speisen mit mediterranem Einschlag
Barrierefreiheit barrierefreie/r Zugang und Toiletten
Reservierung nicht möglich
Übernachtung keine
Wohnmobilstellplätze auf Anfrage, mit sanitären Anlagen, Strom- und Wasseranschluss

www.weingut-isler.de

Zu den meistbesuchten und schönsten Vinotheken der Pfalz gehört zweifellos die Vinothek des Weingutes Ökonomierat Isler.

2014 fertiggestellt, war sie eine der ersten modernen Vinotheken in der Pfalz.

Zweifellos hat sie ihre Beliebtheit auch dem geradezu perfekten Blick zu verdanken, den man vom gepflegten Rasen neben und hinter der Vinothek auf das Hambacher Schloss, das über ihr auf dem Schlossberg thront, hat.

Wir genießen es immer wieder aufs Neue, unter sich im lauen Wind wiegenden Rebzweigen über das Rebenmeer hinweg zu dem Wahrzeichen der Pfalz aufzuschauen. Einfach grandios.

Sicherlich war dies auch eines der Argumente für die ARD, die Vinothek zum Drehort der Winzerserie »Weingut Wader« zu machen.

Aber es gibt noch etwas, was die Vinothek unter den Gästen so beliebt macht: Das sind die umfangreichen und unkomplizierten Öffnungszeiten. Mit nur einem Ruhetag in der Woche gehören sie zu den umfänglichsten unter den Pfälzer Vinotheken. Trotz ihrer Popularität und dem dadurch ausgelösten täglichen Ansturm der Besucher, findet man meist irgendwo noch ein Plätzchen, um sich niederzulassen – auch wenn es zunächst auf einem der von der Sonne erwärmten Sandsteinblöcke auf dem Rasen ist, die für ein Gläschen Sekt vorneweg völlig ausreichen.

Das Getränkeangebot ist breit, neben der umfangreichen Weinpalette des Weingutes gibt es hier auch eine breite Auswahl an Cocktails und natürlich das Pfälzer Nationalgetränk Weinschorle. Entgegen vieler anderer Meinungen unter den Pfälzer Vinothekenwirten ist man offen für *Aperol Spritz,* Hugo, Pink und Co. »Schließlich muss es den Gästen schmecken und sie sollen sich bei uns wohlfühlen«, sagt Carolin Isler, Juniorchefin und das Gesicht der Vinothek.

Dazu bietet man unkomplizierte mediterrane Kleinigkeiten wie Käse, Salami, Antipasti, aber auch regionales, wie Pfälzer Vesperplatten und vieles mehr an. Da sich die Öffnungszeiten auch über die Kaffeezeit erstrecken, kann man natürlich auch auf verschiedene Kaffeevariationen und eine kleine Kuchenauswahl zurückgreifen.

Neben der Gastronomie betreibt die Vinothek auch einen kleinen Geschenke-Shop im Nebenraum. Dort kann man außer den gutseigenen Weinen eine breite Spirituosenauswahl sowie ein kleines Sortiment an Büchern und Geschenkartikeln erstehen. Und dazu noch besonders originelle, aus Fassdauben gefertigte Kleinmöbel aus der Werkstatt von Tobias Dörr, der die Schreinerwerkstatt »Unfassbar Deidesheim« betreibt, die bekannt für ihre Unikate aus gebrauchtem Fassholz ist.

Als wir Helmut Isler, Vater von Carolin und Chef des Ganzen, ansprechen

Gelber Muskateller
FEINHERB

Blanc de Noir
TROCKEN

was es denn Neues und Berichtenswertes gäbe, schweigt er zunächst. Es sieht so aus, als müsse etwas in ihm reifen. Als wir ihn nach ein paar Minuten nochmals darauf ansprechen, räuspert er sich bedeutungsvoll: »Ich plane, im nächsten Jahr die Leitung der Vinothek an meine Tochter Carolin und die des Weingutes an meinen Sohn Alexander zu übergeben.« Nach einer kurzen Pause setzt Isler hinzu: »… und das dürfen Sie ruhig auch schreiben«.

Es freut uns, bei so einem historischen Augenblick dabei zu sein, in dem ein so erfolgreiches Urgestein der Pfälzer Vinothekenkultur – der mit seiner Vinothek offensichtlich alles richtiggemacht hat und den aktuellen Trend schon früh erkannte – einen Generationswechsel ankündigt.

Doch diese Information schreit förmlich danach, auch auf die Domäne von Sohn Alexander, nämlich Keller und Außenbetrieb, einzugehen.

Das Rebsortenportfolio des Weingutes ist breit. Nahezu alle bekannten pfalztypischen Reben sind bei Islers im Anbau. Daneben gibt es internationale Rebsorten wie Chardonnay, Sauvignon Blanc oder Merlot. Vielleicht eine Besonderheit des Weingutes ist es, dass es die meisten Weine neben dem trockenen Ausbau auch in »feinherb« oder teilweise sogar in »süß« gibt. Dazu gibt es ein breites Angebot von Winzersekten und Seccos.

Auch mit modernen pilzwiderstandsfähigen Reben befasst sich Alexander. Da diese Rebbestände noch sehr jung sind, fließen diese derzeit nur in kleineren Mengen ausschließlich in die Cuvées des Weingutes ein.

Als wir hier waren, interessierten wir uns vor allem für die besonderen Kundenlieblinge der Vinotheksbesucher.

»Besonders beliebt ist der Blanc de Noir trocken aus Spätburgunder«, berichtet Carolin Isler. Seine Aromen erinnern an reife gelbe Früchte, wie Mirabelle und Aprikose, auch etwas Mandarine und der Duft von Blumenwiesen im Sommer lassen sich erahnen. Der Wein hat eine verspielte Säure und seine feine Komplexität lässt den Spätburgunder erkennen. Wir meinen »Easydrinking at its best«.

Daneben gefiel uns der Gelbe Muskateller feinherb – mit 28 Gramm Restzucker pro Liter sicherlich eher ein Dessertwein.

Sein feines Aroma erinnert an exotische, tropische, sowie heimische Früchte. Am Gaumen bringt er eine angenehme Leichtigkeit und Spritzigkeit mit sich, unterstützt von einer pikanten Säure. Das ausbalancierte Süß-/Säure-Spiel überzeugt im Mund mit einem würzigen Potpourri aus heimischem Steinobst und exotischen Früchten, wie Litschi und Papaya.

WEINHAUS ANTON
Kirrweiler

»DOMgeister«

Die Vinothek des Weinhauses Anton mag zwar nicht die größte ihrer Art an der deutschen Weinstraße sein. Sie gehört aber zweifellos zu den architektonisch gelungensten.

»Wir haben uns bewusst für ein puristisches Design mit großzügigen Glaselementen und Naturmaterialien entschieden. Hier präsentieren wir unsere Weine, Sekte und Brände wie Kostbarkeiten in ganz besonderer Atmosphäre. Damit die für uns so wichtige Bodenständigkeit spürbar bleibt, haben wir Eichenbalken einer alten Kelter und Lehmputz mit Strohanteilen eingesetzt. Im Boden eingelassene Glaselemente gewähren Einblicke in die Kellermystik, die große Holzterrasse schafft die Verbindung zur Natur«, erläutert Ralph Anton nicht ohne Stolz.

Schade, dass die Gastronomie nur hauptsächlich während des Herbstausschanks im September und Oktober geöffnet hat.

Die gute Nachricht ist, dass man natürlich während der normalen Öffnungszeiten jederzeit hier in Ruhe probieren und einkaufen kann.

Rührig und rastlos sind sie, Simone und Ralph Anton. Gefühlt hat man sie – auch nach Jahren regelmäßiger Besuche – so gut wie noch nie sitzen sehen.

Wingert, Keller, Vinothek und Brennerei sind die täglichen Wirkungsstätten der beiden. Dabei hat Simone, anders als ihr Ehemann, keine spezifische Weinausbildung, sondern hatte eigentlich eine Karriere beim Finanzamt im Sinn, ehe sie diese für den heimischen Betrieb opferte.

26

Adresse
Heuweg 3
67489 Kirrweiler

Parkplätze auf dem Weingutsgelände
Inhaber Ralph Anton
Telefon (06321) 56 69
E-Mail info@anton-wein.de
Homepage www.anton-wein.de
Ausschank/Gastronomie 2. Septemberhälfte und Oktober
Verkauf/Probiermöglichkeit Mo. u. Mi. – Sa.
Sitzplätze 40 im Innenbereich, 40 auf der Terrasse vor der Vinothek
Wein breite Auswahl Pfälzer und internationaler Weine, Sekte und Brände vom eigenen Weingut
Speisen Flammkuchen, Käse, Antipasti und sonstige Weinbegleiter
Barrierefreiheit barrierefreie/r Zugang zur Vinothek, nicht aber zu den Toiletten
Reservierung möglich unter (06321) 56 69
Übernachtung keine
Wohnmobilstellplätze 10 öffentliche Stellplätze im Ort, Unterried, 300 Meter entfernt

www.anton-wein.de

Winzersekt
SAUVIGNON BLANC

Auxerrois
TROCKEN

Auch die Kinder sind gerne dabei, schauen den Eltern über die Schulter und helfen mit. Ein echter Familienbetrieb eben. Nicolas, der älteste Sohn, studiert Weinwirtschaft, während Marius, der zweitälteste, eine Ausbildung zum Winzer absolviert. »Beide binden wir im Tagesgeschäft und bei strategischen Entscheidungen, wie dem Anbau neuer Rebsorten, schon heute mit ein. Bei unserem jüngsten Sohn Hannes blitzt die Liebe zum Rebensaft bereits durch, wenn er bei der Lese oder beim Herbstausschank hilft«, erläutert Anton stolz.

Bevor wir uns den Antonschen Weinen zuwenden, wollen wir auch ausdrücklich seine Brände erwähnen. Im wahrsten Sinne des Wortes brennt Anton für gute Schnäpse. Dass Antons Schnäpse hervorragend sind, hat auch der Speyerer Dombauverein bemerkt und sie kurzerhand zu »DOMgeistern« ernannt. Sie sind beim Dombauverein oder bei der Dom-Info in Speyer erhältlich und tragen mit einem Anteil von einigen Euro zum Erhalt des Speyerer Kaiserdoms bei. Für den man sich auch mit einer Mitgliedschaft beim Dombauverein engagieren kann (www.dombauverein-speyer.de).

Auch was seine Weine angeht, gelingt Anton der Spagat zwischen traditioneller Bodenständigkeit und Moderne. Im Weinsegment »Tradi-

tion« kann man all das erstehen, was für die Pfalz stets typisch war. Klassische Pfalzweinsorten, wie Riesling, Morio-Muskat, Müller-Thurgau und Portugieser, preiswert in der Literflasche.

Im mittleren Qualitätssegment »Faszination« geht es moderner zu. Hier finden sich sortentypische fruchtbetonte Weine, meist aus dem Edelstahlfass. Ehrlich und unkompliziert. Man merkt sofort, dass der önologische Schwerpunkt der Antons dem Lehmboden der Lagen rund um Kirrweiler geschuldet ist. Er liegt bei den Burgundersorten wie Weiß-, Grau-, Spätburgunder, Chardonnay, Auxerrois oder St. Laurent, die auf solchen Böden besonders gut gedeihen. Aber auch mit hier wenig anzutreffenden Rebsorten arbeitet Anton überaus erfolgreich, so gibt es bei ihm auch einen leckeren Grünen Veltliner.

In seinem Premiumsegment finden sich schließlich schwere, auch internationale Rotweine, die er im Barrique ausbaut.

Nicht zu vergessen ist die breite Palette an Sekten bis hin zu einem Pét Nat-Sekt, die Anton anbietet.

Als wir hier waren, wollten wir uns mit den Sekten und den Burgundern

genauer auseinandersetzen und entschieden uns am Ende für den Sauvignon Blanc Sekt extra trocken und einen Auxerrois trocken.

Noch sehr selten wird in der Pfalz ein Sauvignon Blanc versektet. Und dies zu Unrecht, wie Anton beweist. In einem brillanten Hellgelb mit lichtgrünen Reflexen und feiner Perlage steht der flaschenvergorene Sekt im Glas. Sein Aroma ist sauvignon-blanc-typisch mit fruchtigen Anklängen an Stachelbeeren und knackige Äpfel. Die harmonische Säure und die filigrane Frucht stehen im perfekten Einklang. Er ist ausgewogen und mit einem Restzucker von 11,7 Gramm pro Liter ein echter Allrounder, ausgewogen, vollmundig und erfrischend. Wir meinen, 100 Prozent terrassentauglich mit Lust auf mehr.

Der Auxerrois zeigt ein frisches Hellgelb. Er duftet fruchtig nach Pfirsich, Ananas, Melone und Zitrusfrüchten. Im Mund zeigt er Fülle und ein gut ausgewogenes Süße-/Säureverhältnis und einen frischen Abgang. Ein schöner Wein zu einem äußerst fairen Preis.

VINOTHEK UND WEINGUT SCHREIECK

Sankt Martin

»Vielseitig«

27

Adresse
Friedhofstraße 8
67487 Sankt Martin

Parkplätze auf oder vor dem Weingutsgelände
Inhaber Wolfgang Schreieck
Telefon (06323) 54 15
E-Mail info@schreieck-wein.de
Homepage www.schreieck-wein.de
Ausschank/Gastronomie täglich
Verkauf/Probiermöglichkeit täglich
Sitzplätze 15 im Innenbereich, 30 im Außenbereich
Wein breite Auswahl von Weinen und Sekten vom eigenen Weingut
Speisen mediterrane Weinbegleiter
Barrierefreiheit barrierefreie/r Zugang und Toiletten
Reservierung unter (6323) 54 15
Übernachtung 17 Doppelzimmer im Hotel und 15 Doppelzimmer im Gästehaus
Wohnmobilstellplätze 17 Plätze mit Strom-/Wasseranschluss und sanitären Anlagen

www.schreieck-wein.de

Obwohl längst in der Moderne angekommen, legt man im Weingut Schreieck noch viel Wert auf Tradition. Schon seit 1698 betreibt die Familie Schreieck Weinbau und seit 1958 füllt sie den eigenen Wein in Flaschen ab, um ihn direkt an Privatkunden zu verkaufen.

Wie in Winzerfamilien nicht unüblich, übernimmt noch jeder in der Familie Verantwortung. Neben Wolfgang Schreieck, dem Juniorchef und Diplom-Ingenieur für Weinbau und Önologie, sind auch die Eltern Ruth und Michael Schreieck aktiv ins Tagesgeschäft eingebunden.

Insbesondere Mutter Ruth scheint quasi omnipräsent, ob bei der Betreuung der Gäste oder hinter der Probiertheke im Weingut. Immer ein Lächeln auf den Lippen und um das Wohl der Kundinnen und Kunden besorgt. Insbesondere ihre Mondscheinweinproben mit Pfälzer-Mundartgedichten und witzigen Anekdoten sind empfehlenswert.

Die Vinothek der Schreiecks liegt mitten in der sehr pittoresken Weinbaugemeinde Sankt Martin mit ihren engen Gassen und Fachwerkhäusern, die allein deshalb schon eine Reise wert ist und an schönen Tagen zahlreiche Touristen anzieht.

Familie Schreieck ist vielseitig. Sie betreibt im Ort nicht nur ein Weingut, sondern auch ein Hotel – Vinotel genannt – mit schicker Vinothek.

Im gärtnerisch gelungen angelegten Innenhof können Hotel- wie auch Vinotheksgäste gemütlich auf Liegen und Loungemöbeln sitzen und die Weine des Hauses genießen. Bei Bedarf kann

man sich zusätzlich mit mediterranen Weinbegleitern (Serranoschinken, Oliven, Käse) ausstatten. Wer eher systematisch an die Weine des Weingutes herangehen will, für den bieten sich die bewusst vergleichend zusammengestellten »Themen-Flights« der gutseigenen Weine an.

Alternativ halten die Schreiecks direkt auf dem Weingut im sogenannten »Gutshaus« weitere 15 Zimmer mit Frühstücksbuffet bereit. Insgesamt verfügt man über 32 modern ausgestattete Doppelzimmer.

Auch für die wachsende Zielgruppe der Reisemobilisten bieten die Schreiecks eine komfortable Lösung. Auf dem schön angelegten Parkplatz zwischen Vinotel und Weingut kann man zwischen Reben beispielsweise die Nacht nach einer opulenten Weinprobe zubringen.

»Auf 26 Hektar bauen wir über ein Dutzend Rebsorten an und erzeugen in einer Kombination aus Tradition und sinnvollen Innovationen Weine und Sekte höchster Qualität«, beschreibt Wolfgang Schreieck sein Wirken.

In hohem Maße dominieren die regionaltypischen Rebsorten wie Riesling und Burgunderweine. Dazu ge-

sellen sich sogenannte Bukettsorten wie Scheurebe und Gewürztraminer. Daneben gibt es in kleineren Anteilen einige internationale Rebsorten wie Sauvignon Blanc, Chenin Blanc oder Cabernet Sauvignon. Auch wenn man sie noch nicht auf der Weinkarte findet, stehen sie schon auf den Weinbergen des Gutes, nämlich die modernen PIWI-Sorten Cabernet Blanc, Sauvignier Gris und Sauvignac. Wir sind schon sehr gespannt auf die ersten sortenreinen Abfüllungen, auf die es allerdings noch etwas zu warten gilt.

Auch Wolfgang Schreieck hat seine Weine in verschiedene Kategorien eingeteilt. Wobei er dabei konkrete Kriterien anlegt.

In aufsteigender Reihenfolge nennt er die Klassifikationen: Tradition, Faszination und Edition.

Das Basissegment »Tradition« steht für typische Pfälzer Rebsortenweine in der Einliterflasche. Die Weine hier sind unkompliziert, aber handwerklich sehr gelungen. Gut geeignet für das Pfälzer Nationalgetränk, Weinschorle, oder auch einfach pur. Das Ertragsniveau ist hier ca. 10.000 Liter pro Hektar.

Im Segment »Faszination« ist laut Schreieck der Name Programm. Es sind elegante Weine, die begeistern sollen. Hier finden sich die idealen Essensbegleiter und Wein für besondere schöne Stunden. Das Ertragsniveau hat er hier auf ca. 7.500 Liter pro Hektar festgelegt.

In der höchsten Stufe, »Edition«, sind die terroirbezogenen Weine des Weingutes angesiedelt. Sie sind in der Menge limitiert mit hohem Anspruch. »Sie bestechen durch Charme und Klasse«, betont Schreieck. Das Lesegut stammt aus den besten Weinbergslagen in St. Martin und Umgebung. Das Ertragsniveau liegt hier bei ca. 5.500 Litern pro Hektar.

Als wir hier waren, haben wir uns nach den aktuellen Kundenlieblingen er-

kundigt und sind auf den Blush Fumé Cabernet Sauvignon Rosé und einen Scheurebe Sekt gestoßen.

Das Attribut »blush«, also erröten, beschreibt sehr gut die Farbe des Blush Fumé Cabernet Sauvignon des Weingutes Schreieck. Es ist kein kräftiges, sondern eher ein zurückhaltendes Rosa. Auch im Duft bleibt er vornehm zurückhaltend im rotbeerigen Bereich. Am Gaumen überzeugt er durch Frische und einen unaufdringlich rotbeerigen Geschmack. Sein sehr gut ausgewogenes Süße-/Säureverhältnis mit jeweils rund sechs Gramm pro Liter verleiht ihm eine elegante Frische. Ebenso zurückhaltend sind auch die Räucheraromen, die er seinem teilweisen Ausbau in getoasteten Eichenholzfässern verdankt. Insgesamt ein sehr unkomplizierter, leichter Wein, der hervorragend an lauen Sommerabenden auf die heimische Terrasse passt.

Der trocken ausgebaute Scheurebe Winzersekt aus Flaschengärung steht in einem hellen Gelb im Glas. Sein florales Aroma steigt uns schon aus dem Glas entgegen. Getragen wird dies von fruchtigen Tönen, die uns an Honigmelone erinnern. Am Gaumen tritt der Honigmelonengeschmack noch deutlicher hervor, flankiert von Holunderblüte und tropischen Früchten. Insgesamt ein sehr frischer zugänglicher Sekt, der Lust auf mehr macht.

WEINGUT J. J. BERIZZI

Edenkoben

»Etabliert«

28

Adresse
Schanzstraße 21
67480 Edenkoben

Parkplätze vor dem Weingut an der Straße oder im Hof
Inhaber Janina und Julius Berizzi
Telefon (06323) 55 68
E-Mail hallo@berizziweine.de
Homepage www.berizziweine.de
Ausschank/Gastronomie Do. – Sa.
Verkauf/Probiermöglichkeit Do. – Sa.
Sitzplätze 30 im Innenbereich, 36 in Hof und Garten
Wein breite Auswahl ortstypischer Weine vom eigenen Weingut
Speisen Knabbereien zum Wein
Barrierefreiheit nein
Reservierung nur bei Events erforderlich, unter (06323) 55 68
Übernachtung keine
Wohnmobilstellplätze keine

www.berizziweine.de

Es war schon ein mutiger Schritt, den Janina und Julius Berizzi 2019 gingen, als sie einfach mal eben so ihren Lebenstraum verwirklichten und ein bestehendes Weingut übernahmen. Dabei waren sie erst Ende 20.

Und doch haben sie vieles richtiggemacht. Sie ließen die Weinstilistik der bisherigen Weingutsinhaberin parallel zu ihrer eigenen Linie zunächst noch weiterlaufen und gaben ihren Kunden die Zeit, sich an ihre neue Handschrift zu gewöhnen, beziehungsweise neue Anhänger für ihren Weinstil zu finden.

Und der ist wahrlich besonders.

Zum einen ist Berizzi ein überzeugter Biowinzer. Selbst nennt er das, was er tut »alternativlos biologisch«. Er will möglichst wenig in die Natur eingreifen. »Aus Rücksicht auf die Biodiversität, aber auch, um eine besondere Weinqualität herauszukitzeln.«

Auch im Keller greift er so wenig wie möglich in die natürlichen Prozesse ein. »Naturbelassene Vertreter ihres Terroirs, bei denen die Primärfrucht nicht im Vordergrund steht« sollen entstehen. Die Mittel der Wahl dazu sind laut Berizzi: »Kleinteiliger Ausbau, keine Vorklärung, wilde trübe Spontangärung ohne Temperaturkontrolle, Einsatz von großem Pfälzer Holz, bis zu 18 Monate Hefelager und minimale Schwefelgabe«.

Und das schmeckt man bei seinen Weinen, sie sind besonders und außergewöhnlich – häufig karg, salzig und mineralisch. Und das erkannten auch die Juroren der »Jungen Pfalz« an und wählten ihn 2023 erneut in die »Junge Pfalz«, den besten 20 Jungwinzern und somit der Avantgarde der jungen Winzergeneration.

Trotz aller Erfolge in der Vinifikation wäre es zu kurz gegriffen, den Erfolg des Weingutes nur an Julius Berizzis önologischen Talenten festzumachen.

Es ist vor allem Teamarbeit zwischen den Eheleuten. Dabei sind sie, Janina und Julius, grundverschieden. Er wirkt eher grüblerisch in sich zurückgezogen und ruhig. Doch geht es um seine Weine, ändert sich das. Dann tritt der sonst so besonnene, angenehm zurückhaltende Mann leidenschaftlich auf den Plan. Voller Begeisterung, als seien es seine Kinder, spricht er über seine Weine. Er ist fast so etwas wie ein Wein-Nerd im positiven Sinne.

Sein Konterpart ist Ehefrau Janina. Die studierte Betriebswirtin wirkt agil, ehrgeizig und sprüht voller Ideen. Die Rollen »Vertrieb« und »Gastgeberin«, scheinen ihr geradezu in die Wiege gelegt.

Solcherlei Gegensätze sind die ideale Konstellation, um gemeinsam erfolgreich zu sein.

Und das sind die beiden, was man nicht zuletzt daran erkennt, dass sie nur rund drei Jahre nach der sicherlich gewagten Übernahme des Weingutes ihre Fläche deutlich, um einige schöne Weinlagen an Frankweilers Käfernberg und Biengarten, erweitert haben. Dabei ging es den Berizzis vor allem darum, mit den dortigen mageren Kalkböden eine zusätzliche Mineralität in ihr Weinportfolio zu bringen. Und das ist durchaus gelungen.

Trotz aller Erfolge bleiben die Berizzis vorsichtig. Sie wissen, dass ihre Weine besonders sind, Weinprofis begeistern, aber vielleicht Einsteiger überfordern. Deshalb wird es demnächst eine neue Edition mit unkomplizierten fruchtbetonten Einstiegsweinen geben. Aber auch die werden bei dem jungen Paar wie üblich, generalstabsmäßig geplant. Stolz präsentiert uns Janina bereits die jugendlichen neugestylten Etiketten. Wir sind uns sicher, dass das ein weiteres Kapitel in der Erfolgsgeschichte der Berrizis mit ihrem geradezu ansteckenden Enthusiasmus wird.

Aber natürlich ist das Weingut Berizzi mit seiner schönen Vinothek und seinem hübschen Garten auch ein Ort, der zum Probieren, Kaufen, aber auch Verweilen einlädt. Man kann sich dort während der Öffnungszeiten auch einfach nur ein, zwei Gläser Wein ausschenken lassen und dazu eine Kleinigkeit essen.

Oder man entscheidet sich für einen der angebotenen »Flights« und verschafft sich gleich ein umfassendes Bild von den Berizzi-Weinen.

Sauvignon Blanc
FRANKWEILER BIENGARTEN

Riesling
GUTSWEIN

Wer's opulenter mag, dem sei der sogenannte »Mittagstisch«, den Berizzis hin und wieder mit Unterstützung prominenter Spitzenköche ausrichten, empfohlen. Daneben gibt es noch verschiedene Kochkurse, Apéros im Gutshof, das Hoffest sowie das Adventsglühen und einiges mehr. Auch hier gilt: Unbedingt den Newsletter abonnieren, um nichts zu versäumen.

Als wir hier waren, wollten wir je einen Vertreter der beiden Qualitätssegmente der Berizzis probieren. Dabei gefielen uns besonderes der Riesling Gutswein und der Sauvignon Blanc vom Frankweiler Biengarten.

Die Trauben für den Riesling Gutswein kommen zum Teil von den kräftigen Buntsandsteinböden des Edenkobener Mühlberg – einer Monopollage des Weingutes. Durch selektive Handlese wurden nur schöne reife Trauben geerntet und im Edelstahltank spontan vergoren. In der Nase stehen besonders die würzigen Spontangärungsaromen im Vordergrund, gefolgt von heimischen gelben Früchten wie Birne und Aprikose.

Am Gaumen erleben wir eine wunderbare Frische. Zusammen mit der harmonischen Säure ergibt diese die straffe Textur dieses Rieslings. Ein sehr langer Nachhall begleitet die würzigen

und fast salzigen Komponenten. Ein Muss für alle Rieslingfreunde.

Im Gegenzug zum Riesling ist der Sauvignon Blanc auf Kalkstein in der Lage Frankweiler Biengarten gewachsen. Auch er ist – wie bei Berizzis üblich – spontan vergoren. Hierbei verwendete Berizzi Barriques und ließ den Wein darin beachtliche 18 Monate auf der Hefe reifen.

In der Nase spüren wir ein ganz besonderes Aroma, nämlich nicht das Sauvignon-Blanc-übliche Paprikaaroma, sondern ein Aroma, das uns stark an Jalapeños erinnert.

Am Gaumen zeigt sich der Wein vollmundig, komplex, verleitet uns mehrfach, einen weiteren Schluck zu trinken, um die Komplexität zu erfassen. Neben den grünen Geschmacksnuancen nach Jalapeños kommen nun dezente fruchtige Töne hinzu. Die gut eingebundene Säure verleiht dem Wein einen langanhaltenden Abgang.

Aus unserer Sicht ein »2.0 Sauvignon Blanc«, der all das, was man am Sauvignon Blanc kennt und schätzt, noch weiterentwickelt.

WEINGUT KLEIN
Hainfeld

»›Chillig‹ und ›trinkig‹ muss es sein«

29

Adresse
Weinstraße 41
76835 Hainfeld

Parkplätze öffentlicher Parkplatz gegenüber oder im Hof
Inhaber Barbara und Peter Klein
Telefon (06323) 98 69 80
E-Mail info@kleinwein.com
Homepage www.kleinwein.com
Ausschank/Gastronomie nur im Außenbereich; ganzjährig, aber nur bei gutem Wetter, Di.–Sa.
Verkauf/Probiermöglichkeit Di. – Sa.
Sitzplätze 30 im Innenbereich, 30 im Hof
Wein breite Auswahl ortstypischer und internationaler Weine vom eigenen Weingut
Speisen Snacks mit mediterranem und regionalem Charakter
Barrierefreiheit barrierefreie/r Zugang und Toiletten
Reservierung nicht vorgesehen
Übernachtung keine
Wohnmobilstellplätze keine

www. kleinwein.com

Etwas versteckt ist sie schon, die Vinothek der Familie Klein. Man muss sie entdecken und erst von der Weinstraße durch das alte Tor hereinspazieren. Schnell merkt man, dass sich hinter der unscheinbaren Fassade ein Kleinod versteckt.

Kleinod – diesen Namen haben die Geschwister Barbara und Peter Klein für ihren Garten gewählt.

Während das noch, als sie 2021 die Vinothek eröffneten, eher ehrgeizig klang, passt es nun Tag für Tag mehr. Der Rasen ist schön angewachsen und strahlt sattgrün in der Sommersonne. Vor der Vinothek stehen stylishe Loungemöbel, weiter hinten im eigentlichen Garten unter Bäumen und zwischen alten Sandsteinmauern gemütliche Gartenmöbel.

Es ist Selbstbedienung angesagt. Man geht in die Vinothek, stattet sich mit ein paar Gläsern Wein oder besser noch mit einer Flasche aus, und sucht sich einfach einen schattigen Winkel im romantischen Garten, von dem man auf der einen Seite einen herrlichen Ausblick aufs Haardtgebirge und die Annakapelle, auf der anderen Seite auf den barocken Kirchturm des Weinörtchen Hainfeld hat. Sitzt man einmal, will man nicht mehr so schnell gehen. Herrlich chillig ist es hier. Und das liegt Barbara Klein, die eher für die gastronomische Seite des Weingutes verantwortlich ist, sehr am Herzen. Selbst bei den Jahrgangs- und Lagenweinpräsentationen im Frühjahr und Spätherbst und den Afterwork-Events, die bisher etwa viermal im Jahr veranstaltet werden, gelingt das vorzüglich.

Dann legen hier regionale DJs groovige Sounds auf und Foodtrucks versorgen die hungrigen Besucher mit besonderen Köstlichkeiten. Die zahlreichen Gäste verteilen sich im weitläufigen Garten und tun der entschleunigten Atmosphäre keinen Abbruch.

Doch nicht nur an Eventabenden sind hier Weinfreunde willkommen. Das ganze Jahr über ist der Weinausschank im Garten geöffnet. Dass das nur bei guten Wetter Sinn macht, versteht sich von selbst. Dann werden neben den Weinen Snacks mit mediterranem und regionalem Charakter angeboten.

Der Innenraum bleibt als Veranstaltungsfläche und Probenraum den Veranstaltungsgästen beziehungsweise den Kunden des Weingutes vorbehalten. Dennoch sollte man sich den sehr gelungen eingerichteten Raum unbedingt anschauen und auf sich wirken lassen.

Über die Vinothek der Kleins zu schreiben, ohne den stets pfiffigen, humorvollen Mann hinter der Theke, Maximilian Schwerdtfeger, zu erwähnen, wäre nicht fair. Er ist die Seele des Weingutes, berät als studierter Önologe und ausgebildeter Sommelier kompetent, und gehört, so Barbara Klein, quasi zur Familie. Mit Verve und zu 110 Prozent davon überzeugt, erklärt er die Vorzüge der gutseigenen Weine. Wer da nicht schwach wird und zugreift, ist selbst schuld.

Einst hatte er hochfliegende Ideen. Durch ein Auslandspraktikum auf einem Weingut in Australien während seines Studiums, lernte er »Down Under« kennen und lieben. Gleich nach dem Studium kehrte er Deutschland den Rücken und suchte sein Heil in Australien. Leider klappte es nicht mit dem Weingut und es wurde eine Salatfarm. Obwohl er dort schnell aufstieg, ließ ihn das Weingut Klein, bei dem er

Cuvée
»WEISSES KREUZ«

Sauvignon Blanc
TROCKEN

auch während seines dualen Studiums gearbeitet hatte, nicht los. »Ich bin sogar mal für wenige Tage nach Deutschland geflogen, um unser Weingut auf der ›Prowein‹ zu vertreten«, bekennt er lächelnd. Und irgendwann siegte doch seine Liebe zur Pfalz und seinem Ausbildungsbetrieb und es zog ihn wieder zurück in seine Heimat. Er hat Freude an seiner Arbeit und das merkt man bei jedem Besuch hier aufs Neue.

Was die Weinauswahl angeht, ist das Weingut Klein breit aufgestellt. Und das bezieht sich nicht nur auf den Rebsortenspiegel, sondern auch aufs Terroir. Mit einer Aufteilung von ungefähr 80/20 überwiegen – wie in der Pfalz üblich – die Weißweine. Neben dem für die Pfalz schon fast obligatorischen Riesling dominieren hier – den Böden geschuldet – die Burgundersorten. Im Rotweinbereich traut man sich mit Erfolg zusätzlich zu den regionalen Rebsorten auch an internationale Weine wie Syrah oder Cabernet Sauvignon.

Für Weinliebhaber ist es spannend, parallel gleiche Rebsorten, die auf unterschiedlichsten Böden gedeihen, zu verkosten. Gerade hier in Hainfeld am Eingang zum Modenbachtal treffen wir auf einen bunten Mix unterschiedlichster Terroirs. So geben sich hier auf engstem Raum Schiefer-, Löss-, Buntsandstein- und Lehmböden ein Stelldichein.

Aber noch etwas zeichnet das Weingut Klein aus. Man muss Barbara und Peter Klein sowie ihrem Team zugestehen, dass sie wahre Alleskönner sind, die es Jahr für Jahr verstehen, eine bunte Palette unterschiedlichster Weine zu schaffen, von denen uns noch keiner enttäuscht hat. Ein Weingut, bei dem man blind zugreifen kann.

Als wir hier waren, waren wir vor allem auf der Suche nach Weinen, die gut auf die sommerliche Terrasse passen.

Dabei hatten es uns besonders der Sauvignon Blanc und das Cuvée »Weißes Kreuz« angetan.

Der Sauvignon Blanc ist ein typischer Vertreter des Weintypus, den Barbara Klein als »trinkig« bezeichnet. Nicht zuletzt ist er, wie Max betont, der »Kundenliebling«. Er ist unkompliziert, saftig, frisch und fruchtig und lädt dazu ein, auch gerne ein zweites Glas zu trinken. Kleins verstehen es hervorragend, mit den beiden Aromapolen, die diese Rebsorte in sich trägt, zu spielen. So vereint der Wein sowohl die grünen Aromen mit Anklängen grünen Paprikas und von Stachelbeere sowie die gelben reifen Aromen nach Passionsfrucht in sich. Ein vielschichtiges Potpourri, das auch am Gaumen bei jedem Schluck immer wieder aufs Neue einlädt, dieser Vielfalt nachzuspüren und neue Facetten zu entdecken. Trotz der Komplexität ein absoluter Spaßmacher und Everyday-Wein.

Mit dem Cuvée »Weißes Kreuz« wollte uns Barbara Klein zeigen, dass ihr Bruder Peter auch vor etwas komplexeren Weinen nicht zurückschreckt. In ihm vereinigen sich Trauben aus den Toplagen des Weingutes, teils von schweren Lehm- und Tonböden, teils von feinsten Kalkböden. Schon auf dem Weinberg schenkte man den Trauben höchste Aufmerksamkeit, Entblätterung von Hand, Ertragsreduzierung auf eine Traube je Trieb und selektive Handlese. Im Keller folgte eine mehrstündige Maischestandzeit. Nach der Gärung ein Ausbau in Barrique- und Tonneaufässern – bei wöchentlicher Batonnage, dem Aufrühren der Hefe.

All dies führt zu einem klaren, aber eher dezenten Fruchtaroma. Auch der Geschmack ist so karg und salzig, wie wir ihn bei keinem Kleinwein zuvor wahrgenommen haben. Dabei hat er eine beachtliche Intensität und einen besonderen Grip. Er zeigt druckvolle Phenolik und rauchige Noten. Das Mundgefühl ist kräftig und er legt ein rassiges Säurebild an den Tag.

Tipp: Gönnen Sie ihm ein bisschen Luft und Temperatur, um seine wahre Größe zu zeigen. Dann ist er ein ganz besonderes Weinerlebnis.

VINOTHEK DAS WEINHAUS MESSMER

Burrweiler

»Fokus Pfalz«

Adresse
Weinstraße 6 (Vinothek)
Gaisbergstrasse 5 (Weingut)
76835 Burrweiler

30

Parkplätze hinter der Vinothek
Inhaber Martin und Özlem Meßmer
Telefon (06345) 9 59 97 90
E-Mail lecker@dasweinhaus.com
Homepage www.endlichwein.net
Ausschank/Gastronomie Mi. – Sa. (Vinothek)
Verkauf/Probiermöglichkeit Mo. – Sa. (Weingut) oder während der Öffnungszeiten auch in der Vinothek
Sitzplätze 65 im Innenbereich, 90 auf der Terrasse; zusätzlich noch Flaschenweingarten
Wein breite Auswahl ortstypischer Weine vom eigenen Weingut und nationale und internationale Weine von fremden Weingütern
Speisen regional und mediterran interpretierte Tapas (kalt)
Barrierefreiheit barrierefreie/r Zugang und Toiletten
Reservierung unter (06345) 9 59 97 90
Übernachtung 2 Ferienwohnungen auf dem Weingut
Wohnmobilstellplätze keine

www.endlichwein.net

»Wir haben uns Anfang des Jahres eine verlängerte Winterpause gegönnt. Diese Verschnauf- und Denkpause war ganz hilfreich«, fasst Martin Meßmer zusammen.

»Wir sind uns dabei klargeworden, was wir wirklich wollen und was nicht.«

Martin Meßmer und seine Frau Özlem – das Gesicht der Vinothek – sprechen dabei über ihren Qualitätsanspruch. Ihre Vinothek soll kein Platz zum Zechen und um die Nacht zum Tage zu machen sein, sondern eine Location, in der man hochklassige Weine mit allen Sinnen erleben und genießen kann und möglichst noch etwas dabei lernt.

Insofern sind Cocktails und Mixgetränke außerhalb von besonderen Anlässen hier tabu. Dafür bieten die Beiden auf andere Weise Vielfalt. So steht den Gästen eine breite Palette eigener Weine, aber auch Weine anderer Pfälzer oder gar internationaler Topwinzer zur Verfügung. Die meisten davon kann man in aller Ruhe probieren und genießen.

Wo und wie man dies tut, entscheidet jeder Gast selbst. Entweder er nutzt den stylishen Probenraum, der entfernt an die Apsis einer Kapelle erinnert, und den die Meßmers augenzwinkernd »Krypta« nennen, um einige der Meßmerschen Weine zu kosten. Oder man lässt sich im Hauptraum der Vinothek nieder und trinkt ein, zwei Gläser Wein und probiert dazu die hausgemachten, mediterran und regional interpretierten Tapas. Bei schönem Wetter empfehlen wir natürlich die hübsche Terrasse mit dem schönen Blick über die Reben zum Haardtgebir-

ge und der oberhalb am Hang gelegenen Sankt Anna Kapelle.

Für alle die, die etwas mehr Zeit haben und die es chillig mögen, gibt es ein ganz besonderes Angebot, nämlich den Event- und Flaschengarten. Hier, etwas oberhalb des Vinotheksgebäudes, kann man sich mit einer Flasche Wein auf gemütlichen Loungemöbeln oder Liegestühlen niederlassen und herrlich gechillt mit atemberaubendem Ausblick den Wein genießen.

Aber was meint Martin Meßmer genau, wenn er sagt: »Bei uns kann man Wein mit allen Sinnen genießen.«

»Da gibt es eine ganze Menge«, sagt Özlem Meßmer und beginnt aufzuzählen. Und wahrlich die Auswahl ist gewaltig. Da ist zum Beispiel die sogenannte »Lagenbesprechung«, ein Verkostungsevent, bei dem sechs Spitzenweingüter ihre Weine aus Top-Lagen jeweils mit ganz besonderer Herkunftsprägung vorstellen und besprechen.

Natürlich kann man das Ganze auch etwas kleiner im Rahmen einer individuell buchbaren Weinprobe haben.

Flaggschiff des Angebotes ist sicherlich die »Lichtweinprobe«. Hier werden Weine in einem gegenüber dem Außenlicht abgedunkelten und jeweils in anderen Farben illuminierten Raum verkostet. Die Gäste können dabei erleben, wie sich unterschiedliche Farbimpulse auf unsere Geschmackswahrnehmung auswirken.

Natürlich gibt es auch zahlreiche kulinarische Events, wie zum Beispiel Grill'n chill- oder Tapasabende.

Wer sich für die besonderen Meßmerschen Weinlagen – Buntsandstein, Muschelkalk, Schiefer, Granit – interessiert, dem sei ein Weinberg-Picknick empfohlen, bei dem die Gastgeber ihre Gäste durch ihre wichtigsten Weinlagen führen und auf Wunsch sogar mit einem kleinen vorbuchbaren Picknick verwöhnen.

Aber kommen wir zur önologischen Dimension des Weingutes. Wir fragen, was denn die Weine des Wein-

Cuvée
WEISSBURGUNDER UND CHARDONNAY

Riesling
BÖCHINGER ROSEN-KRANZ

gutes Meßmer auszeichnet. »Bei den Rebsorten liegt unser Schwerpunkt bei den typischen Pfalzweinen wie Riesling und den regionaltypischen Burgunderweinen«, antwortet Martin Meßmer.

»Die Vielfalt geben unseren Weinen die unterschiedlichen und für die Pfalz besonderen Lagen, die wir hier um Burrweiler herum antreffen. Diese unterschiedlichen Terroirs wollen wir hervorheben und in unseren Weinen erlebbar machen. Als zertifiziertes Bioweingut bringen wir unsere Weine möglichst naturbelassen in die Flasche. Dazu gehört für uns: keine Additive, keine Schönung, kaum Schwefelzugabe, Spontangärung und ein langes Hefelager«, führt Meßmer aus. »Damit sind all unsere Weine auch vegan.«

Wer es ganz natürlich mag und noch einen Schritt weitergehen will, für den bietet Meßmer auch sogenannte Naturweine an. Das sind weitgehend sich selbst überlassene unbehandelte Weine. Sie sind spontan – ohne Zusatz von Hefe – auf der Maische vergoren, unfiltriert, mit geringstmöglichem Schwefelzusatz und naturtrüb.

Auch im Bereich der Schaumweine bietet man neben verschiedenen Riesling- und Burgundersekten einen natürlich perlenden Schaumwein – einen sogenannten Pét Nat – an. Er wird nach der sogenannten »Methode rurale« erzeugt. Dabei wird einfach gärender Most in die Flasche gefüllt und nicht wie bei Sekten eine zweite Gärung in der Flasche provoziert.

Als wir hier waren, interessierten wir uns aber für die traditionellen Produkte des Weingutes Meßmer. Wir haben uns dabei für den Riesling Böchinger Rosenkranz und das Cuvée Weißburgunder-Chardonnay entschieden.

Der Böchinger Rosenkranz ist einer der Premiumweine des VDP-

Weingutes Meßmer. Er entstammt einer ersten Lage und ist auf Muschelkalk gewachsen. Er wurde in selektiver Handlese geerntet und reifte nach der Spontangärung rund ein Dreivierteljahr auf der Hefe.

Er duftet nach roten Äpfeln, Aprikose und Ananas. Auch am Gaumen bleibt er fruchtbetont. Dazu kommt eine phenolische Note. Die markante, perfekt eingebundene Säure gibt ihm einen langanhaltenden Abgang. So muss ein guter Pfalzriesling schmecken.

Mit seinem Cuvée aus Riesling und Chardonnay schafft es Meßmer, zwei Weine zu einem attraktiven Cuvée zu vereinen, das eigentlich immer passt. In die Nase steigen dezent fruchtige, kräutrige und leicht würzige Noten. Am Gaumen bleibt der Wein trocken, gradlinig und schlank, mit rassiger Säure, dabei gut balanciert und harmonisch. Ein Wein, der (fast) jede Speise veredelt, aber auch solo getrunken viel Spaß macht.

WEINGUT KARL PFAFFMANN

Walsheim

31

*»BREITENGRAD 49°14´01˝
LÄNGENGRAD 8°07´20˝«*

Adresse
Nußdorfer Straße 2
76833 Walsheim

Parkplätze auf dem Vinotheksgelände
Inhaber Markus und Helmut Pfaffmann
Telefon (06341) 6 17 54
E-Mail info@karl-pfaffmann.de
Homepage www.karl-pfaffmann.de
Ausschank/Gastronomie nein
Verkauf/Probiermöglichkeit Mo. – Sa.
Sitzplätze 35 im Innenbereich, 40 auf der Terrasse
Wein breite Auswahl ortstypischer Weine vom eigenen Weingut
Speisen nur bei Events, ab 2024 Afterworkpartys geplant
Barrierefreiheit barrierefreie/r Zugang und Toiletten
Reservierung nicht erforderlich
Übernachtung keine
Wohnmobilstellplätze ja

www.karl-pfaffmann.de

Klickt man sich durch die Homepage des Weingutes Karl Pfaffmann in Walsheim, ein paar Kilometer nördlich von Landau, springen einem die Breiten- und Längengrade ins Auge.

Es wirkt fast so, als müssten Pfaffmanns damit der von weither anreisenden Kundschaft den Weg ins verträumte Walsheim weisen.

Ein bisschen was ist dran an dieser These. So stehen samstags hier regelmäßig Autos mit Kennzeichen aus der Schweiz, den Niederlanden oder Skandinavien.

Ist man selbst im Urlaub, zum Beispiel im hohen Norden der Republik, und besucht ein nobles Restaurant auf Sylt oder Norderney, springt einem sofort das Pfaffenlogo aus Walsheim aus dem Weinregal entgegen.

Als wir Markus Pfaffman darauf ansprechen, reagiert er bescheiden zurückhaltend, bekennt aber dennoch stolz auf unser Drängen, ja wir liefern unsere Weine deutschlandweit, aber auch an Händler in den Niederlanden und Japan.

Quasi als Hommage an die Niederlande steht im Foyer der Vinothek ein gewaltiger Eichentisch aus den Stämmen des holländischen Pavillons von der Expo in Hannover, dessen Geschichte uns Pfaffmann erzählt.

Wie schön, dass unser Pfälzer Wein zunehmend zum Exportschlager wird.

Auch wenn sich das alles groß und mondän anhört und das Vinotheks- und Weingutsgebäude an Walsheims Südwestende schon fast industrielle Ausmaße hat, hat man es nach wie vor mit einem traditionellen Fmilienwein-

Chardonnay
GRANDE RÉSERVE

Cabernet Merlot
ROSÉ

gut zu tun. Und darauf legen die Pfaffmanns Wert.

Gegründet von Namensgeber und Großvater Karl, steht heute Markus Pfaffmann am Ruder. Unterstützt von Ehefrau Marion, Schwester Stefanie und den Eltern Sigrid und Helmut.

Wir fragen Pfaffmann nach Prämierungen und Auszeichnungen seiner Weine. Die Reaktion und der Verweis auf die Hompage fällt fast schon etwas beschämt aus. Die Masse der Auszeichnungen von Eichelmann, Fallstaff, Vinum, Gault&Millau und Co. ist geradezu erschlagend und würde ausreichen, gleich mehrere Seiten dieses Buches zu füllen.

Trotz aller Erfolge bleiben die Pfaffmanns bodenständig. Ihr Weinsortiment ist preiswert und zeigt eine durchgängig hohe Qualität.

Es reicht natürlich über alle typischen Pfälzer Rebsorten hinweg und schließt auch Aromaweine wie Gelben Muskateller oder Gewürztraminer mit ein.

Auch an den mittlerweile schon etwas selten gewordenen Beerenauslesen, Trockenbeerenauslesen und Eiswein trauen sich die Pfaffmanns heran.

Vier Winzersekte komplettieren das Angebot.

Als wir hier waren, wollten wir uns dieses Mal bewusst auf die Premiumprodukte des Weingutes fokussieren.

Dabei gefielen uns besonders der Cabernet Merlot Rosé trocken und der Chardonnay Grande Réserve trocken vom Walsheimer Silberberg.

Allein schon die bauchige Flasche des Rosés lässt Urlaubsgefühle in uns aufkommen. Sofort fühlen wir uns nach Südfrankreich versetzt.

Das Cuvée aus Cabernet Sauvignon und Merlot lässt keine Zweifel aufkommen, dass genau dies auch erwünscht ist.

Der Wein ist von einer schönen Lachsfarbe und präsentiert sich blumig in der Nase. Am Gaumen ist er spritzig, frisch und leicht. Begleitet von Geschmackseindrücken, die uns an schwarze Johannisbeeren, Brombeeren und Heidelbeeren erinnern. Wie gemacht für herrliche Sommerabende auf der Terrasse mit Antipasti, Pasta, Fisch oder sommerlichen Salaten. Einfach schön.

Ein Schwergewicht, aber ebenso begeisternd, ist der Chardonnay trocken Grande Réserve vom Walsheimer Silberberg. »Die Einzellage Walsheimer Silberberg ist eine der bevorzugten Burgunderlagen. Die Chardonnay-Rebe liebt diesen Standort, der sich durch einen hohen Kalkanteil im Boden auszeichnet und uns kräftige Weine schenkt«, erläutert Marion Pfaffmann. »Ausgebaut ist dieses ›Flaggschiff‹ unseres Hauses nach internationaler Stilistik in kleinen französischen Eichenholz-Fässern.«

An der Nase strömt uns ein Duft nach gelben Früchten und Vanille entgegen. Am Gaumen schmecken wir ein Potpourri aus gelben Früchten, wie saftige Mango, gelber Apfel und ein Hauch Zitrone – samtig weich eingebettet in warmherzige Noten von Nüssen, Vanille und dezenten Holztönen.

Ein Wein, der offensichtlich für die besonderen Weinmomente gemacht ist, sei es zu einem gehaltvollen Mahl oder solo getrunken anstelle eines Rotweins vorm Kamin. Gleich wie genossen, er wird in Erinnerung bleiben.

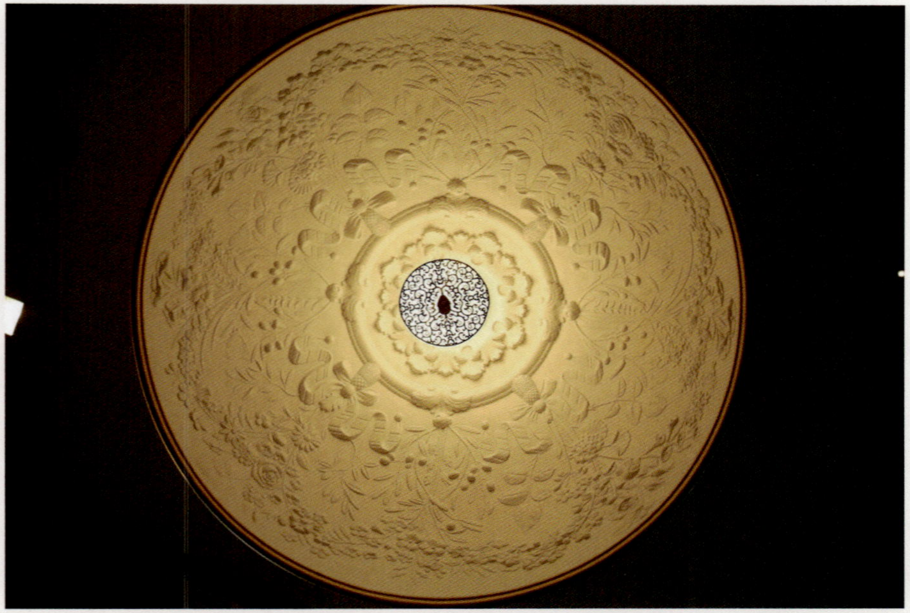

WEINGUT TINA PFAFFMANN

Frankweiler

32

»Gegensätze«

Adresse
Am Stahlbühl
76833 Frankweiler

Parkplätze vor der Vinothek
Inhaber Tina Pfaffmann und Heiko Kaiser
Telefon (06345) 9 49 66 95
E-Mail info@tina-pfaffmann.de
Homepage www.tina-pfaffmann.de
Ausschank/Gastronomie Mai – September: Do. – Sa.
Verkauf/Probiermöglichkeit Mo. – Sa.
Sitzplätze 20 im Innenbereich, 30 im Garten
Wein Weiß- und Roséweine vom eigenen Weingut
Speisen Weinbegleiter, Flammkuchen und Käse
Barrierefreiheit barrierefreie/r Zugang und Toiletten
Reservierung unter (06345) 9 49 66 95
Übernachtung 1 Ferienwohnung (80 m²)
Wohnmobilstellplätze keine

www.tina-pfaffmann.de

Kaum eine andere Winzerpersönlichkeit in der Pfalz ist so schillernd und wandlungsfähig wie Tina Pfaffmann. Verfolgt man Presseberichte über sie oder besucht man sie auf dem Weingut, gewinnt man den Eindruck, dass es Pfaffmann-Zwillinge gibt.

Da ist die eine Tina Pfaffmann – die Glamour-Lady – die mit ihrer Freundin, der Starköchin Cornelia Poletto, in Hamburg den Weinpart zu Kochevents moderiert, oder gar mit Entertainer Thomas Gottschalk im langen Kleid auf der Bühne steht.

Aber es gibt eben auch die andere Tina Pfaffmann, der man werktags in Gummistiefeln auf dem Weingut im Keller oder im Wingert begegnen kann.

Es scheint, kein Parkett sei zu glatt und kein Wingert zu glitschig für sie.

Die gleiche Vielseitigkeit weist sie auf önologischer Seite auf. Sie spricht von ihrem Ehrgeiz, das Höchste an Qualität anzustreben. Dazu gehört, dass sie es sich trotz aller Erfolge nicht nehmen lässt, selbst im Weinberg »mit ihren Reben in Kontakt zu treten«, wie sie es nennt, »um zu spüren, was sie gerade brauchen«. Dabei wirkt sie versonnen, so als spräche sie über eine romantische Beziehung.

Im Keller wird für sie Spontangärung großgeschrieben. Sie bekennt: »Es ist für mich großartig, Weine produzieren zu können, die nicht alltäglich sind.«

Aber da gibt es noch eine zweite Seite der Medaille. Wie schon bei einer Reihe der Weingüter in diesem Buch gehört, ist es für Tina Pfaffmann neben der Produktion von hochwerti-

gen Rieslingen auch wichtig, anständige, handwerklich perfekt gemachte Basisweine zu produzieren. In ihren Worten klingt das so: »Ich finde es großartig, auch Basisweine hochwertig auszubauen und viele Menschen dadurch zu erreichen, die bemerken, dass hier etwas anders ist. Weine, die die Natur sprechen lassen, filigran und trotzdem dicht sind.«

Dabei weist sie mit der Hand auf eine Reihe von Flaschen mit knallroten Etiketten und Kapseln – ihre FCK-Edition, das FCK-Herzblutpaket. Das Weingut Tina Pfaffmann ist neuerdings exklusiver Weinlieferant für den 1. FC Kaiserslautern. »Ob in der VIP-Lounge oder den Stadionkiosken, überall wird ihr Wein angeboten.

»Und kaum etwas freut mich mehr, als wenn ich nach jedem Spiel zahlreiche Mails von eingefleischten FCK-Fans auf dem Rechner habe, die die Stadionschorle mit meinen Weinen loben. Ein gutes Pfälzer Weingut braucht nicht nur große Lagenweine, es muss auch einen anständigen Schorlewein produzieren können«, setzt sie selbstbewusst hinzu.

Doch Tina Pfaffmann fasst ihre Aufgabe weiter, als nur guten Wein zu produzieren. »Meine Mission ist nun, nicht mehr nur den besten Wein zu produzieren, sondern zusätzlich

den Wein begleiten und den Menschen nahebringen zu dürfen.« Damit spielt sie auf die beliebten Kochevents mit Sterneköchin Cornelia Poletto in Hamburg an.

Als wir bei Tina Pfaffman auf dem Weingut waren, wollten wir insbesondere die Kundenlieblinge unter ihren Weinen probieren.

Dabei gefielen uns besonders der Sauvignon Blanc und der Pink Sankt Laurent Rosé. »Unser Sauvignon Blanc ist einer von der gelben Sorte, wie es Sauvignon Blanc-Liebhaber gerne bezeichnen«, führt sie ein.

Und tatsächlich, schon beim Ins-Glas-riechen steigt uns ein Duft nach Stachelbeere und Kiwi entgegen. Am Gaumen gesellen sich reife gelbe Früchte wie Maracuja dazu. Ein herrlich frischer Frühjahrs- und Sommerwein. Oder wie es Tina Pfaffmann ausdrückt: »Er ist aussagekräftig, aber nicht aufdringlich, extravagant, elegant und genauso wie ich mich selbst oft fühle: Freudig und fröhlich! Ein Wein, der nicht aufgesetzt wirkt, sondern einfach Lust auf mehr macht.« Wir denken, da liegt sie genau richtig. Ein Wein, den man auf den ersten Schluck mag.

Der aus einer Ganztraubenpressung aus roten St. Laurent-Trauben hergestellte Rosé macht seinem Namen alle Ehre und zeichnet sich durch seine animierende leuchtend frische Rosafarbe aus. Er duftet nach Blüten und roten Früchten wie Erdbeere und Himbeere. Mit zwölf Gramm Restzucker ist er feinherb und fruchtig im Geschmack. Knapp sieben Gramm Säure und der unverkennbare St. Laurent-Charakter geben ihm Struktur und eine angenehme Länge.

»Ein unkomplizierter Wein für jede Gelegenheit, ohne groß darüber nachzudenken. Wir müssen im Alltag auch alle genug denken, oder?«, setzt Tina Pfaffmann schelmisch lächelnd hinzu.

NEUE LOCATION

WEINGUT EMIL BAUER & SÖHNE
Landau-Nußdorf

»Aus eins mach zwei«

33

Adresse
Walsheimer Straße 18
76829 Landau-Nußdorf

Parkplätze gegenüber dem Weingut
Inhaber Alexander und Martin Bauer
Telefon (06341) 6 17 54
E-Mail info@bauerwein.de
Homepage www.bauerwein.de
Ausschank/Gastronomie keine
Verkauf/Probiermöglichkeit Mo. – Sa.
Sitzplätze 30 im Innenbereich, 70 im Garten
Wein breite Auswahl ortstypischer und internationaler Weine vom eigenen Weingut
Speisen Weinbegleiter zur Probiermöglichkeit
Barrierefreiheit barrierefreie/r Zugang und Toiletten
Reservierung unter (06341) 6 17 54
Übernachtung keine
Wohnmobilstellplätze auf Anfrage

www.bauerwein.de

Schon bisher boten die Brüder Alexander und Martin Bauer ihren Kunden eine moderne schmucke Vinothek zum Probieren ihrer Weine an.

Seit 2023 sind es sage und schreibe zwei.

Neben der Vinothek im Eckhaus Walsheimer Straße 18 und Bauerngasse entstand unweit in der Parallelstraße der Geißelgasse just eine zweite, noch etwas stylishere Vinothek mit hübschen Sitzgelegenheiten im mediterran angelegten Garten zwischen Lavendelsträuchern, Korkeichen und Olivenbäumen.

»Warum das denn?«, fragen wir erstaunt. Martin Bauer schmunzelt. »Na ja, eigentlich war so etwas wie ein Gutsausschank geplant, aber unser Kundenaufkommen ist dermaßen gewachsen, dass wir die neuen Räumlichkeiten als Probierflächen benötigen. Schließlich gehen unsere Kunden vor. Und die letzten Samstage war hier alles voll.«

»Ist das alles mit Küche und schönen Tischen draußen nicht etwas viel Aufwand, um nur zu probieren?«, bohren wir weiter.

»Ein Stück weit ist dies unserer besonderen Kundenstruktur geschuldet«, erläutert Bauer.

»Unsere Kunden kommen teilweise von weit her: aus dem Ruhrgebiet, Stuttgart, München, aus Norddeutschland und zunehmend auch aus dem Ausland. Und da gehört es für uns zur pfälzischen Gastfreundschaft, ihnen auch die Zeit und Ruhe zu geben, unsere Weine ausführlich zu kosten, und dazu stellen wir gerne auch eine Kleinigkeit zum Essen hin.«

EMIL BAUER

Riesling
»NO SEX, DRUGS & ROCK'N ROLL …

Rosé Cuvée
EMILIO

Wir sind erstaunt. »Und das wird nicht ausgenutzt?«

»Nein. Ganz im Gegenteil, unsere Kunden schätzen das sehr und kaufen natürlich auch bei uns ein.«

Aber natürlich sollen die Räume auch noch auf anderem Wege genutzt werden, wobei die Gebrüder Bauer da noch am Anfang der Feinplanungen stehen. So soll es neben Weinproben und der Jahrgangsverkostung im Juni auch kulinarische Themenmenüs mit Weinbegleitung geben.

»Auch eine Gastroküche, in der wir Kochevents anbieten können, haben wir im Nebenhaus«, verrät Martin Bauer. Wir sind gespannt, was den umtriebigen Brüdern dazu noch alles einfallen wird und werden auf jeden Fall regelmäßig einen Blick auf die Homepage werfen oder den Kundennewsletter abonnieren.

Aber kommen wir zum Weinsortiment des Weingutes.

Das ist umfangreich und enthält neben den regionalen Klassikern, wie Rieslinge oder Burgunderweine, auch zahlreiche internationale Weine, wie zum Beispiel Cabernet Sauvignon, Cabernet Franc, Merlot, Viognier, Chenin Blanc und neuerdings auch die sehr anspruchsvolle Rebsorte Nebbiolo, die man in der Pfalz noch sehr selten antrifft.

Ganz besonders stolz sind die Bauers auf ihr Rosé Cuvée Emilio, das mit seinen Anklängen an südfranzösische Roséweine wie die Faust aufs Auge in den mediterranen Garten der neuen Vinothek oder die heimische Terrasse passt.

Eine weitere »Spezialität« des Weingutes Bauer sind die sogenannten Labelweine. Das sind Weine mit jugendlich frechen Sprüchen auf den Etiketten, die, wie wir aus eigener Erfahrung wissen, auch sehr gerne als kleine witzige Geschenke für Weinfreunde gekauft werden. Hier eine kleine beispielhafte Auswahl:

»MY MERLOT IS NOT THE ANSWER. IT JUST MAKES YOU FORGET THE QUESTION«, »PINOT GRIGIO, PINOT GRIS, BULLSHIT, DRINK A REAL GRAUBURGUNDER«, »ALWAYS ENJOY LIFE – YOU'RE LONGER DEAD THAN ALIVE«, »YOU CAN'T BUY HAPPINESS. BUT YOU CAN DRINK MY PINOT BLANC«, »ONE BOTTLE OF MY CABERNET SAUVIGNON BEATS 23 SEMESTRES OF PHILOSOPHY«.

Und wie uns Martin Bauer verrät, greifen sie bei der Auswahl ihrer Labeltexte häufig auch einfach auf das Sprücherepertoire ihrer Großmutter zurück und übersetzen es einfach ins Englische.

Dass die Bauer-Brüder ihre Familientradition hochhalten, beweist auch der Rosé Emilio. »Er ist die Hommage an unseren Großvater Emil – der als echtes Südpfälzer Original nicht nur in unserem Heimatort Nußdorf, sondern in der ganzen Pfalz als Emilio bekannt war«, bekennt Martin Bauer. »Er stand wie kein anderer für Lebenslust und Pfälzer Weinkultur und auf sein Schaffen bauen wir heute mit unserem Weingut auf.«

Selbstredend macht das auch Appetit, diesen Rosé zu probieren.

In zartem Lachsrosa mit Kupferreflexen, wie seine mediterranen Vorbilder, steht er im Glas. In der Nase empfängt er uns mit frischen und fruchtigen Aromen von Pflaume, weißer Johannisbeere und grüner Aprikose.

In seinem Geschmack liegt neben frischer beeriger Fruchtigkeit etwas mineralisch-salziges mit einem Hauch bitterer Grapefruit. Für uns wie ein Kurzurlaub in der Provence. Kein Wunder, aufgrund der darin so gekonnt vereinigten internationalen Rebsorten Cabernet Franc, Cabernet Sauvignon, Grenache, Merlot, Syrah. Ein Rosé in einer Qualität, die man nicht häufig findet.

Neben diesem mediterranen Wein wollten wir auch noch einige der Bauerschen Pfalz-Klassiker probieren. Besonders gefiel uns dabei der Riesling »NO SEX, DRUGS & ROCK'N ROLL JUST RIESLING FOR ME, THANKS!« Kein Wunder, dass uns nach so einer deutlichen Ansage auch ein – sensorisch – deutlich zu erkennender Riesling vor uns im Glas steht. Die Bauerbrüder haben ihn im großen Holz und in Edelstahl ausgebaut und ihm jene frische, zitrusfrüchtige Struktur mit Anklängen an Apfel, Aprikose und Pfirsich und natürlich einer knackigen Säure mitgegeben, die für pfälzischen Riesling typisch ist. Daneben verfügt er über eine feine Mineralität, die von den kalkhaltigen Löss-Lehm-Böden, auf denen er angebaut wurde, herrührt.

WEINGUT SAUER
Landau-Nußdorf

»Durch und durch Bio«

34

Adresse
Aublickstraße 1
76829 Landau-Nußdorf

Parkplätze vor der Vinothek
Inhaber Heiner Sauer
Telefon (06341) 6 11 75
E-Mail info@weingut-sauer.de
Homepage www.weingut-sauer.de
Ausschank/Gastronomie Mo. – Sa.
Verkauf/Probiermöglichkeit Mo. – Sa.
Sitzplätze 50 im Innenbereich, 50 auf dem Aussichtsbalkon
Wein breite Auswahl an Weinen von den eigenen Weingütern in Nußdorf und Spanien
Speisen kleine Weinbegleiter mit mediterranem Touch und Flammkuchen
Barrierefreiheit barrierefreie/r Zugang und Toiletten
Reservierung unter (06341) 6 11 75
Übernachtung in der Villa Delange in unmittelbarer Nähe
Wohnmobilstellplätze keine

www.weingut-sauer.de

Immer wenn wir uns mit Heiner Sauer unterhalten, beeindruckt uns die Inbrunst, mit der er vom Bioweinbau im Allgemeinen, aber auch über die damit verbundenen facettenreichen Details erzählt. Die Zwischenbepflanzung in den Rebzeilen ist für ihn nicht nur Mittel zum Zweck, sondern eine wichtige Voraussetzung zur Biodiversität. Und mit der geht er genauso achtsam um, wie mit den Reben selbst. »Sie so bearbeiten, dass die Insekten darin möglichst überleben«, ist seine Devise.

Was will man als Verbraucher und Weintrinker mehr, als einen Erzeuger, für den nicht das Profitstreben im Vordergrund steht, sondern die Nachhaltigkeit und die möglichst ressourcenschonende und verantwortungsbewusste Art, mit dem was uns die Natur schenkt, umzugehen.

Einfach beeindruckend mitzuerleben, wie Bioweinbau nicht nur als ein Werbelabel verstanden wird.

Für Heiner Sauer ist aber noch auf andere Weise Transparenz ein wichtiges Attribut seiner Arbeit. Nicht zufällig ließ er in seine schicke Vinothek am östlichen Ortsrand des Landauer Stadtdorfs Nußdorf eine große Glasscheibe einbauen, durch die man quasi in einer Adlerperspektive einen Blick auf die Arbeit im Kelterhaus werfen kann.

Dass sich Glaubwürdigkeit letztlich auszahlt, sieht man bei Sauer aber auch an einer ganz offensichtlichen Größe. In den letzten drei Jahrzehnten hat er sein Pfälzer Weingut von ursprünglich 2,5 Hektar auf aktuell 32 Hektar ausgebaut. Eine Entwicklung, auf die er zu Recht stolz sein kann. Doch Sauer wirkt alles andere als selbstzufrieden.

Der bedächtige Mann kommt ins Grübeln, wenn er über die aktuell schwierige Absatzsituation im Weinbau berichtet. Er ist stets wachsam und vorsichtig. Auch das macht sein Wesen aus.

Kommt man auf sein zweites Weingut in Spanien zu sprechen, hellen sich seine Züge auf. »Mit unserer ›Bodegas Palmera‹ in Spanien haben wir uns einen Jugendtraum erfüllt«, bekennt er schwärmerisch. Es war ein großer Schritt. »Meine Frau Monika und ich lieben spanische Rotweine. Diese Leidenschaft gepaart mit einer Prise Abenteuerlust war 1998 die Ausgangsbasis für die Gründung unseres spanischen Weinguts. Dort haben wir ein einmaliges Terroir: karger Boden, alte Rebstöcke, das gute Klima der Region mit viel Sonne und kühlen Nächten, eine lange Vegetationsphase. Auch da betreiben wir konsequent ökologischen Weinbau. Was dort aufgrund der klimatischen Bedingung, die die bei uns vorherrschenden Pilzkrankheiten weniger begünstigen, einfacher ist. Dennoch fordert die den klimatischen Verhältnissen geschuldete sogenannte Vaso-Erziehung der Reben dort ihren Tribut. Durch die Bodennähe – die Rebstöcke sind häufig gerade mal hüfthoch – müssen alle Stockarbeiten, also Rebschnitt, Laubarbeit und das Ernten der Trauben in gebeugter Haltung aus-

Weißburgunder
MÜNZBERG

Viña Cabriel
CUVÉE

geführt werden«, weiß Sauer zu berichten. Doch nicht nur im Stammhaus in Nußdorf, sondern auch in Spanien hat Sauer Erstaunliches vollbracht. Er hat in die anfänglich noch sehr einfachen Produktionsstätten viel investiert und hat nunmehr moderne Voraussetzungen für die Weinbereitung mit neuem Kelterhaus, Flaschenlager und Büros geschaffen.

Doch die Aktivitäten des Weingutes beschränken sich nicht nur auf Weinberg und Keller. Übers Jahr veranstaltet man unter der Ägide des Sohns Valentin in der herrlich gelegenen Vinothek eine Vielzahl von ganz besonderen Events. Ob zu den spanischen Weinen thematisch passende Tapas-Abende, klassische Afterwork-Partys mit Live-Musik oder gar einen Georgischen Abend. Häufig laden die Sauers renommierte Gastköche dazu ein, um die Gaumen ihrer Gäste zusätzlich zu verwöhnen.

Allesamt sind die Events häufig lange vorher ausgebucht und wert, sich zum Newsletter anzumelden oder regelmäßig die Homepage der Sauers zu besuchen.

Als wir hier waren, wollten wir auch bei den Weinen den Bogen zwischen der Pfalz und Spanien spannen. Und haben sowohl ortstypische Vertreter, wie die Burgunderweine, die auf den Böden rund um Landau sehr gute Voraussetzungen finden, als auch das, was Sauer als Klassiker seiner Bodega in Spanien bezeichnet, probiert.

Besonders gefallen hat uns dabei der Weißburgunder Münzberg – ein Lagenwein vom Godramsteiner Münzberg. »Die Rebstöcke zu diesem Weißburgunder wurden vor über 30 Jahren auf idealem Burgunderboden gepflanzt – toniger Kalkmergel«, wie Sauer erläutert. »Dieser Boden ist die Grundlage für diesen sehr komplexen und tiefgründigen Wein«, dem Sauer durch die Reife in großen Holzfässern

noch eine zarte Holznote mitgegeben hat.

Beim ersten Hineinriechen ist er ein klassischer Weißburgunder mit typischen Apfelnoten. Am Gaumen entfaltet er ein weitaus vielschichtigeres Bouquet nach Vanille, Melone und Mandarine, schön eingebunden in ausgewogener strukturgebender Säure. Durch die zurückhaltende Restsüße und die mineralische Dichte bekommt der Wein sogar eine zarte Note nach gesalzenen Mandeln. Im Nachhall bleiben die Apfelnoten und das dichte mineralische Mundgefühl. Sehr fein.

Der Spanische Gegenpart war der Viña Cabriel. Eine Cuvée aus vollreifen Tempranillo-Trauben, Cabernet Sauvignon und Merlot.

Tief dunkel, fast schwarz, steht er im Glas. Er entfaltet einen intensiven Duft nach dunklen Beeren, Vanille und leichter Rauchigkeit. Im Mund spüren wir eine weiche Fülle mit vielfältigen würzigen Fruchtaromen, wieder Vanille und einen subtilen Geschmack nach dunkler Schokolade.

Sein Nachhall ist lang und kräftig. Ein starker spanischer Charakterwein.

NEU

WEIN- UND SEKTGUT WILHELMSHOF
Siebeldingen

»Ganz schön prickelnd«

Adresse
Queichstrasse 1
76833 Siebeldingen

35

Parkplätze im Hof oder auf Freifläche Zufahrt links hinter dem Weingut
Inhaber Familie Roth-Ochocki
Telefon (06345) 91 91 47
E-Mail info@wilhelmshof.de
Homepage www.wilhelmshof.de
Ausschank Mo. – Sa.
Verkauf/Probiermöglichkeit Mo. – Sa.
Sitzplätze 25 im Innenbereich der Vinothek, 80 für Events im Obergeschoss
Wein regionaltypische Weine und Sekte vom eigenen Weingut
Speisen nur im Rahmen von Events
Barrierefreiheit barrierefreie/r Zugang und Toiletten
Reservierung Verkostung während der Öffnungszeiten jederzeit, ab fünf Personen. Anmeldung unter (06345) 91 91 47
Übernachtung keine
Wohnmobilstellplätze drei Stellplätze für »Landvergnügen«-Mitglieder

www.wilhelmshof.de

Kaum ein Weingut in der Pfalz steht so für die Sekterzeugung wie der Wilhelmshof in Siebeldingen.

Was viele nicht wissen: Trotz des Schwerpunktes beim Sekt, wird die gleiche Menge der Trauben für die hauseigenen Weiß-, Rosé- und Rotweine verwendet.

Dabei dominieren klassische Rebsorten – in erster Linie Riesling und die Burgundersorten. Daneben ist man aber auch für pilzwiderstandsfähige Zukunftsweine wie den Cabernet Blanc aufgeschlossen.

Wie das Weingut zum Sekt kam, schildert uns Inhaberin Barbara Roth so: »Mein Vater studierte in Geisenheim, dort lernte er meine Mutter kennen, die ebenfalls Önologie studierte. Mein Vater war schon immer sehr experimentierfreudig und nach einer Hospitation in der Champagne packte es die beiden. Auf dem Flohmarkt in Epernay entdeckten sie ein altes Rüttelpult und eine 100 Jahre alte Sektkorkmaschine. Dazu kamen ein selbst konstruierter Agraffierer und ein Eisbad aus einer umgebauten Tiefkühltruhe. Das war der Anfang. Bei den Kellerführungen auf dem Wilhelmshof kann man die alten Gerätschaften heute noch bestaunen. Ihre Vision war, jedes Wochendende eine Flasche Sekt aus eigener Produktion zu trinken – nur für den Eigenbedarf versteht sich«, erzählt Barbara Roth und lächelt spöttisch. »Denn früher war den Winzern die kommerzielle Sektproduktion noch nicht gestattet.«

Obwohl der Sektausstoß des Wilhelmshofs inzwischen weit mehr als 52 Flaschen im Jahr ausmacht, ist eines

gleichgeblieben, nämlich das Ziel, dem französischen Champagner in Qualität und Geschmack möglichst nahe zu kommen.

Alle Grundweine für den Sekt werden im Wilhelmshof selbst hergestellt und reifen dort im Keller in traditionellen Rüttelpulten mindestens 15 Monate auf der Hefe – die hauseigenen sogenannten »Privé Sekte« sogar mindestens 40 Monate. Sie werden in Schräglage nach unten handgerüttelt, bis sich die Hefe im Flaschenhals unterhalb des Verschlusses absetzt. Das Degorgieren – nämlich das Öffnen der unter Druck stehenden Flasche und dem durch den Innendruck herausfliegenden Hefepfropf – wird im Wilhelmshof »warm«, also ohne Rückgriff auf ein Frosten des Hefedepots vollzogen.

In der Fachsprache nennt man diese Methode Dégorgement à la Volée. Was so viel wie »fliegendes Degorgieren« bedeutet. Bei dieser Methode bedarf es großer Geschicklichkeit, da man durch eiliges Wiederverschließen verhindern muss, dass zu viel Sekt und Druck entweichen.

Auf die Frage, warum man entgegen des mittlerweile weit verbreiteten Degorgements im Kältebad auf die handwerklichere Warm-Degorgierung zurückgreift, gibt uns Barbara Roth eine

Winzersekt
PINOT B PRIVÉ-SEKT BRUT

Winzersekt
BLANC DE NOIRS BRUT

sehr überzeugende Antwort: »Man schmeckt keinen Unterschied, ob ein Sekt warm oder kalt degorgiert wurde. Für uns wäre es ein zusätzlicher, unnötiger, aufwendiger Arbeitsschritt, der zudem noch Energie benötigt.«

Wir meinen: eine für ein Bio-Weingut sehr vernünftige und löbliche Entscheidung.

Wem das alles zu theoretisch klingt, dem sei eine der Kellerführungen im Wilhelmshof angeraten.

Aber auch dabei ist die Familie Roth-Ochocki innovativ. Die Kellerführungen macht der Gast hier mit einem ganz speziellen Führer – nämlich »Fred«.

»Fred« ist eine Kombination aus Laterne und Sektkühler – den die Gastgeber natürlich auch mit Probeflaschen befüllen – und einem integrierten Lautsprecher, den man mit einer eigens dafür vorgesehenen App via Bluetooth mit dem Smartphone verbindet, und der einem alle Stationen im Keller genauestens erklärt. Das ist außerordentlich hilfreich und witzig zugleich. Je nach Zeit und Sektdurst gibt es Dreier-, Fünfer- und Siebener-Proben zu fairen Preisen zur Auswahl.

Eine ähnliche Methode haben sich die Roth-Ochockis auch für ihre Weinwanderungen ausgedacht. Nur ist es hier ein vorgefüllter Picknick-Rucksack mit Probeflaschen und Knabbereien, der einem durch Navigationshinweise und Erklärungen von der App den rechten Weg weist.

Diese »Weinwanderung on demand« ist gerade für Touristen eine prima Sache, da man sich nicht nach organisierten Wanderungsterminen richten muss.

Wer eher etwas für einen ereignisreichen Abend oder Sonntagmorgen sucht, dem seien die Events des Wilhelmshofs an Herz gelegt. Sie sind vielseitig, ob weinbegleitete Degustationen von Käse, Austern und Schokolade oder Martinée-Konzerte, Vernissagen und Jazz-Sonntage – eines ist allen gemein: Sie haben Niveau.

Natürlich wollten wir auch hier nicht gehen, ohne die Produkte des Wilhelmshofes zu verkosten. Aufgrund des besonderen Rufs für feine Sekte probierten wir neben einem Blanc de Noirs Sekt Brut noch einen der gehobeneren Kategorie der »Privé-Sekte«, nämlich einen Pinot B Privé-Sekt Brut. Beide übrigens in den für den Wilhelmshof charakteristischen schweren keulenförmigen Flaschen abgefüllt.

Zum Blanc de Noirs Sekt Brut stellt Barbara Roth nicht ohne Stolz fest: »Mein Vater kelterte den ersten Blanc de Noirs Deutschlands. Die Bezeichnung Blanc de Noirs war damals bei uns verboten und mein Vater sorgte für die Legalisierung.«

Der aus Spätburgundertrauben gekelterte Sekt lag bis zum Degorgieren gut 30 Monate auf der Hefe. Er steht mit zartem Goldgelb und feinperligem, elegantem Mousseux im Glas. Er duftet nach Stachelbeere, Birne und einem Hauch floraler Noten.

Am Gaumen schmecken wir reife Birne und Briochenoten, im Abgang hallt die fruchtig-cremige Säurestruktur noch lange nach. Einfach fein!

Der Pinot B Privé Sekt Brut unterscheidet sich in seiner Herstellung deutlich vom eben beschriebenen Blanc de Noirs. Er wurde sechs Monate im Holzfass vinifiziert und reifte nach der zweiten Gärung 48 Monate in der Flasche auf der Hefe.

Das bleibt nicht ohne Einfluss auf Aroma und Geschmack. Auch er steht leuchtend gelb mit einem zarten Perlenspiel im Glas. In der Nase spüren wir ein deutliches Briocharoma, das er seiner langen Reifung auf der Hefe verdankt. Dazu kommen die pinottypischen Aromen nach reifen Äpfeln und Birnen sowie eine dezent rauchige Note vom Holz.

Am Gaumen kommt eine sanfte Pfirsichnote hinzu. Die gut eingebundene Säure und das strukturgebende Eichenholz machen ihn vollmundig und es bleibt ein langer Nachhall. Ein Sekt, der auch Champagnerfreunden gefallen dürfte. Unbedingt im Zuge einer Kellerführung probieren.

UNTER NEUER LEITUNG

SÜDPFÄLZER GENUSSZENTRALE
Landau

36

»Von der Tellerwäscherin zur ...«

Der bisherige Lebensweg von Ankica, genannt Anna, Pipić war nicht gerade das, was man einen Spaziergang nennt. Als sie 17 Jahre alt war, musste sie vor den Kriegswirren ohne ihre Eltern aus Kroatien fliehen.

Sehr schnell gelangte sie zu zwei Einsichten. Erstens: Sie brauchte Geld, um über die Runden zu kommen. Zweitens: Sie wollte sich eine langfristig tragfähige wirtschaftliche Existenz in Deutschland aufbauen. Dazu brauchte es eine solide Berufsausbildung.

Sie zögerte nicht lange und begann in einer Spülküche als Tellerwäscherin zu arbeiten.

Daneben studierte sie Betriebswirtschaftslehre und begann danach, in einem Personalbüro zu arbeiten.

Obwohl sie nun in einem auskömmlichen Anstellungsverhältnis war, ließ sie die Gastronomie nicht mehr los. Auf einem Weingut und bei verschiedenen gehobenen Betrieben der Weingastronomie arbeitete sie sich als Aushilfe peu à peu hoch.

Als sie schließlich 2018 irgendwann durch die Salzhausgasse in Landau schlenderte, bemerkte sie, dass dort im Anwesen Hausnummer 2 tüchtig gebaut und gewerkelt wurde. Sie spähte hinein und erfuhr, dass dort eine Vinothek eingerichtet wurde. Obwohl noch alles unfertig war, faszinierte sie der Charme des alten Gebäudes, das so geschmackvoll und stylish renoviert wurde. »Ich war sofort in die neu entstehende Vinothek verliebt – genau mein Ding«, gesteht sie uns mit leuchtenden Augen. Sie erfuhr aber auch, dass es schon einen Pächter gäbe.

Adresse
Salzhausgasse 2
76829 Landau in der Pfalz

Parkplätze in der Langstraße oder dem Parkhaus »Stadtmitte« Waffenstraße
Inhaber Ankica, genannt Anna, Pipić
Telefon (06341) 9 95 35 00
E-Mail info@suedpfaelzer-genusszentrale.de
Homepage www.südpfälzer-genusszentrale.de
Ausschank/Gastronomie Di. – Sa.
Verkauf/Probiermöglichkeit Di. – Sa.
Sitzplätze 45 im Innenbereich inkl. Stehtische und weitere 20 Plätze auf der Salzhausgasse vor dem Haus
Wein regionale Weine von Südpfälzer Weingütern
Speisen kleine Tellergerichte, mit regionalem und mediterranem Charakter
Barrierefreiheit nein
Reservierung möglich unter (06341) 9 95 35 00
Übernachtung keine
Wohnmobilstellplätze keine

www.südpfälzer-genusszentrale.de

falstaff

Rotweincuvée Jean Borell
WEINGUT BORELL-DIEHL

Scheu rebe
WEINGUT MEYER RHODT U. RIETBURG

»Wenn ich es schon nicht haben kann, dann will ich wenigstens hier arbeiten«, sagte sie sich und ließ sich bald darauf zur Eröffnung als Aushilfskraft einstellen.

Als nun – fünf Jahre später – ein Pächterwechsel anstand, ergriff sie die Chance, um nun ihren Lebenstraum von der eigenen Vinothek wahrzumachen.

Auch ihre Einstellung zum Pfälzer Wein passt bestens. So bekennt sie stolz: »Wenn wir im Urlaub in meine Heimat nach Kroatien fahren – wo uns ein kleines Häuschen am Meer auf der Insel Pag gehört – nehmen wir immer einen Kofferraum voll Pfälzer Weine mit. Es macht mir Freude, – so wie es bei uns in Kroatien üblich ist – unsere Familie und Freunde zum Feiern auf der Terrasse einzuladen und mit Weinen aus meiner neuen Heimat zu bewirten.«

Und genauso will sie es künftig in der Südpfälzer Genusszentrale halten. Dort plant sie, exklusiv Weine von Südpfälzer Weingütern auszuschenken und zum Kauf anzubieten. Darunter sollen einerseits die großen bekannten Namen, aber auch immer wieder Neuentdeckungen von kleineren Weingütern und noch wenig bekannten jungen Winzern sein.

Und dazu wird es auch kleine feine Tellergerichte mit typischen Pfälzer oder mediterranen Spezialitäten geben. »Leider haben wir hier keine vollwertige Restaurantküche«, bedauert die Hobbyköchin »aber für Kleinigkeiten reicht es.«

Auch was künftige Events in der Südpfälzer Genusszentrale angeht, ist Anna Pipić voller Ideen. Einmal im Monat will sie regionalen Newcomern eine Bühne in der Studentenstadt Landau bieten. Mit Musik, Kleinkunst oder Stand-up-Comedy will sie die Landauer Kulturszene bereichern.

Wer nichts davon versäumen will, der sollte der Südpfälzer Genusszen-

trale in den sozialen Netzwerken folgen.

Natürlich hat uns, als wir hier waren, Anna Pipićs Weingeschmack interessiert. Obwohl gerade durch den Pächterwechsel noch alles im Umbruch war und die Regale nur teilweise schon mit den von ihr ausgewählten Weinen bestückt waren, zögerte sie nicht und stellte uns ihre beiden aktuellen Favoriten vor.

Zum einen war dies eine Scheurebe vom Weingut Meyer aus Rhodt unter Rietburg und zum andern das Rotweincuvée Jean Borell vom Weingut Borell-Diehl in Hainfeld.

Das Weingut Meyer in Rhodt unter Rietburg ist ein familiengeführtes Bio-Weingut, das seit 2012 von Vater Klaus und Sohn Marius Meyer geführt wird. Sie legen Wert auf naturnahen Anbau, schonende Verarbeitung und individuellen Ausdruck ihrer Weine. Sie produzieren verschiedene Weiß-, Rosé- und Rotweine, darunter auch Scheurebe.

Aus dem Glas steigt uns ein intensiv exotisch fruchtiges Aroma nach Grapefruit, Passionsfrucht, Pfirsich und Holunderblüte entgegen.

Am Gaumen wiederholen sich die Eindrücke von insbesondere Pfirsich, Grapefruit und Holunderblüten. Der trockene Ausbau gibt dem Wein eine elegante Note und ein volles Mundgefühl und im Abgang eine frische Säure. Ein schöner Wein, der wunderbar auch zu Käse passt.

Dieses leckere Basiscuvée Jean Borell vom Weingut Borell-Diehl in Hainfeld ist benannt nach dem Großvater der heutigen Inhaber – Johannes-Jean Borell.

Es begrüßt uns schon beim Hineinriechen mit einem kräftigen Brombeer-, Heidelbeer- und Cassisfruchtaroma. Im Mund gibt es uns eine fruchtige Fülle mit nur dezentem Holzeinsatz und einem gut ausbalancierten Süße-/Säureverhältnis. Im Abgang hinterlässt es samtige Tannine und eine herrlich eingebundene Säure. Ein preiswerter harmonischer Allrounder für jeden Tag.

Da bleibt uns nur festzuhalten: »Zweimal gut ausgewählt, Frau Pipić.«

UNTER NEUER LEITUNG

VINOTHEK PAR-TERRE

Landau

»In neuen Händen«

37

Adresse
Georg-Friedrich-Dentzel-Straße 11
76829 Landau in der Pfalz

Parkplätze öffentliche Parkplätze am Ende der Eutzingerstraße
Geschäftsführer Nicole Weber und Patrick Morio
Telefon (06341) 9 69 08 90
E-Mail info@par-terre.de
Homepage www.par-terre.de
Ausschank/Gastronomie Mi. – So.
Verkauf/Probiermöglichkeit Mi. – So.
Sitzplätze Vinothek 100 im Innenbereich und 100 auf der Terrasse
Wein 200 Weine von rund 50 Pfälzer Weingütern
Speisen Flammkuchen und saisonal passende regionale oder mediterrane Köstlichkeiten
Barrierefreiheit barrierefreie/r Zugang und Toiletten
Reservierung unter (06341) 9 69 08 90 oder online
Übernachtung keine
Wohnmobilstellplätze keine

www.par-terre.de

Die Corona-Pandemie hat es vielen gastronomisch orientierten Betrieben schwer gemacht. Fehlende Besucher, Fachkräftemangel und ähnliches ließen Öffnungszeiten schrumpfen und Aktivitäten und Angebote einschlafen. Umso schöner, wenn Neuaufstellungen erfolgversprechend sind und innovative Ideen umgesetzt werden. Lauscht man Nicole Weber – der neuen Geschäftsführerin der Vinothek Par-Terre –, so hat ihr Tatendrang etwas ansteckend Euphorisches. Viel hat sie vor, fleißig und agil wirkt sie, aber auch der Realismus, mit Widerständen und Problemen umzugehen, wohnt ihr inne. So ist Landau kein einfaches Pflaster. Obwohl eine der Pfälzischen Weinmetropolen und Studentenstadt, ist das Ausgehverhalten der Landauer eher zurückhaltend. Jeder, der in der Landauer Innenstadt schon einmal nach 21 Uhr eine ansprechende Location für ein gepflegtes Glas Wein gesucht hat, weiß das.

Und so stylish die Umgebung des Par-Terre anmutet, so ruhig kann es hier abends unter der Woche sein.

Eine gute Gelegenheit, um in Ruhe eine leckere kleine Köstlichkeit einzunehmen, sich von Nicole Weber und ihrem sehr aufmerksamen und freundlichen Team beraten zu lassen und gemütlich ein oder zwei Gläser Wein zu trinken. Und das entweder im Freien auf der großzügig bemessenen Terrasse mit dem Blick auf den unmittelbar davor liegenden Südpark oder innen im herausragend gestalteten Ambiente dieser Vinothek.

Nicole Weber kam nach Landau, um Lehramt zu studieren. Wie sie lächelnd bekennt, »habe ich mich während des Studiums in einen Winzer verguckt«. Auf dessen Weingut hat sie direkt in der Praxis ihre Weinexpertise erworben. Daneben hat sie verschiedene Seminare und Weiterbildungen besucht. Auf dem Weingut war sie für die Öffentlichkeitsarbeit und Eventorganisation zuständig. Wichtige Voraussetzungen für ihre heutige Aufgabe in der Vinothek.

Mit Widerständen umgehen, nach Rückschlägen wieder aufstehen, ist ihr nicht fremd. »Auch in meinem Leben lief nicht immer alles so, wie es hätte sein sollen«, berichtet sie nachdenklich.

Aber wenn sie über ihre Pläne und Herzensangelegenheiten redet, sprudelt es nur so aus ihr heraus. Fast ehrfürchtig spricht sie über das einzigartige Design der Vinothek, die vom Berliner Stardesigner, Modepapst und Juror von Germany's Next Topmodel und dem Supertalent, Michael Michalsky, gestaltet wurde.

»Was nützt das schönste Design, wenn niemand kommt«, stellt sie trotzig fest und will genau dies mit der größten Auswahl an Südpfälzer Weinen und Sekten sowie einer Fülle von Aktivitäten und Events ändern. »Auf sich aufmerksam machen – ins Gespräch kommen, aber auch verlässlich guten Service und Qualität bieten« ist daher ihre Devise. Und dass das keine leeren Worte sind, davon kann man sich regelmäßig vor Ort überzeugen.

Ob die zweimal im Monat stattfindenden VR-Kultur-Afterwork-Veranstaltungen mit angesagten Pfälzer Musikern, Firmenevents, Vernissagen zu Kunstaustellungen, Benefizkonzerte, Ü30-Partys oder Wine-meets-Crime-Abende mit Autoren der Region, ständig wird im Par-Terre den Gästen etwas geboten. Es wirkt so, als käme die umtriebige Nicole Weber nie zur Ruhe.

Pinot Noir Schelmenstück
VDP WEINGUT SIEGRIST

Grauburgunder Kalkmergel
WEINGUT FRIEDRICH BECKER

Am wichtigsten sind natürlich die weintypischen Veranstaltungen, wie zum Beispiel Weinproben und Weindegustationsmenüs, bei denen die angeschlossenen rund 50 Südpfälzer Winzer mitagieren. Doch was heißt eigentlich angeschlossene Winzer? Dem genossenschaftlichen Gedanken »Hilfe zur Selbsthilfe« verpflichtet, hat die VR Bank Südpfalz gemeinsam mit dem Verein Südliche Weinstraße und dem Landauer Büro für Tourismus dieses repräsentative Schaufenster für die hervorragenden Weine aus der Region ins Leben gerufen, an dem sich die Winzer sogar mit einem GmbH-Anteil beteiligen können.

Ziel war es, den Besuchern auf engstem Raum einen Überblick über die Weine und Sekte der renommierten Winzer der Region zu bieten. Und so bieten rund 50 Winzer über 200 hochklassige Weine hier an. Viele davon kann man verkosten und alle entweder vor Ort oder über den Online-Shop der Vinothek Par-Terre zu garantierten Ab-Hof-Preisen beziehen.

Bei so einem überwältigenden Angebot braucht's natürlich gute Beratung, die wir gleich mal bei Nicole Weber einfordern.

Ein Grauburgunder und ein Spätburgunder sollen es sein. Ohne lange zu zögern, greift sie zu einem Grauen Burgunder »Kalkmergel« vom Schweigener Weingut Friedrich Becker. »Ist eigentlich gar kein Pfälzer …«, bekennt sie schmunzelnd, »… wächst auf der elsässischen Seite der Grenze an 50 Jahre alten Reben.« Schnell merken wir, dass da kein Leichtgewicht vor uns steht. Allein die intensive, fast schon ins Rosa gehende Farbe, die der Wein einer für einen Weißwein durchaus bemerkenswerten Maischestandzeit von drei Tagen verdankt, verrät, dass ein sehr charaktervoller Wein vor uns steht.

Einem solchen Wein mit seinem Duft nach hellroten Gartenfrüchten und Granatapfel steht auch das Holz, das er seiner Reifezeit in kleinen und großen Eichenfässern verdankt, gut zu Gesicht.

Trotzdem bewahrt er am Gaumen seine saftig-süffig frische Art, ausgewogen mit gutem Mundgefühl zeigt er auch in der Länge, was er kann.

Alles, nur kein Allerwelts-Grauburgunder – ansprechend in Szene gesetzt. Sehr reizvoll.

Auch der Pinot Noir Schelmenstück vom VDP Weingut Siegrist in Leinsweiler hat's in sich.

Seiner 15-tägigen Maischegärung und einer 24-monatigen Reifezeit in neuen und gebrauchten Barriquefässern hat er seine Kraft und Tiefe zu verdanken. Neben dem Duft nach Kirsche und Pflaume finden wir auch kräutrige Aromen. Wir ertappen uns dabei, immer wieder hineinzuspüren und das wuchtige Mundgefühl, trotz allem mit Saftigkeit und frischen Tanninen, auszukosten. Unbedingt probieren.

Wir freuen uns schon auf unseren nächsten Besuch im Par-Terre und sind gespannt, welche Schätze Nicole Weber dann wieder für uns heben wird.

WEINNEST VÖGELI

Landau-Wollmesheim

38

»Familiär und beliebt«

Adresse
Am Neuberg 48
76829 Landau-Wollmesheim

Parkplätze auf dem Anwesen
Inhaber Dirk und Christel Vögeli
Telefon (06341) 3 27 92
E-Mail info@weingut-voegeli.de
Homepage www.weingut-voegeli.de
Ausschank/Gastronomie Do. – So. (donnerstags eingeschränkte Speisenauswahl)
Verkauf/Probiermöglichkeit Mi. – So.
Sitzplätze 50 im Innenbereich, 75 auf der Terrasse
Wein regionaltypische Weine und Brände vom eigenen Weingut
Speisen Weinbegleiter bis hin zu kompletten Menüs
Barrierefreiheit barrierefreie/r Zugang und Toiletten
Reservierung unter (06341) 3 27 92 oder besser online über das Reservierungstool
Übernachtung 5 Fremdenzimmer im Weingut
Wohnmobilstellplätze auf Anfrage

www.weingut-voegeli.de

Bildet man einen Querschnitt über die Vinothekenlandschaft entlang der Deutschen Weinstraße, stellt man sehr schnell ein Nord-Süd-Gefälle fest.

Und dies bezieht sich weder auf die Qualität der Weine noch auf die Qualität der Vinotheken, sondern viel mehr auf die Gästefrequenz.

Während es in der Mitte und im nördlichen Teil der Weinstraße – auch Mittelhaardt und Leininger Land bezeichnet – hoch hergeht, wird es deutlich ruhiger, je mehr man Richtung Süden kommt. Speziell südlich von Landau reicht das Gästeaufkommen häufig nicht, um Vinothekengastronomie durchgängig oder wenigstens in der zweiten Wochenhälfte zu betreiben. So bieten viele vom baulichen Aspekt zwar sehr attraktive Vinotheken weder Gutsausschank noch Speisen an.

Dass das »Weinnest Vögeli« genau diese These widerlegt und dafür eine Ausnahme darstellt, spricht für sich. Um ein volles Haus zu haben, muss man im Süden schon einiges bieten. Und das tun Vögelis.

Sie sind hervorragende Gastgeber und lassen es sich nicht nehmen, selbst nach anstrengenden Tagen im Weinberg oder Keller, die häufig auch mal länger dauern, noch bei ihren Gästen auf der Terrasse vorbeizuschauen, Hände zu schütteln und ein Schwätzchen zu halten. Das kommt sehr gut an und lässt eine familiäre Stimmung aufkommen, bei der man auch mal die ein oder andere Frage zu den Weinbergen, dem Wein oder der Arbeit im Keller stellen kann.

Doch Vögelis bieten nicht nur ein Sortiment von Weinen, Seccos und

Sekten, die Lust machen, hier kann man auch einen der schönsten Sonnenuntergänge der Pfalz genießen. Auch die Speisen heben sich im Vergleich unter den Pfälzer Vinotheken vom Abwechslungsreichtum, in ihrer Vielfalt und Finesse von vielen anderen deutlich ab.

Neben den mittlerweile zum Vinothekenstandard gewordenen Flammkuchen wird hier auch traditionelle gut gemachte Hausmannskost, wie »Fläschknepp« oder ein »Pfälzer Teller« mit Leberknödel, Saumagen und Bratwurst, angeboten. Daneben gibt es raffinierte hausgemachte Pasta-Variationen, ein umfangreiches Salate-Sortiment, Fisch- und Fleischgerichte, aber auch immer wieder interessante Tagesgerichte. Und das alles hausgemacht und frisch zubereitet. (Achtung: Donnertags ist die Speisenauswahl reduziert.)

Sauvignon Blanc
ORTSWEIN

Secco
ROSÉ

Wen wundert's, dass dies gerne angenommen wird und ein volles Haus mittlerweile die Regel ist. Daher gilt: unbedingt mit dem elektronischen Reservierungstool mindestens eine Woche vorher reservieren.

»Leider mussten wir jedes Wochenende unzähligen Spontangästen sagen, dass alles belegt ist«, bekennt Christel Vögeli mitleidig. Dass dies guten Gastgebern wie Christel und Dirk Vögeli wehtut, ist verständlich. So hat man sich Gedanken gemacht und eine Lösung gefunden. Neuerdings betreiben die Vögelis zusätzlich zu ihrem Vinothekenrestaurant einen Gutsausschank. Hier kann man nicht reservieren und so gibt es bei vollem Restaurant meist auf der Wiese hinter der Restaurantterrasse an einer der Brauereigarnituren doch noch einen Platz. Auch wenn im Gegensatz zum Restaurant Selbstbedienung angesagt ist, hat man trotzdem die volle Auswahl aus dem reichhaltigen Weinsortiment. Lediglich die Speisenauswahl ist im Gutsauschank eingeschränkt.

Dafür entschädigen uns die Liegestühle, auf denen wir mit einem Glas Sekt in der Hand dem herrlichen Sonnenuntergang hinter dem Haardtgebirge nachspüren können.

Genau das nahmen wir zum Thema bei unserer kleinen Weinverkostung hier. »Welcher Wein taugt am besten als Sundowner?«

Die absoluten Terrassenweinfavoriten bei unserer privaten Probe waren der Secco Rosé und der Sauvignon Blanc.

Der Secco Rosé passt hervorragend, um einen Sonnenuntergang im Liegestuhl zu genießen. Er kommt zu 100 Prozent von der Portugieser Rebe und ist mit stattlichen 23,11 Gramm Restzucker durchaus lieblich. Im Aroma und Geschmack dominiert sein kräftiges Erdbeeraroma. Damit passt er auch hervorragend als Aperitif.

Er ist eine tolle Erfrischung bei sommerlichen Temperaturen. Mit nur elf Prozent ist er ein leichter und unwiderstehlicher Traum in Rosa!

Der 2022er Sauvignon Blanc Ortswein ist, was das Aroma angeht, wesentlich subtiler. Hier mischen sich pikante Stachelbeeraromen mit leichten Noten von grünem Paprika, frischem Gras und frischen Kräutern. Am Gaumen verleiht er uns ein volles angenehmes Mundgefühl. Wir schmecken auch hier Paprika und grüne Noten, aber zusätzlich exotische Früchte und Stachelbeeren. Keines der Aromen überwiegt. Grüne wie auch Früchtearomen sind wunderbar ausbalanciert. Auch das Süße-/Säurespiel ist harmonisch.

Insofern ist er ein Alleskönner, der zu Fisch, Meeresfrüchten, Spargel, Pasta mit Pesto, Risotto, asiatischer Küche sowie auch zu Hartkäse sehr gut passt.

Ein klarer Tipp für Fans ausgewogener Sauvignon Blancs.

Mit diesen Tropfen dann gemütlich im Liegestuhl beobachten, wie die rote Sonne hinter dem Haardtgebirge versinkt, einfach unbezahlbar und unbedingt nachahmenswert. Easy drinking at its best!

NEU

WEINGUT PORZELT
Klingenmünster

39

»Hommage an Franken«

Adresse
Steinstraße 91
76889 Klingenmünster

Parkplätze im Hof
Inhaber Andreas Porzelt
Telefon (06349) 81 86
E-Mail info@weingut-porzelt.de
Homepage www.weingut-porzelt.de
Ausschank/Gastronomie Di. – Sa.
Verkauf/Probiermöglichkeit Mo. – Sa.
Sitzplätze Vinothek 30 im Innenbereich und 30 im Hof
Wein regionaltypische Weine, vom eigenen Weingut
Speisen keine
Barrierefreiheit barrierefreier Zugang, Toiletten nicht barrierefrei
Reservierung nicht erforderlich
Übernachtung 3 Ferienwohnungen
Wohnmobilstellplätze keine

www.weingut-porzelt.de

Während man in Franken noch viel Gewicht auf Silvaner legt, findet man in der Pfalz nur wenige Weingüter, die einen Schwerpunkt auf die Silvaner-Rebe legen. Der Grund dafür, dass nur noch rund drei Prozent der Pfälzer Weinbergsflächen mit Silvaner-Reben bestockt sind, ist einfach und einleuchtend: Silvaner braucht tiefgründige Verwitterungsböden und gedeiht besonders gut und charaktervoll auf Muschelkalk. Und genau dieser Bodentyp ist in der Pfalz eher selten. Aber man findet ihn in den südlichen Weinlagen Klingenmünsters.

Natürlich würden auf Muschelkalk auch andere Rebsorten wertvolle Weine hervorbringen, gäbe es da nicht einen weiteren Grund, warum Andreas Porzelt so eine große Zuneigung zu Silvaner entwickelt hat.

Gerhard Porzelt, sein Vater, gebürtiger Franke, heiratete in das Klingenmünsterer Traditionsweingut ein und brachte aus Franken seine Liebe zum Silvaner mit.

Und so kommt es, dass das heutige Weingut auf einem stattlichen Anteil von 20 Prozent seiner Rebflächen Silvaner gepflanzt hat. Doch es gibt noch einen weiteren Grund, warum sich Porzelt einen glänzenden Ruf als Silvaner-Spezialist erarbeitet hat.

In den 80er Jahren, als die meisten Winzer auf den aufkommenden Rieslingtrend setzten und ihre besten Lagen neu mit Rieslingreben bestockten, blieb das Weingut Porzelt dem Silvaner treu und ist heute, wie kaum ein anderes Pfälzer Weingut in der glücklichen Lage, seine besten Weinberge in den Weinlagen Kirchberg und Miedig mit

alten, gut 35-jährigen Rebstöcken bepflanzt zu haben.

Wen wundert's da, dass sein Silvaner Muschelkalk beim Mundus Vini Biofach 2022 mit Gold ausgezeichnet wurde.

Wer nun glaubt, das Weingut Porzelt lebt ausschließlich von seiner Vergangenheit, der irrt.

Weinbautechniker Andreas und Betriebswirtin Anna Porzelt sind sehr aktiv und unternehmungslustig. Man ist ehrgeizig und Neuem gegenüber aufgeschlossen. Noch in der Ausbildung übernahm Andreas schon die Aufgabe des Kellermeisters von seinem Vater.

Silvaner
MUSCHELKALK

Crémant
ROSÉ

Seitdem hat er vieles erfolgreich auf den Weg gebracht. Sei es die Umstellung zum Bioland-Weingut oder die frühe Entscheidung, auch sogenannte PIWIS – also **pi**lz**wi**derstandsfähige Rebsorten zu pflanzen. Aus diesen stellt er sein mehrfach prämiertes »Cuvée Protz« her.

Ehefrau Anna kümmert sich ums Kaufmännische und den Vertrieb und hat ein ausgesprochenes Händchen für feines Essen.

So kann man bei Porzelts auch eine Weinprobe mit begleitenden – von Anna Porzelt selbstgemachten – Speisen buchen, die man im modern eingerichteten gemütlichen Keller probieren kann. Oder man kommt einfach zu einem der Events auf dem Weingut, ob Konzert oder Wine & Crime-Abend, meist gibt Anna eine Kostprobe ihres kulinarischen Geschicks.

Als wir hier waren, ließen wir es uns natürlich nicht nehmen, den mit Mundus Vini-Gold ausgezeichneten Silvaner Muschelkalk zu probieren.

Anna Porzelt erklärt uns dazu, dass diese Reben auf dem Kirchberg, auf massiven Kalkböden mit Mergeleinlage gedeihen. Sie müssen sich anstrengen, um tief zu wurzeln, entsprechend langsam reifen die Trauben zu hocharomatischen Früchten heran.

Aus dem Glas kommt uns ein würziger, erdiger Duft entgegen, auch Apfelaromen nehmen wir wahr.

Am Gaumen entfaltet er zunächst einen zurückhaltend gelbfruchtigen Apfelgeschmack mit pfeffriger Würze, einem langen mineralischen Nachhall und gut eingebundenen Holztönen, die er seiner teilweisen Holzfassreife – 40 Prozent des Weins reiften sechs Monate im Holzfass – verdankt.

Spannend wie es Porzelt versteht, einen Silvaner durch optimale Anbau- und Ausbaubedingungen zu adeln.

Nach den guten Erfahrungen mit dem ganz besonderen Silvaner, wollten wir noch wissen, ob Andreas Porzelt auch hochwertige Sekte ausbauen kann. Wir probierten daher noch seinen Crémant Rosé.

Schon beim Einschenken fällt uns seine brillante Lachsfarbe auf. In der schönen Perlage steigt uns sofort ein feines Beerenaroma in die Nase. Wir schmecken Granatapfel und genießen das angenehme Mundgefühl aus Fruchtigkeit und schön ausbalanciertem Süße-/ Säureverhältnis.

Die 18-monatige Lagerung auf der Hefe und die Holzfassgärung geben ihm ein Gerüst, drängen sich aber nicht in den Vordergrund.

Ein sehr schöner fruchtiger Sekt für die sommerliche Terrasse.

Und wer nach alldem eine Stärkung braucht, der sollte, wenn er schon in Klingenmünster ist, unbedingt im Ortskern beim »Land.Wein.Gut« an der Weinstraße 36 vorbeischauen.

In der von Marion Neutmann geführten innovativen Mischung aus Feinkostladen, Bäckerei, Weinladen und Bistro gibt es immer etwas zu entdecken. Ob hochwertige regionale Produkte für den täglichen Bedarf, hausgebackene Kuchen, Törtchen, Macarons oder einfach nur Brot und Brötchen. Dazu ein bunter Mix aus mediterran angehauchten Produkten wie Pesto, Öl, Nudeln oder Gewürzen. Natürlich kann man hier auch Weine von ausgewählten Weingütern entlang der Südlichen Weinstraße erstehen.

Daneben kommt natürlich auch der kleine Hunger nicht zu kurz. Neben einem kleinen, aber feinen Frühstücksangebot gibt es eine täglich wechselnde Mittagskarte mit und ohne Fleisch.

Fazit: Unbedingt mal einen Besuch in Klingenmünster am Fuße der Burg Landeck einplanen.

WEINGUT NEUSPERGERHOF
Rohrbach

»Innovativ«

40

Adresse
Neuspergerhof
76865 Rohrbach

Inhaber Jochen Gradolph
Telefon (06349) 16 45
E-Mail info@neuspergerhof.de
Homepage www.neuspergerhof.de
Ausschank/Gastronomie nein
Verkauf/Probiermöglichkeit Sa. oder nach telef. Vereinbarung
Sitzplätze 44 im Innenbereich, 20 im Hof
Wein regionaltypische Bioweine und Sekte vom eigenen Weingut
Speisen nur im Rahmen von Events (siehe Homepage)
Barrierefreiheit barrierefreie/r Zugang und Toiletten
Reservierung bei Events unter (06349) 16 45
Übernachtung keine
Wohnmobilstellplätze keine

www.neuspergerhof.de

»Nur keinen Trend verschlafen«, ist das Motto von Jochen Gradolph und seiner Frau Christine. Als studierter Betriebswirt weiß er, wie wichtig es ist, stets auf der Höhe der Zeit zu sein.

Und mit dieser Philosophie scheint er goldrichtig zu liegen. Ob man es auf die Umstellung auf die streng ökologischen Richtlinien des Bioland Verbandes bezieht, die er, kurz nachdem ihm sein Vater die Verantwortung für das Weingut weitergab, 2015 einführte, oder die Pflanzung moderner internationaler Rebsorten wie Syrah, Petit Verdot, Cabernet Sauvignon, Cabernet Mitos, Cabernet Franc, Chardonnay und Viognier. Auch den sogenannten PIWIS (pilzwiderstandsfähigen Rebsorten) steht er offen gegenüber und hat entsprechende Anlagen mit Cabernet Blanc, Donauriesling, Muscaris, Sauvignac und Pinotin angelegt.

Aber es ist eine ganz andere Innovation, mit der die Gradolphs derzeit von sich reden machen. Schon seit 2019 stellen sie entalkoholisierte Weine und Schaumweine her. Was am Anfang noch eher als Nischenprodukt daherkam, hat sich mittlerweile zu einem Bestseller entwickelt. Derzeit entalkoholisieren die Gradolphs schon rund ein Drittel ihrer Weine. Obwohl überall in der Branche von Absatzrückgängen gesprochen wird, verbucht die Familie Gradolph in dieser Produktsparte Zuwächse im Bereich von 15 bis 20 Prozent.

Verantwortlich für diese Erfolge ist, wie Gradolph sagt: »ein kompro-

missloses Bekenntnis zur Qualität«. So kommen in seine entalkoholisierten Produkte nur speziell selektierte Biotrauben, die er mit einer bewusst langen Reifezeit auf die Entalkoholisierung vorbereitet.

Bei der dazugehörigen Technologie setzt er auf die Vakuumdestillation mit Aromarückgewinnung. Aber danach setzt er noch einen drauf. Da der entalkoholisierte Wein anfällig für eine Nachgärung ist, bedarf er einer Sterilisation. Üblicherweise geschieht das mit einer Pasteurisierung, Schwefel oder dem Zusatz eines sonstigen Kaltentkeimungsmittels. »All das passt nicht zum Biogedanken und ist dem Geschmack abträglich«,

erläutert Gradolph. »Wir haben uns als einziges Weingut Deutschlands für einen anderen Weg entschieden, in entsprechende Technik investiert und füllen den Wein kalt steril ab. Das ist derzeit die aromaschonendste Methode, die es gibt.«

Doch Gradolphs gehen nun noch einen Schritt weiter. Für alle, die noch Vorbehalte gegen alkoholfreie Weine haben, bieten sie mit der Produktlinie »Leichtigkeit« einen Weiß- und einen Roséwein mit etwas weniger Alkohol (9 bis 9,5 Prozent) an und bleiben dabei geschmacklich bei einem normalen Wein.

Natürlich haben wir es uns nicht nehmen lassen, eines der entalkoholisierten Produkte der Gradolphs zu probieren.

Passend zum warmen Wetter entschieden wir uns für den »Sparkling alkoholfrei«.

Wie uns Christine Gradolph erläutert, haben wir ein Cuvée aus Chardonnay und Weißburgunder vor uns, das nach den gleichen hohen Qualitätsstandards erzeugt wurde wie auch die sonstigen Weine des Weingutes. Nach einer gezielten Traubenselektion im Weinberg fand eine gekühlte Vergärung im Edelstahlfass statt. Danach folgten sechs Monate Reife auf der Hefe. Anschließend wurde der Wein aromaschonend entalkoholisiert und verperlt.

Mit 45 Gramm Restzucker ist er lieblicher als die anderen Weine des Weingutes. In der Nase nehmen wir ein dezentes Aroma nach Quitte, Banane und reifer Honigmelone wahr. Das Mundgefühl ist moussierend fruchtig mit einer charmanten Säurestruktur. Gut gekühlt, vielleicht mit einem Eiswürfel, ein schönes frisches Sommergetränk, von dem es auch mal ein paar Gläser mehr sein dürfen. Eine frische Alternative für heiße Sommertage – ohne aufs Auto verzichten zu müssen.

Aber in noch einer Sparte haben sich Gradolphs einen sehr guten Ruf erarbeitet. Nämlich im Bereich der Events. Dabei setzt man weniger auf Feste, Feiern und Musikdarbietungen, sondern eher auf inhaltsgeprägte Formate. Es sind Veranstaltungen rund um Wein und Genuss. Ob exklusive Weinseminare mit Weinbergswanderung und Käse-Verkostung und anschließend einer umfangreichen Weinprobe mit einem regionalen Vier-Gänge-Menü.

Oder Wein-Sensorik-Seminare mit Blindverkostung. Alles ist stets sehr lehrreich und bleibt in der Erinnerung haften.

Ein weiteres Format sind die jeweils am ersten Novemberwochenende stattfindenden »Krimidinner« mit Autorenlesung, Drei-Gänge-Menü und Weinbegleitung.

Natürlich kann man all dies auch für Privat- oder Firmenevents individuell arrangieren. Nur eines sei erwähnt. Mittlerweile sind diese Veranstaltungen dermaßen gefragt, dass eine frühe Anmeldung, am besten einige Monate davor, anzuraten ist.

Doch das Weingut Neuspergerhof nur auf seine Innovationen zu reduzieren, wäre bei allen Erfolgen nicht ganz gerecht. Hinter all diesen neuen Dingen steht ein Familienweingut, das tatkräftig von Mutter Sybille und Vater Hans unterstützt wird und qualitativ hochwertigste Weine ausbaut. Nicht zuletzt werden damit neben der VIP-Lounge des DfB auch Air Canada und die Merkur-Hotels beliefert.

Nach dem »Sparkling alkoholfrei« haben wir noch zwei klassische Bio-Weine aus Gradolphs höchster Kategorie probiert – nämlich den Chardonnay Réserve und den Pinot Noir Réserve.

Beim Chardonnay strömen uns aus dem Glas harmonische Vanillearomen in die Nase. Am Gaumen nehmen wir einen kräftigen Geschmack nach gelber Birne, Melone und Mirabelle wahr. Die Säure ist rund und dezent, was der Wein einer malolaktischen Fermentation zu verdanken hat, die die spitze Äpfelsäure in die mildere und rundere Milchsäure umgewandelt hat. Ein schöner Wein und Alleskönner, der nahezu zu jedem Essen passt.

Der Pinot Noir Réserve könnte auch aus Italien oder Frankreich stammen. Die gezielte Traubenselektion noch auf dem Weinberg, dann die Vorsortierung wieder mit einer Beerenselektion verbunden und schließlich ein zehnprozentiger Saftentzug, der dem Wein eine höhere Konzentration von Farbstoffen, Aromen und Tanninen und somit mehr Körper verleiht, machen ihn zu einem kräftigen, präsenten Wein, der dennoch die pinot-übliche Eleganz behält.

Sein Geschmack füllt sofort den Mund aus. Saftig, beerig mit viel Kraft in der Mitte ist er sofort präsent, am Ende schmecken wir vanillige Töne, die er seiner 20-monatigen Barriquefassreife verdankt. Unseres Erachtens einer der besten Pinot Noirs der Pfalz zu einem fairen Preis. Unbedingt probieren.

NA
CH GEHAKT

VINOTHEKENTREND – ARCHITEKTUR, DIE IMAGE UND EMOTION TRANSPORTIERT

»Erlaubt ist, was gefällt.«

Der Trend, neue Vinotheken zu bauen ist, ungebrochen. Dabei sind die architektonischen Modelle vielfältig. Die Pole »pragmatisch-funktional« und »avantgardistisch-anspruchsvoll« scheinen dabei vollständig zu verschwimmen. Je nach den vorgefundenen Voraussetzungen und dem Budget entstehen immer wieder neue, bemerkenswerte Konzepte.

Ob an die Tempelarchitektur angelehnte kolonnadengetragene Fassaden, Cortenstahlquader, Glasfachwerk oder einfach nur toskanisch anmutende Gärten, letztlich folgen sie alle zwei entscheidenden Basisüberlegungen: Sie sollen den Weinabsatz fördern und das Qualitätsimage verbessern.

Bei winzergeführten Betrieben ist die Rechnung relativ einfach. Ist man gezwungen, den Wein im Fass zu vertreiben, so geschieht dies häufig zu Literpreisen deutlich unter einem Euro. Schafft man es, den Wein in der Flasche direkt an den Endkunden zu verkaufen, so verzehnfacht sich etwa dieser Bruttopreis – natürlich entstehen auch höhere Kosten, zum Beispiel für Flasche, Abfüllung, Vertrieb und ähnliches. Trotzdem ist es lohnend, denn vom reinen Fassweinvertrieb können Winzerbetriebe kaum noch auskömmlich leben.

Und dann ist da zudem der Qualitätsaspekt zu berücksichtigen. Zweifellos macht eine stylishe Vinothek noch keinen guten Wein. Umgekehrt ist es aber auch schwierig, in einer alten Scheune oder baufälligen Kelterhalle glaubwürdig qualitativ hochwertige Weine zu verkaufen. Und so nutzen viele junge Winzer eine herausragende Architektur, um anzuzeigen, dass sich ihre Philosophie hin zu Weinen, die höchsten qualitativen Ansprüchen genügen, gewandelt hat.

Um mehr zu diesem Thema zu erfahren, haben wir uns mit den Architekten Anja Hennecke-Honigmann und Christian Hennecke vom Architekturbüro »Culturebridge Architects« – beide erfahrene Vinotheken-/Weinbar-Planer – getroffen und ausführlich unterhalten. Als Treffpunkt diente uns die Baustelle eines ihrer aktuellen Weinbar-Projekte in Grünstadt.

Unsere Einstiegsfrage war: »Warum ist ausgerechnet die Welt der Vinotheken und Weinbars von architektonischen Highlights geprägt?«.

»Ich vermute, bei Vinotheken spielt die Gestaltung eine größere Rolle als bei anderen Bauvorhaben. Das äußere Erscheinungsbild, aber auch die Atmosphäre sind entscheidender für den Erfolg und inzwischen wichtiger Faktor im Marketing. Aber auch die Einstellung unserer Auftraggeber aus der Weinbau- und Gastro-Branche ist anders: Sie sind in größerem Maße bereit, Emotionen ernst zu nehmen und nicht nur vermeintlich rational zu entscheiden«, antwortet Anja Hennecke-Honigmann.

»Machen demnach im Vinothekenbau die Emotionen den entscheidenden Unterschied?«, haken wir nach. »Wie gesagt, sehe ich bei Vinotheken eine viel größere Rolle von Emotionen, Stimmungen, Bildern und Atmosphären.«

»Und welche Emotionen und Stimmungen soll denn so eine Vinothek vermitteln?«

»Über das Image entscheidet am besten der Bauherr. Wir helfen ihm dabei, dieses gezielt zu entwickeln«, erläutert Hennecke-Honigmann. »Dazu gehört, herauszufinden, was ihn wirklich glücklich macht. Häufig erkennen Bauherren erst im Gespräch mit uns, dass sie gar nicht ihren eigenen Wünschen anhängen, sondern ihre Ziele unbewusst von Modewellen und Werbung übernommen haben.«

»Sie sprechen gerade die persönlichen Benchmarks der Bauherren an? Meinen Sie damit, dass man sich an dem, was Konkurrenten und Nachbarn tun, ausrichtet?«

»Ja, ganz recht. Vielleicht ist das unüblich, aber wir kümmern uns tatsächlich nicht um die Konkurrenz. Bei der Planung spielt die Abgrenzung unserer Gebäude von anderen Weinbars und Vinotheken in der Umgebung keine große Rolle. Viel wichtiger ist uns, möglichst gut auf den Kontext einzugehen – dies sowohl in funktionalen, ästhetischen, landschaftlichen, städtebaulichen, historischen, aber auch persönlichen Aspekten«, erklärt Christian Hennecke »Übrigens ist Konkurrenzdenken auch in der Gastronomie nicht immer richtig, denn der Einzelne profitiert auch, wenn es seinem Umfeld besser geht. Man nennt das gemeinsame Standortstärke.«

Anja Hennecke-Honigmann und Christian Hennecke

Betontheke

Zum Abschluss wollen wir noch wissen, ob es so etwas wie ein Alleinstellungsmerkmal des gemeinsamen Architekturbüros gibt.

»Alleinstellungsmerkmal klingt für mich etwas hochgestochen«, insistiert Hennecke. »Ich mag vielleicht von Aspekten sprechen, auf die wir ein wenig stolz sind und wofür wir von unseren Bauherren häufig gelobt werden. Wichtig ist uns zum Beispiel, dass wir beim Entwurf nicht etwa dem aktuellen oder ›unserem Stil‹ folgen, sondern für jedes Projekt eine individuelle Lösung entwickeln. Die Bauherren schätzen unser Gespür für Material, Farben, Licht und schöne Formen. Besonders könnte auch sein, dass wir sehr viel handfeste Präsenz auf der Baustelle zeigen, manchmal sogar selber mitarbeiten: Beton schleifen und ölen zum Beispiel – das mache ich auch gerne selbst.« So als gelte es dies zu unterstreichen, greift Hennecke nach einem feuchten Lappen und streicht damit liebevoll über die Oberfläche der noch unbehandelten Sichtbeton-Theke vor uns und demonstriert stolz die besondere Wirkung der granularen Struktur der rosa eingefärbten Betonoberfläche.

Etwas schlauer darüber, wieso vielen Vinotheken und Weinbars ein ganz besonderer Zauber innewohnt, bedanken wir uns bei dem Architektenehepaar für das aufschlussreiche Gespräch. Wer gleich zwei Weinbarprojekte der beiden auf engstem Raum besichtigen will, kann dies in Grünstadt in der Weinbar »Kabale und Liebe« am Schillerplatz oder der, bei Drucklegung noch in Bau befindlichen, Weinbar »Eckbar« am Luitpoldplatz tun.

ALKOHOLFREIER WEIN – TABUBRUCH ODER CHANCE?

»Jetzt sogar auf dem Dürkheimer Wurstmarkt erlaubt«

So manchem entlockte die Meldung, dass ab 2023 auf dem Bad Dürkheimer Wurstmarkt – dem größten Weinfest der Welt – nun auch alkoholfreier Wein erlaubt sei, ein Schmunzeln.[1] In der Tat hatte bisher Paragraf 28 der Betriebs- und Gestaltungsvorschriften für den Dürkheimer Wurstmarkt dies nicht vorgesehen.

Während die einen sich fragten, warum das überhaupt verboten war, hörte man aus den Reihen der Weinpuristen unterschwellige Kritik. Ist das denn nötig? Wer will das Zeug schon?

In der Tat ist das Image der alkoholfreien Weine und Sekte unter Weinkennern nicht sonderlich gut, was sich auch in den Absatzzahlen widerspiegelt.

2022 lag der Absatz an alkoholfreien Weinen und Sekten gemäß dem Deutschen Weininstitut gerade mal bei einem Prozent. »Viel Lärm um nichts!«, könnte man da sagen, wären

Katrin Oster und Lisa Käppler

Professor Doktor Ulrich Fischer

da nicht fast schwindelerregende Zuwächse zu verzeichnen. So wuchs der Absatz entalkoholisierter Weine im Lebensmitteleinzelhandel im gleichen Jahr um stattliche 18 Prozent.[2]

Auch Winzer, die sich schon früh mit der Materie befassten, bestätigen diesen Trend. So berichtet uns Jochen Gradolph vom Neuspergerhof in Rohrbach bei Landau, dass er mittlerweile ein Drittel seiner Weine entalkoholisiert. Die jährlichen Zuwächse liegen bei seinem Weingut bei 15 bis 20 Prozent.

Auch der Konzernvorstand des Branchenriesen Hawesko, Thorsten Hermelink, bestätigt diese Entwicklung. »Das Trendthema alkoholfreier Wein gewinnt zunehmend an Bedeutung«, äußerte er beispielsweise gegenüber dem renommierten Neustadter Meininger Verlag.[3]

Aber wer sind die Konsumenten von entalkoholisierten Weinen? Darüber haben wir mit Lisa Käppler und Katrin Oster gesprochen, die sich intensiv im Rahmen ihrer wissenschaftlichen Arbeit mit dem Thema beschäftigt haben. Beide sind wissenschaftliche Mitarbeiterinnen am Institut von Professor Doktor Ulrich Fischer, der durch seine Forschungsarbeit im Bereich Önologie und Sensorik weit über die Pfalz hinaus bekannt ist.

»Da sind zunächst die, die man erwartet: Nämlich allen voran Autofahrer, natürlich Frauen in der Schwangerschaft und Stillzeit und Personen mit gesundheitlichen Indikationen, die auf den Alkoholkonsum verzichten müssen«, so Käppler.

Daneben gibt es aber noch eine wachsende Gruppe derer, die ganz bewusst auf Alkohol verzichten oder ihren Alkoholkonsum reduzieren wollen. So beobachtet man bei jungen Erwachsenen (Generation Z) einen schrumpfenden Alkoholkonsum. 49 Prozent der 18- bis 24-Jährigen geben an, keinen Alkohol zu trinken.[4]

Zahlen, die durchaus belegen, dass es für Winzer gute Gründe gibt, sich mit dem Thema alkoholfreien Wein zu befassen.

»Aber ist alkoholfreier Wein wirklich alkoholfrei?«, fragen wir Lebensmittelchemikerin Lisa Käppler. Sie lächelt vielsagend, »Nein natürlich nicht, auch sogenannte entalkolisierte Weine haben noch bis zu maximal 0,5 Volumenprozent Alkohol. Ähnlich wie übrigens Sauerteigbrot und Sauerkraut und andere fermentierte Lebensmittel.«

»Und wie produziert man alkoholfreie Weine?«, setzen wir nach.

»Am einschlägigsten sind dabei Destillationsverfahren, bei denen man sich zu Nutzen macht, dass Alkohol bei Temperaturerhöhung früher in den gasförmigen Zustand übergeht als Wasser«, erläutert Käppler.

»Aber ist das nicht dem Geschmack abträglich, wenn man Wein quasi aufkocht?«

»Genauso ist es«, bestätigt Käppler. »Bei der Erhitzung gehen neben dem Alkohol auch die Aromastoffe im Wein verloren. Deshalb hat sich die sogenannte Vakuumdestillation durchgesetzt, bei der man unter Vakuum den Wein nur noch auf rund 30 Grad Celsius erhitzen muss und somit die Aromen besser erhalten bleiben. Daneben gibt es noch sogenannte Membranverfahren, die auf die Umkehrosmose setzen. Leider sind diese Verfahren nur zur teilweisen Entalkoholisierung geeignet.«

Wir sind verwirrt ob dieses Dschungels an Fachbegriffen. »Und auf was sollte ein Verbraucher achten? Welches Verfahren verspricht den besten Erfolg?«

Nun ist es die Önologin Katrin Oster, die antwortet. »Genau damit habe ich mich in meiner Masterarbeit beschäftigt. In verschiedenen Verkostungsrunden habe ich untersucht, wie Probanden den Geschmack nach dem jeweiligen Entalkoholisierungsverfahren einschätzen. Das Ergebnis war, dass Weine, die einer Vakuumdestillation unterzogen wurden, und bei denen man danach eine Aromarückgewinnung aus dem Destillat vornahm, bei den Verkostern am besten abgeschnitten haben.«

»Und gibt es auch eine Präferenz bei den Rebsorten?«, bohren wir weiter.

Auch darauf hat Oster eine Antwort. »Grundsätzlich eigenen sich Trauben, die schon per se ein intensiveres Aroma mitbringen, wie zum Beispiel Frucht- und Zitrusnoten, besser. Auch ein dezenter Einsatz von Eichenholz hilft, und letztlich macht auch das Versetzen mit CO2, also das Aufschäumen zu Secco, das Endprodukt gefälliger.«

»Und diese Weine oder Seccos können dann mit normalen Weinen Schritt halten?«

Die beiden jungen Frauen werfen sich vielsagende Blicke zu. »Nein, bei all dem darf man nicht vergessen, dass Alkohol ein wichtiger Geschmacksträger ist und wenn er fehlt, spürt man

das. Man sollte entalkoholisierte Weine, Seccos und Sekte als eine andere – neue – Getränkekategorie verstehen, die neben dem Vorteil der Alkoholfreiheit auch noch weit weniger Kalorien hat – nämlich in der Regel rund die Hälfte von herkömmlichem Wein.«

Wir beschließen, frei nach Goethes »Grau ist alle Theorie« der Frage nach dem besten alkoholfreien Wein und Sekt nun da nachzugehen, wo man tagtäglich die Verbraucher aufs Neue davon überzeugen muss – nämlich bei den Winzerinnen und Winzern unserer Vinotheken.

Dort haben wir uns zur Pflicht gemacht, bei unseren Besuchen ein besonderes Augenmerk auf die alkoholfreien oder alkoholreduzierten Weine oder Schaumweine zu legen und aus den interessanten Erkenntnissen daraus folgenden kleinen Einkaufsratgeber entwickelt.

Auf was sollte ich beim Einkauf entalkoholisierter Produkte achten?

1. Verfahren?
Tatsächlich haben uns Weine, die mit der Vakuumdestillation mit Aromarückgewinnung produziert wurden, am besten geschmeckt.

2. Ausgangsweine?
Bei Aromaweinen wie Muskateller & Co. wirkt sich der Aromaverlust nicht so stark aus und der rebsortentypische Charakter bleibt zu erkennen.

3. Preis?
Ein guter alkoholfreier Wein oder Sekt hat seinen Preis. Wer einen schlechten Wein entalkoholisiert, erhält danach in der Regel ein miserables Resultat. Bedenkt man, dass die Kosten der Entalkoholisierung zusätzlich mit rund einem Euro pro Flasche zu Buche schlagen, muss die alkoholfreie Variante auch eher mehr kosten als der jeweilige alkoholhaltige Vorgängerwein.

4. Schaum- oder Stillwein?
Aufgeschäumte Produkte (Seccos) sind tatsächlich süffiger und gefälliger.

5. Trinkumfeld?
Alkoholfreie Weine sind eher Easy Drinking-Weine. Aus unserer Erfahrung kommt bei 30 Grad auf der sommerlichen Terrasse ein frischer mit Eiswürfel gekühlter alkoholfreier Secco selbst bei skeptischen Gästen gut an und die alkoholhaltigen Alternativen bleiben daneben unberührt im Eiskübel zurück.

Fazit: Aus unserer Sicht sind für bestimmte Zielgruppen und Situationen entalkoholisierte Produkte eine ernstzunehmende Alternative, auch wenn die geschmacklichen Einbußen nicht wegzudiskutieren sind. Wem diese zu einschneidend sind, der kann sich als guten Kompromiss durchaus auch bei den teilentalkoholisieten Weinen oder Schaumweinen, deren Alkoholgehalt zwischen drei und acht Prozent liegt, bedienen.

Bei folgenden, in diesem Buch behandelten Weinbaubetrieben haben wir jeweils ein gut abgestimmtes Sortiment alkoholfreier oder alkoholreduzierter Produkte gefunden (von Nord nach Süd, ohne Anspruch auf Vollständigkeit):

- Weingut Holz-Weisbrodt in Weisenheim am Berg
- Wein- und Sektgut Schreier in Großkarlbach
- Bioweingut Neuspergerhof in Rohrbach bei Landau

Warum nicht einfach mal probieren und sich selbst ein Bild machen?

STERNE TRINKEN

»Kleiner Schaumweinführer«

»Brüder, kommt schnell, ich trinke Sterne!«, soll der französische Benediktiner Mönch Dom Pérignon 1681 ausgerufen haben, als er den ersten Schaumwein getrunken hat. Er war zufällig in einigen Flaschen restsüßen Weins entstanden, der in den verschlossenen Flaschen angefangen hatte zu gären. Plötzlich waren Kohlesäurebläschen aufgestiegen – was man heute Perlage oder Mousseux nennt – und hatten die Aufmerksamkeit des Mönchs auf sich gezogen. Diesen zweiten Gärungsprozess in der Flasche bezeichnet man heute als Flaschengärung.

Natürlich brauchte es noch weitere Innovationen, um die zweite Gärung in der Flasche kontrollierbar zu machen. Zum einen bedurfte es druckfester Flaschen und zum anderen den entsprechenden Korken sowie einer Schnur- oder Drahtkonstruktion, die den Korken auch bei starkem Innendruck in der Flasche hält – die sogenannte Agraffe. All diese Fortschritte sollen auf Dom Pérignon – den geistigen Vater des Champagners – zurückgehen. Man schreibt ihm auch die noch heute übliche Flaschengröße von 0,75 Liter zu – angeblich abgeleitet aus der Menge an Wein, die ein erwachsener Mann zum Abendessen üblicherweise konsumierte.

Aber kommen wir zurück in die Gegenwart. Auch wenn das Prinzip heute noch das gleiche ist, wie vor rund 350 Jahren, so ist es natürlich in hohem Maße professionalisiert und dadurch berechenbarer geworden. Dabei haben sich verschiedenste Ausprägungen von Schaumweinen entwickelt:

Sektkubel in der Sektkellerei Wachenheim

Champagner

Fangen wir von vorne an. Für die Herstellung von Champagner sind nur bestimmte Rebsorten zugelassen. Im Wesentlichen sind dies: Pinot Noir, Chardonnay und Pinot Meunier – hierzulande Schwarzriesling genannt. Mit Ausnahme des Chardonnay sind die Trauben dieser Rebsorten rot. Die Lese muss von Hand erfolgen, damit die Trauben möglichst unversehrt bleiben. Die beiden dunklen Rebsorten gilt es nun, schnell abzupressen, damit so wenig Farbstoffe wie möglich aus den Beerenhäuten austreten können und der Saft hell bleibt. Rosé-Champagner ist natürlich die Ausnahme. Auch für die Pressausbeute gibt es eine Vorgabe: höchstens 102 Liter Most aus 160 Kilogramm Trauben.

Aus dem so gewonnenen Most werden durch die erste Gärung die Grundweine hergestellt. In der Regel werden die Grundweine unterschiedlicher Rebsorten und Jahrgänge nun vom Kellermeister verschnitten – also gemischt. Das Ganze nennt man Assemblage. Das so entstandene Cuvée wird unter Zugabe von Zucker und Hefe in eine mit einem Kronkorken verschlossene druckfeste Flasche gefüllt. Durch den Zucker- und Hefezusatz beginnt nun der Wein ein zweites Mal in der Flasche zu gären. Dieses Verfahren darf nur in der Champagne »Méthode Champenoise« genannt werden. Nach Abschluss dieser zweiten Gärung bleibt der Champagner nun zur Reife noch einige Zeit (mindestens 15 Monate, häufig aber auch 48 oder gar 120 Monate) auf der Hefe liegen.

Bevor der Champagner in den Handel kommt, muss nun die Hefe so aus der Flasche entfernt werden, dass es dabei nicht zu einem Druckverlust kommt. Zunächst werden dazu die

»Warm Degorgieren« auf dem Wein- und Sektgut Wilhelmshof

Flaschen schräg mit dem Flaschenhals nach unten in sogenannte Rüttelpulte gestellt, damit sich das Hefedepot Richtung Verschluss absetzt. Um dies zu unterstützen, werden dazu die Flaschen in der Regel 21 Tage lang täglich um etwa eine Zehntelumdrehung von Hand oder durch eine Maschine gedreht und zunehmend steiler gestellt. Am Ende dieser Prozedur hat sich die ganze Hefe unterhalb des Kronkorkens angesammelt. Jetzt gilt es, sie aus der Flasche zu bringen (Degorgieren). Traditionell erfolgte dies durch schnelles Öffnen des Kronkorkens, damit das Hefedepot durch den Druck herauskatapultiert wird, dem Einbringen der sogenannten Dosage und dem Wiederverschließen mit einem Korken. Das alles muss sehr schnell gehen, damit so wenig wie möglich Druck entweicht, der bei Champagner bis zu sieben Bar erreichen kann. Diese traditionelle Methode nennt man »warm Degorgieren« oder »Dégorgement à la Volée» also »Degorgieren im Flug«. Dazu braucht es sehr geübte Hände.

Eine einfachere, aber auch wesentlich energieaufwendigere Methode ist das »kalt Degorgieren«. Hierbei wird der Flaschenhals durch ein Vereisungsbad geführt, sodass die Hefe gefriert und beim Öffnen des Kronkorkens die gefrorene Hefe wie ein Pfropfen herausschießt. Da weniger personalaufwendig und mit weniger Inhaltsverlusten einhergehend, wird diese Methode heute mehrheitlich angewendet.

Aber was hat es mit der Dosage auf sich? Zum einen hat sie einen ganz praktischen Grund. Durch das Degorgieren kommt es zu einem Flüssigkeitsverlust, dieser muss wieder aufgefüllt werden, damit alle Flaschen wieder gleich voll sind (Fülldosage). Zum anderen gibt sie dem Champagnerhersteller noch die Chance, auf Geschmack und Süße des Endproduktes Einfluss zu nehmen (Versanddosage oder Likör). Dazu gibt es verschiedenste Rezepte. Es kann sich um Zuckerlösung, Süßreserve aus den Grundweinen oder besondere Süßweine handeln.

Crémant Pfalz

Die Bezeichnung Champagner ist an die Herkunftsregion – die Champagne – gebunden. Um einen Begriff zu schaffen, der für Schaumweine gilt, die nach ähnlich strengen Regeln, aber anderswo in Europa erzeugt werden, hat sich die Bezeichnung Crémant etabliert. Verbunden mit der Herkunftsbezeichnung – in unserem Falle »Pfalz«.

Auch hier gibt es je nach Region eine feste Vorgabe, welche Grundweine einfließen dürfen. In der Pfalz sind dies alle Burgundersorten – darunter auch Chardonnay – und Riesling.

Auch hier ist Handlese und Ganztraubenpressung mit einer Pressausbeute von höchstens 100 Litern Most aus 150 Kilogramm Trauben obligatorisch. Die Reifezeit auf der Hefe muss mindestens neun Monate betragen. Üblicherweise ist auch beim Crémant die Reifezeit in der Flasche deutlich länger. Bis hin zu 84 oder gar 100 Monaten. Meistens ist der Innendruck bei Crémants deutlich höher als bei Winzersekten, nämlich um die sechs Bar. Alle weiteren Prozesse sind analog zur Champagnerherstellung. Eine Modeerscheinung sind hierzulande zurzeit sogenannte Null Dosage- oder Brut nature Sekte bzw. Crémants. Das bedeutet, dass der durch das Degorgieren entstandene Schwund nicht ohne süßenden Zusatz aufgefüllt wurde, sondern durch den gleichen Sekt oder Crémant. Diese Crémants oder Sekte haben oft Restsüßen von unter einem Gramm pro Liter. Maximal sind bei Pfälzer Crémants 15 Gramm Restzucker pro Liter erlaubt.

Winzersekt bestimmter Anbaugebiete zum Beispiel: »Pfalz«

Als Winzersekte bezeichnet man Sekte, die von deutschen Winzern mit deren selbsterzeugten Weinen des jeweiligen Anbaugebietes selbst oder im Rahmen von Lohnversektung bei Dienstleistern erzeugt werden. Welche Rebsorten der Winzer dafür verwendet, ist nicht vorgeschrieben. Neben den Klassikern wie Riesling oder Burgunderweinen, gibt es auch Winzersekte aus Aromaweinen, wie beispielsweise Scheurebe, Muskateller oder Sauvignon Blanc. Meist sind Winzersekte sortenrein, können grundsätzlich aber auch aus Cuvées hergestellt werden. Besondere Vorschriften zur Handlese oder Ganztraubenpressung gibt es hier nicht. Winzersekte lagern wie Crémants mindestens neun Monate auf der Hefe. Aber auch längere Lagerzeiten sind möglich. Deshalb liegt der Innendruck bei mindestens dreieinhalb Bar, kann aber bis zu fünf Bar erreichen. Wobei die meisten Winzer ihre Winzersekte nicht wesentlich länger reifen lassen, um eher die Fruchtaromen zu erhalten und weniger die durch das Hefelager entstehenden Briochearomen zu erreichen. Das liegt aber im Ermessen des jeweiligen Erzeugers. Sind die Winzersekte in traditioneller Flaschengärung erzeugt, gelten die gleichen Produktionsschritte (Rütteln, Degorgieren, Dosage) wie beim Crémant. Denkbar ist es, auch Winzersekte im Transvasier- oder Tankgärungsverfahren herzustellen (siehe Kapitel Sekt). Der Übergang zum Crémant ist ohnehin schleichend. Manche Winzer nennen ihre Schaumweine lieber Winzersekt, als die französisch klingende Bezeichnung »Crémant« zu verwenden, legen aber dennoch die strengen Regeln, die für Crémants gelten, zugrunde.

Deshalb fragen Sie beim Einkauf am besten nach, was da wirklich in der Flasche ist, oder probieren selbst, welcher Geschmack damit verbunden ist.

Deutscher Sekt

Sekt ist in der Regel von Sektkellereien erzeugter Schaumwein ohne Bezug zu einem bestimmten Anbaugebiet. Sekte können sowohl in der traditionellen Flaschengärung, dem sogenannten Transvasier- oder dem Tankgärungsverfahren hergestellt werden. Beim Transvasierverfahren erfolgt die Gärung zwar auch in der Flasche. Aber anstatt des Degorgierens werden die Flaschen in einen Drucktank entleert, dort gefiltert und mit einer Dosage versehen, bevor sie letztlich in die Verkaufsflaschen abgefüllt werden. Aufgrund der Reife in der Flasche dürfen solche Sekte auch mit dem Zusatz »Flaschengärung« verkauft werden.

Rüttelpulte im Wein- und Sektgut Wilhelmshof

Beim Tankgärungsverfahren erfolgt die komplette zweite Vergärung in Großtanks. Dieses Verfahren ist deutlich kostengünstiger und wird in der Regel für Massensekte, die nur wenige Euro pro Flasche kosten, angewendet. Eine Folge davon ist, dass häufig auch die verwendeten Grundweine eher kostengünstig sind. Die gesetzlich vorgeschriebene Mindestreifezeit von sechs Monaten erfolgt im Tank. Alle diese Varianten müssen einen Innendruck von mindestens dreieinhalb Bar haben. Steht auf der Flasche kein Hinweis auf »Traditionelle Flaschengärung« oder »Flaschengärung«, kann man davon ausgehen, dass darin ein Sekt aus Tankgärung ist.

Pét Nat

Der Kurzbegriff Pét Nat leitet sich aus Pétillant Naturel ab. Übersetzt könnte man also von »natürlich perlend« sprechen. Auch hier kommt es durch Flaschengärung zur natürlichen Perlage. Es gibt nur einen entscheidenden Unterschied zu den vorgenannten Methoden: Hier haben wir es mit der ersten Gärung und nicht mit einer zweiten (Nach-)Gärung zu tun.

Hier wird nicht wie bei der Flaschengärung ein fertiger Wein durch Zucker- und Hefezugabe zu einer zweiten Gärung gebracht, sondern hier wird gärender hefetrüber Most, manchmal auch mit Zuckerzusatz, in eine druckstabile Flasche gefüllt, und gärt dort weiter. Ein anschließendes Degorgieren findet nicht statt.

Auch wenn diese Methode technisch eindeutig einfacher ist, hat sie gewisse Nachteile. Zum einen entsteht weit weniger Druck als bei der üblichen Flaschengärung (meist nur so um die zweieinhalb Bar). Das Verfahren ist eine Spielwiese für Tüftler, kreative Jungwinzer und Co. Insofern gibt es zahlreiche Ansätze und Stilistiken. Die Resultate bringen genau dies zum Ausdruck. Es gibt Pét Nats, die eher wie ein »Unfall« schmecken, und auch welche, die richtig lecker sind. Aber genau dies macht Pét Nat-Schaumweine für die hippe Szene der urbanen Weinfreaks so spannend – eine Wundertüte in Flaschenform, die preislich meist über der von Winzersekten einzuordnen ist.

Secco

Secco ist kein Sekt, sondern lediglich ein durch Zusatz künstlicher Kohlensäure verperlter Stillwein – oder meistens ein Cuvée aus Stillweinen des jeweiligen Winzers. Nutzt ein Winzer die Bezeichnung »Secco« also »trocken« muss es sich tatsächlich auch um einen trockenen Wein (max. 35 Gramm Zucker pro Liter) handeln.

Der Druck in einer Seccoflasche ist deutlich geringer als bei Sekten und liegt bei ein bis zweieinhalb Bar – bewusst unterhalb der Drei-Bar-Grenze, die zum Anfall der in Deutschland vorgeschriebenen Sektsteuer von 1,02 Euro führt. Wegen dieser Sektsteuerfreiheit und des deutlich einfacheren Verfahrens sind Seccos in der Regel wesentlich günstiger als Sekte.

Wer das italienische Pendant sucht, wird es nicht in Prosecco, sondern in Vino Frizzante finden. Prosecco hat letztlich außer der zweiten Silbe »Secco« nichts mit Secco gemein. Er ist ein meist im Transvasierverfahren hergestellter Schaumwein aus der Gegend um die kleine Gemeinde »Prosecco« in den Regionen Friaul und Venetien.

Was soll ich trinken?

Generell hat jedes Produkt seine Berechtigung und soll einfach nur zum jeweiligen Anlass und den Erwartungen passen. Trotz der Unterschiede gilt es ein paar Grundregeln zu beherzigen.

Erstens: Man sollte die Herkunft von dem kennen, was man trinkt. Einen einfachen Winzersekt oder Secco von der Winzerin oder vom Winzer des Vertrauens bevorzugen wir stets vor einem Produkt, bei dem wir die Herkunft der Weine nicht nachvollziehen können.

Zweitens: Muss es immer das Teuerste sein? Ganz klar »nein«. Es kommt vielmehr auf die Situation, in der man das Getränk genießen möchte, an. Soll es bei einem gemütlichen Grillabend auf der Terrasse noch ein Mischgetränk à la Aperol Spritz, Hugo und & Co. geben, tut es ein schöner Secco vom Winzer des Vertrauens oder ein einfacher Tankgärungssekt. Ein Mix mit einem Crémant wäre Geldverschwendung. Für den Hochzeitsempfang vor der Kirche um 10:30 Uhr würden wir – mit Rücksicht auf die noch leeren Mägen der Gäste – lieber einen milderen Weißburgundersekt als einen edlen Nulldosage Riesling Crémant kaufen.

Drittens: Im Zweifel gilt: Einfach die Winzerin oder den Winzer des Vertrauens fragen, was wozu am besten passt.

Probieren

Wer sich die Zeit nehmen möchte, sich durch die verschiedenen perlenden Produkte zu probieren, dem empfehlen wir, eine Probe bei einer auf Schaumweine spezialisierten Adresse zu buchen.

Hier einige Betriebe aus diesem Buch, die sich auf die Herstellung von Schaumweinen spezialisiert haben (von Nord nach Süd):

- Vinothek Sektkellerei Schreier, Großkarlbach
- Genießerlounge Schloss Wachenheim, Wachenheim
- Wein- und Sektgut Wilhelmshof, Siebeldingen

WAN DER ROUTEN

VON NORD NACH SÜD

Genusswanderung mit Kindern

ROUTENPORTRÄT

Dauer 3 Stunden, 31 Minuten
Strecke 10,7 Kilometer
Schwierigkeitsgrad mittelschwer
Anstieg 160 Meter
Beste Jahreszeit Frühling, Herbst und Winter
Bewertung der Wanderung
★★ Sehenswürdigkeiten unterwegs
★★★ Panoramablicke
★ Kindertauglichkeit
★★★ Picknick-Gelegenheiten
Einkehrmöglichkeit unterwegs Weinrast Mölsheim und Wingertsheisje am Goldbergbrunnen
Öffentliche Verkehrsmittel ja, Bushaltestelle Wachenheim an der Pfrimm, Bockenheimer Str. (500 Meter)
Startpunkt evangelische Kirche Wachenheim an der Pfrimm
Navigationseingabe Hauptstraße 24, Wachenheim an der Pfrimm, Parkplätze am Start

01

PFÄLZISCH-RHEINHESSISCHES GRENZLAND: ZELLERTAL

NEU

»Einfache Wanderung durch Flussauen und Weinberge mit mehreren Einkehr- und Picknickmöglichkeiten und dem Rheinhessischen Kulturgut Wingertsheisjer«

Kurz vorm Anfang der Weinstraße – nördlich von Bockenheim – liegt das malerische Zellertal. Es wird in der Mitte zwischen Wachenheim an der Pfrimm und Niefernheim von der Pfälzisch-Rheinhessischen Grenze von Nord nach Süd in den östlichen Pfälzer Teil und den westlichen Rheinhessischen Teil geschnitten.

Wir beginnen unsere Wanderung an der evangelischen Kirche von Wachenheim an der Pfrimm (Vorsicht: nicht zu verwechseln mit Wachenheim an der Weinstraße). Die Anfänge der Kirche gehen ins Jahr 1325 zurück. Wer Lust und Zeit hat, kann sich darin den Marienaltar aus dem 15. Jahrhundert anschauen.

Von hier wandern wir auf dem Uferweg der Pfrimm in Richtung Niefernheim. Die Pfrimm entspringt in der Nordpfalz und mündet bei Worms in

Zellertaler Ehrenmal

den Rhein. Kurz vor Niefernheim erreichen wir in den noch sehr naturbelassenen wilden Flussauen die »Niefernheimer Löcher«. Ein Moorgebiet mit zahlreichen kleinen Quellen, die die Pfrimm speisen. Der Legende nach soll hier eine mit einem Schatz beladene Kutsche gesunken sein, nach der man bis heute vergeblich sucht.

Trullo Fräulein von Flersheim

Im 200-Seelen-Ort Niefernheim überqueren wir die Pfrimm und wandern durch die Weinberge zum Zellertaler Ehrenmal – dem Wahrzeichen des Tals. Das imposante 15 Meter hohe turmartige Gebäude stammt aus dem Jahr 1928 und soll an die Gefallenen des Ersten Weltkrieges aus den Pfälzisch-Rheinhessischen Ortsgemeinden des Tals erinnern und deren Einigkeit demonstrieren.

Etwas östlich davon in Richtung Zell erreichen wir die sogenannte Wingertschnegg – einen spiralförmig angelegten Weinberg – dessen Schneckenform den Wind von außen einfangen und durch die Spirale nach innen führen soll, was der Qualität des hier angebauten »Schneggewois« zuträglich sein soll.

Daneben steht die eigentliche Sehenswürdigkeit: Das burgähnliche Egerhäuschen oder auch klangvoller »Château d'Escargot genannt. Und tatsächlich erinnert das hübsch renovierte Häuschen mit seinem Kreuzgewölbe und dem zinnenbewehrten Dach an eine Miniaturburg.

Vor dem Häuschen befindet sich ein großer Tisch, der zu einem Picknick mit wunderbarem Ausblick über das Zellertal einlädt.

Von hier aus setzen wir unsere Wanderung in Richtung Mölsheim fort. Dort haben wir die Möglichkeit, uns in der »Weinrast« – einem kleinen Verkaufsstand mit hübsch angelegtem Aussichtsgarten – mit einem Glas Wein und einem Imbiss zu stärken. Bei gutem Wetter hat man einen herrlichen Blick über das Zellertal bis zum Odenwald.

Von Mölsheim geht es in nordwestlicher Richtung in die Weinberge weiter. Dort erreichen wir erneut eine Rastmöglichkeit (Wingertsheisje am Goldbergbrunnen).

Nur wenige hundert Meter später kommen wir zum Trullo Fräulein von Flersheim. »Trullo« ist ein dem Italienischen entliehener Begriff, der aus Steinplatten bestehende, hauptsächlich in Apulien vorkommende, Rundhäuser beschreibt.

Auch hier lädt ein hinter Rosen versteckter Tisch zu einer Rast ein. Von hier geht es zurück zu unserem Ausgangspunkt nach Wachenheim an der Pfrimm.

Château d'Escargot

MIT FOLGENDEN VINOTHEKEN GUT ZU KOMBINIEREN

ZELLERS – Die Weinblounge / Albisheim a. d. Pfrimm

Weinarkade Keth / zw. Dirmstein u. Offstein

Weinbar Kabale und Liebe / Grünstadt

Weingut Gaul / Sausenheim

Vinothek Mussler / Bissersheim

Weinbar Dietrich/ Großkarlbach

Link zur Downloadseite mit Tourenverlauf

ROUTENPORTRÄT

Dauer 2 Stunden, 37 Minuten
Strecke 7,49 Kilometer
Schwierigkeitsgrad mittelschwer
Anstieg 210 Meter
Beste Jahreszeit ganzjährig
Bewertung der Wanderung
★★★ Sehenswürdigkeiten unterwegs
★★★ Panoramablicke
★★ Kindertauglichkeit
★★ Picknick-Gelegenheiten
Einkehrmöglichkeit unterwegs Burgschänke Neuleininger Burg, Burgschänke Burg Battenberg
Öffentliche Verkehrsmittel ja, Bushaltestelle Battenberg Ortsmitte
Startpunkt Parkplatz Krumbachtal, unterhalb der Burg Battenberg
Navigationseingabe Parkplatz Krumbachtal
Parkplätze am Start

02

AUF DEN SPUREN DER »LEININGER«

»Abwechslungsreiche Wanderung zur hübschen Ortschaft Neuleiningen mit mittelalterlicher Burg, der Burgruine Battenberg und vielen landschaftlich reizvollen Ausblicken über die Rheinebene«

Wir starten unterhalb der Burg Battenberg. Zunächst führt uns unser Weg parallel zum Haardtrand nach Neuleinigen, das wie ein Adlerhorst vor uns auf dem Berg thront.

Oben im pittoresken Ortskern führt uns der Weg vorbei an der Kirche Sankt Nikolaus aus dem 15. Jahrhundert. Im nördlich am Chor neben der Sakristei angebauten sechseckigen Treppenturm erreicht man die Grafenloge, von der einst aus geschützter Position die Familie der Grafen von Leiningen durch ein heute leider zugesetztes Fenster dem Gottesdienst folgen konnte.

Die nur wenige Schritte entfernte Burg wurde um 1240 durch die Grafen von Leiningen erbaut. Ihr Baustil stellt eine absolute Ausnahme in der Pfälzer Burgenarchitektur dar. Aus dem unregelmäßig quadratischen Grundriss springen an den vier Ecken mächtige Rundtürme hervor. Burgen dieser Art waren damals normalerweise nur im französischen Raum anzutreffen. Man nennt sie Kastellburgen. Die Burg Neuleiningen ist die älteste erhaltene Burg dieses Typus in Deutschland.

Vom 15 Meter hohen wiederaufgebauten Aussichtsturm an der Südostecke haben wir eine hervorragende Sicht auf die Rheinebene.

Ort und Burg Neuleiningen

Ausblick von der Burg Battenberg

Zerstört wurde die Burg im Pfälzischen Erbfolgekrieg im Jahre 1690. Nach dem Besuch der Burg, auf der sich übrigens entweder in Form eines Picknicks auf einem der Mauerstümpfe oder beim Besuch in der Burgschänke gut rasten lässt, gibt es Gelegenheit, den wunderschönen Altstadtkern Neuleiningens zu entdecken. Nach all den Eindrücken verlassen wir die noch vollständig mit einer alten Stadtmauer umfriedete Stadt durch das Obertor und biegen gleich darauf in den Stadtmauerweg ab und folgen ihm entlang der Südmauer aus dem 13. Jahrhundert.

Nach diesem Highlight geht es hinab in die Idylle des Eckbachtals. Hier lädt uns die Staumauer des Eckbachweihers, der ursprünglich als Wasserspeicher für zwei Mühlen angelegt wurde, zum Picknick ein.

Anschließend wandern wir auf weiten Serpentinen durch den Wald hinauf zu einem sonnigen Hochplateau. Dort gelangen wir bald zur im Jahr 1200 erbauten Martinskirche – Grablege des Geschlechtes der Leininger.

Kurz darauf erreichen wir einen weiteren Höhepunkt der Wanderung, nämlich die im 13. Jahrhundert auf den Resten einer salischen Anlage erbaute Burg Battenberg.

Über den westlichen Treppenturm können wir auf eine Aussichtsterrasse gelangen, die heute auch als Freisitz der im Turm untergebrachten »Vinothek Aussichtsreich« genutzt wird.

Ebenfalls im Pfälzischen Erbfolgekrieg zerstört, nahmen hier 1693 der französische Marschall Tallard und General Mélac ein opulentes Abendessen ein, während sie den von letzterem befohlenen Brand des Heidelberger Schlosses auf der gegenüberliegenden Seite der Rheinebene beobachteten.

Battenberg war übrigens namensgebend für Königin Elisabeths Ehemann Prinz Philip Mountbatten-Windsor. Wer einen der raren Plätze in der Burgschänke ergattern kann, kann sich gleich hier nach der Wanderung stärken.

Auf dem Rückweg bietet sich die Gelegenheit, unterhalb des Südturmes der Burg ein geologisches Phänomen zu besichtigen. Die sogenannten Blitzröhren – leuchtend rote und gelbe Steinsäulen – sind durch die Ausfällung und Versinterung von kieselsaueren Eisenlösungen entstanden.

Burg Battenberg

MIT FOLGENDEN VINOTHEKEN GUT ZU KOMBINIEREN

Weinbar Kabale und Liebe / Grünstadt

Weingut Gaul / Sausenheim

Palatina Weinbar / Großkarlbach

Vinothek Mussler / Bissersheim

Vinothek Sektkellerei Schreier / Großkarlbach

Weinbar Dietrich / Großkarlbach

Link zur Downloadseite mit Tourenverlauf

ROUTENPORTRÄT

Dauer 2 Stunden, 29 Minuten
Strecke 7,54 Kilometer
Schwierigkeitsgrad einfach
Anstieg 120 Meter
Beste Jahreszeit Frühling, Herbst und Winter
Bewertung der Wanderung
★ Sehenswürdigkeiten unterwegs
★ Panoramablicke
★ Kindertauglichkeit
★★ Picknick-Gelegenheiten
Einkehrmöglichkeit unterwegs AlexWeinlounge in Herxheim am Berg, Atrium Holz-Weisbrodt
Öffentliche Verkehrsmittel ja, Bushaltestelle Weisenheim am Berg, Leistadter Straße
Startpunkt hinterer Parkplatz (Naturparkplatz, Richtung Ortsausgang) von Leistadt kommend am rechten Rand der L 517
Navigationseingabe Atrium Holz-Weisbrodt

03

SONNIGES BERNTAL

»Unkomplizierte Wanderung durch die Weite der Pfälzer Reblandschaft in das europäische Naturschutzgebiet ›Berntal‹«

Weinbergwanderungen sind en vogue. Schnell können sie allerdings etwas fad werden, wenn die Landschaft allzu eintönig wird. Bei dieser Wanderung ist das anders.

Hier steht eine Landschaftsform im Vordergrund, die einzigartig für die Region ist.

Anstatt des an der Weinstraße so typischen Buntsandsteins begleitet uns unterwegs tertiärer Kalkstein.

Zudem wird man bei dieser Wanderung nie hungrig oder durstig werden. Ob gleich zu Beginn beim Artrium des Weingutes Holz-Weisbrodt (siehe Vinothek Nr. 9), unterwegs am Ortsrand von Leistadt beim Weingut Neu oder gegen Ende in der AlexWeinlounge (siehe Vinothek Nr. 10), überall gibt es verführerische Gelegenheiten, Hunger und Durst zu stillen oder sich gar vorab mit flüssiger Marschverpflegung für ein zünftiges

Picknickgelegenheit

Picknick einzudecken, für das es im Tal zahlreiche Tische und Bänke gibt.

Aber beginnen wir von vorne. Unsere Wanderung startet beim Artrium des Weingutes Holz-Weißbrodt und führt uns durch die Weinberge Richtung Leistadt. Dort steigen wir links vorm Ortseingang ins Berntal ein. Das Tal wird vom Felsenberg, einem Naturschutzgebiet von europäischem Rang, flankiert. An der südlichen Abbruchkante hat der Regen im tertiären Kalkstein Hohlräume und kleine Höhlen ausgewaschen, in

Abbruchkante Felsenberg

denen früher gar Bären hausten. Hieraus leitet sich der Name »Berntal« ab. Bis in die siebziger Jahre des letzten Jahrhunderts wurden die Hänge des Tals weinbaulich genutzt, wovon heute noch die zahlreichen Trockenmauern zeugen.

Aus Rentabilitätsgesichtspunkten wurde der Weinbau an den terrassierten Steilhängen schließlich aufgegeben. Die Hänge verbuschten. Im Jahr 2000 wurde das ganze Tal unter Naturschutz gestellt. Durch Beweidung wurden die Büsche zurückgedrängt und es entwickelte sich die heute landschaftsprägende, in der Pfalz einzigartige, Magerrasen-Flora-und-Fauna.

Wir durchwandern zunächst die romantische Talsohle in West-Ost-Richtung.

Der Wanderweg mäandert zwischen Weinbergsflächen, Weiden und Streuobstwiesen und schließlich gar durch eine Rebzeile, bis wir am östlichen Talausgang die Deutsche Weinstraße erreichen, der wir auf dem Landwirtschaftsweg rund 150 Meter in nördlicher Richtung folgen.

Nun können wir entweder den Weg nach links entlang der Abbruchkante fortsetzen und zu unserem Ausgangspunkt in Weisenheim am Berg zurückkehren. Interessant sind dabei die Trockenwiesen mit ihren besonderen Pflanzen, zum Beispiel dem Knabenkraut, Felsengoldstern und den verschiedenen Orchideenarten. Dazu kommen seltene Vogelarten wie Zaunammer oder Heidelerche.

Oder wir bleiben noch für weitere 200 Meter auf dem Landwirtschaftsweg und zweigen erst bei der nächsten Gelegenheit nach links ab, um die sogenannte Karsthöhle von Herxheim zu erreichen. In der rund fünf Millionen Jahren alten, 45 Quadratmeter großen Höhle fand man Pfeilspitzen und drei Feuersteinartefakte, die ins Jungpaläolithikum zwischen 20.000 und 15.000 Jahre vor Christi zurückreichen. Daneben gibt es noch zahlreiche Funde aus der Römerzeit. Leider kann die Höhle nur von außen besichtigt werden. Sie wäre nur kriechend zu begehen und ist nicht adäquat zu sichern.

All denjenigen, die eine kleine Zwischenstärkung benötigen, sei die Vinothek AlexWeinlounge (Vinothek Nr. 10), in Sichtweite in nördlicher Richtung am Ortsanfang von Herxheim am Berg, ans Herz gelegt. Von unserem Standpunkt können wir schon gut das Gebäude der Vinothek an der Aufschrift »Winzergenossenschaft Herxheim am Berg eG« erkennen.

Wingertsimpression

MIT FOLGENDEN VINOTHEKEN GUT ZU KOMBINIEREN

Palatina Weinbar / Großkarlbach

Vinothek Mussler / Bissersheim

Vinothek Sektkellerei Schreier / Großkarlbach

Weinbar Dietrich/ Großkarlbach

ARTRIUM Holz-Weisbrodt / Weisenheim a. Berg

AlexWeinlounge / Herxheim a. Berg

Weingut am Nil / Kallstadt

Link zur Downloadseite mit Tourenverlauf

Genusswanderung mit Kindern

ROUTENPORTRÄT

Dauer 1 Stunde, 8 Minuten
Strecke 4,26 Kilometer
Schwierigkeitsgrad einfach
Anstieg 50 Meter
Beste Jahreszeit Frühling, Herbst und Winter
Bewertung der Wanderung
★★ Sehenswürdigkeiten unterwegs
★★★ Panoramablicke
★★★ Kindertauglichkeit
★★ Picknick-Gelegenheiten
Einkehrmöglichkeit unterwegs Weingut Bühler Kallstadt und Ende Juni Weinfest sowie in der ersten Oktoberhälfte Ausschank direkt am Römischen Weingut
Öffentliche Verkehrsmittel ja, Bushaltestelle Leistadter Straße neben der Salvator Kirche
Startpunkt Parkplatz gegenüber der Salvator Kirche, Kallstadt
Navigationseingabe Leistadter Straße 1, Kallstadt
Parkplätze gegenüber der Salvator Kirche (Achtung: 3 Stunden mit Parkscheibe)

04

RÖMISCHE WIEGE DER PFÄLZER WEINKULTUR

NEU

»Gemütlicher Weinbergspaziergang zum Römischen Weingut und den noch funktionstüchtigen Kelterbecken«

Wir beginnen unseren Weinbergspaziergang an der Salvator Kirche mit dem Löwenbrunnen davor. Dieser Löwenkopf stand auch Pate für das Logo des Kallstadter Weingutes am Nil (Vinothek 11).

Die Kirche besteht aus einem frühen gotischen Teil (Turm aus dem 13. Jahrhundert) und einem barocken Teil aus dem 18. Jahrhundert (Saalbau der Kirche sowie der Turmhaube).

Zunächst folgen wir der Leistadter Straße hoch in die Weinberge. An der Weinlage Kallstadter Kreidekeller, deren Name auf die kalkhaltigen Böden hier hinweist, passieren wir die stillgelegte und völlig zugewachsene Kalkmühle aus der Mitte des letzten Jahrhunderts. Oben am Hang erkennen wir noch die alten Kalksteinbrüche, aus denen der Kalk gebrochen und in den Brennöfen bei der Kalkmühle gebrannt wurde.

Nach einer kurzen Wegstrecke erreichen wir die alte Richtstätte, an der im Mittelalter ein weithin sichtbarer Galgen stand.

Bald darauf kommen wir ans eigentliche Ziel der Wanderung: das Römische Weingut, dessen Anfänge in die Jahre um 20/30 nach Christi reichen.

Zunächst werfen wir durch die Gitter einen Blick ins Kelterhaus, dessen

Ausblick vom Römischen Weingut auf Ungstein

Römisches Weingut

Reste durch ein neuzeitlich errichtetes Gebäude geschützt werden. Im Innern sind noch drei Becken erhalten. In den zwei größeren wurde das Lesegut zunächst durch Treteln entsaftet. Der entstandene Most wurde nun im kleineren Becken gesammelt und zum Gären von Hand in Fässer geschöpft. Die Becken sind heute noch funktionstüchtig und werden jährlich im Frühsommer beim »Weinfest an der Römerkelter« im Rahmen von Vorführungen wieder in Betrieb genommen.

Daneben fand man in einem Bleigefäß noch erhaltene Traubenkerne aus der Römerzeit, die nach gentechnischen Untersuchungen Traminer-, Riesling- und Burgundertrauben zugeordnet werden konnten.

An der Westwand des Kelterhausgebäudes entlang wandern wir nun in einer Rebzeile hoch zum Haupthaus des historischen Gebäudekomplexes. Auch in der Rebpflanzung gibt es einiges zu entdecken. Hier wurde eine umfangreiche Sammlung verschiedenster Rebsorten zusammengetragen. Wer also wissen will, was eine Riesling- von einer Dornfelderrebe unterscheidet, ist hier genau richtig.

Das Haupthaus des römischen Weingutes soll ursprünglich eine Frontlänge von 150 Metern und eine geschätzte Nutzfläche von 30.000 Quadratmetern mit Badetrakt und Pferdeställen aufgewiesen haben. Der Komplex wurde wohl Mitte des 4. Jahrhunderts durch die Alemannen zerstört. Beim Verlassen können wir noch einen Blick auf die ausgegrabenen Steinsarkophage östlich des Hauptgebäudes werfen.

Auf unserem Rückweg, der uns nun durch die Weinberge zurück nach Kallstadt führt, erreichen wir am Ortsrand wenig später das Weingut Bühler mit einem schönen Freisitz im mediterran angelegten Garten. Hier können wir uns mit ein paar Gläsern Wein und regionalen/mediterranen Speisen stärken.

Wer möchte, kann zum Abschluss noch die nur 200 Meter entfernte Vinothek des Weingutes am Nil (Nr. 11) besuchen. (Entweder zu Fuß über die Neugasse, gegenüber der Kirche oder mit dem Auto zunächst rund 300 Meter auf der Weinstraße nach Norden und dann nach rechts einbiegen und der Beschilderung folgen).

Römisches Weingut

MIT FOLGENDEN VINOTHEKEN GUT ZU KOMBINIEREN

ARTRIUM Holz-Weisbrodt / Weisenheim a. Berg

AlexWeinlounge / Herxheim a. Berg

Weingut am Nil / Kallstadt

Weingut Karst / Bad Dürkheim

Weingut Kesselring / Ellerstadt

Café und Weinbar HENSEL & GRETEL / Bad Dürkheim

Weingut Studier / Ellerstadt

Link zur Downloadseite mit Tourenverlauf

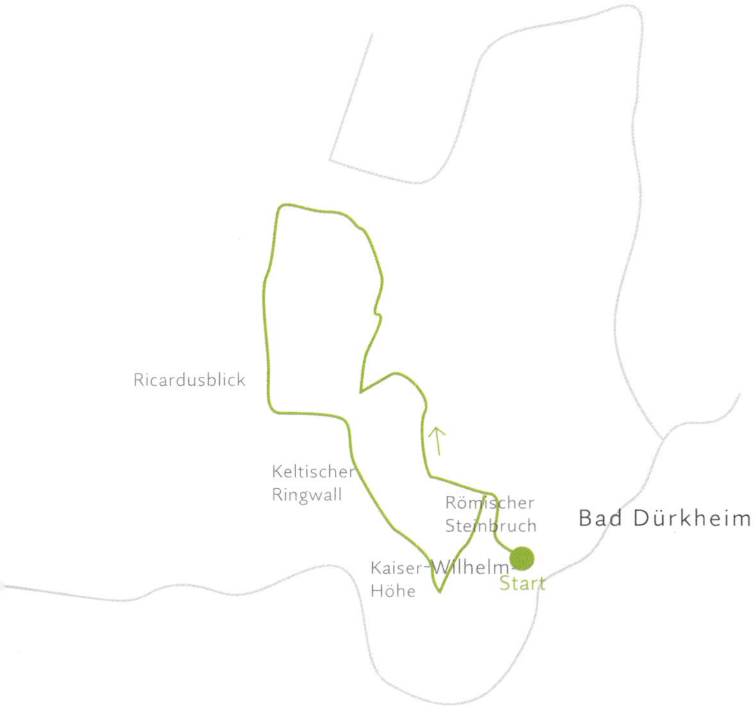

ROUTENPORTRÄT

Dauer 2 Stunden, 16 Minuten
Strecke 6,55 Kilometer
Schwierigkeitsgrad einfach
Anstieg 150 Meter
Beste Jahreszeit ganzjährig
Bewertung der Wanderung
★★★ Sehenswürdigkeiten unterwegs
★★★ Panoramablicke
★★★ Kindertauglichkeit
★★★ Picknick-Gelegenheiten
Einkehrmöglichkeit unterwegs keine
Öffentliche Verkehrsmittel ja, Bushaltestelle direkt am Start der Route
Startpunkt Bad Dürkheim, Sonnwendstraße
Navigationseingabe Bad Dürkheim, Sonnwendstraße 54
Parkplätze am Straßenrand

05

AUF DEN SPUREN VON RÖMERN UND HEIDEN

»Geschichtlich interessante Route mit vielen bemerkenswerten Ausblicken auf die Stadt Bad Dürkheim, die Rheinebene und die Klosterruine Limburg«

Wir starten in der Bad Dürkheimer Sonnwendstraße und erreichen schon nach rund 600 Metern den Höhepunkt der Wanderung – den sogenannten Kriemhildenstuhl, ein römischer Steinbruch aus der Zeit 200 nach Christi. Er gehört zu den besterhaltensten seiner Art nördlich der Alpen. Den Namen »Kriemhildenstuhl« trägt er übrigens seit dem Mittelalter, als man ihn fälschlicherweise mit der Nibelungensage in Verbindung brachte.

Römischer Steinbruch

Römisches Graffito

Die angebrachten Schautafeln geben eine sehr gute Orientierung für die Besichtigung des Steinbruches und weisen darauf hin, wo in den Felswänden die noch fast 50 Inschriften, Steinmetzzeichen oder Symbole, die römische Steinmetze und Legionäre hinterließen, zu finden sind. Viele davon sind auch von der Basis des Steinbruches – auch für Kinder – hervorragend zu erkennen.

Kindgerecht aufbereitete Schautafeln informieren darüber und helfen bei der Spurensuche. Mittlerweile hat sich in kleinen Felstümpeln am Fuße der Steilwände ein ganz besonderes Biotop ausgebildet. Wir stellten immer wieder fest, dass gerade bei Kindern dieser Ort sehr beliebt ist, da die teils etwas versteckten Steingraffitis der Römer den Forscherinstinkt anregen.

Neben all den archäologischen Schmankerln hat man von hier auch eine wunderbare Aussicht über die Stadt Bad Dürkheim – ideal für ein zünftiges Picknick mit schönem Ausblick. Wem es tagsüber noch zu voll ist, der kann sich das Picknick auch für den Rückweg, auf dem wir hier wieder vorbeikommen, in romantischer Abendstimmung aufsparen.

Heidenmauer

Von Moos überwucherte Heidenmauer

Wir setzen unseren Weg auf ebenen, gut ausgebauten Wegen rund um das Bergplateau fort. Nach etwas über der Hälfte erreichen wir zwei ansprechend hergerichtete Aussichtspunkte, von wo wir eine grandiose Aussicht auf die Klosterruine Limburg aus dem 11. Jahrhundert haben. Auch hier lässt sich gut bei einem Picknick auf der sonnigen Bank verweilen.

Am zweiten Aussichtspunkt verlassen wir den Weg, steigen zur Bank empor und folgen gleich rechts daneben dem Pfad in den Wald, bis wir auf den 2,5 Kilometer langen Steinwall einer keltischen Ringmauer – Heidenmauer genannt – treffen, die einst eine Siedlung aus dem Ende der Hallstadtzeit um 500 vor Christus umfriedete. Zahlreiche Funde innerhalb des Mauerrings, Keramik und Hiebmesser, erlauben eine recht zuverlässige Datierung.

Die Mauer bestand ursprünglich aus einem Holzgerüst mit senkrechten und waagerechten Holzstämmen, die mit einer Art Trockenmauer ausgefüllt waren. Die glatte Seite der Steine bildete dabei die Außenfassade. Leider sind durch den üblichen Zersetzungsprozess die Holzteile verschwunden und von der ehemals geordneten Mauerstruktur sind nur die vermoosten Steinwälle erhalten. Wir spazieren, den Wall zu unserer Linken, den Weg entlang, bis wir schließlich nach etwa 600 Metern die sogenannte Kaiser-Wilhelm-Höhe erreichen. Von der Aussichtsplattform des 1887 erbauten Turmes bietet sich uns ein herrlicher Rundblick über den Pfälzer Wald, Bad Dürkheim, die Klosterruine Limburg und die Hardenburg. Danach setzen wir unseren Marsch fort und kehren über den Kriemhildenstuhl zurück zu unserem Ausgangspunkt.

MIT FOLGENDEN VINOTHEKEN GUT ZU KOMBINIEREN

Weingut am Nil / Kallstadt

Weingut Karst / Bad Dürkheim

Weingut Kesselring / Ellerstadt

Café und Weinbar HENSEL & GRETEL / Bad Dürkheim

Weingut Studier / Ellerstadt

Genießerlounge Schloss Wachenheim / Wachenheim

Weinbar MAGNUM 44 / Forst

Link zur Downloadseite mit Tourenverlauf

ROUTENPORTRÄT

Dauer 3 Stunden, 26 Minuten
Strecke 9,98 Kilometer
Schwierigkeitsgrad mittelschwer
Anstieg 290 Meter
Beste Jahreszeit Frühling, Sommer, Herbst
Bewertung der Wanderung
★★★ Sehenswürdigkeiten unterwegs
★★★ Panoramablicke
★ Kindertauglichkeit
★★ Picknick-Gelegenheiten
Einkehrmöglichkeit unterwegs Burgschänke auf der Wachtenburg und Thomas' Waldweinstube (einfache Pfälzer Hausmannskost)
Öffentliche Verkehrsmittel ja, Bahnhof in 900 Meter Entfernung zum Startpunkt
Startpunkt Wegekreuz an der Ecke Weinstraße / Roter-Turm-Weg in Wachenheim/Weinstr.
Navigationseingabe Wegekreuz (1745), alternativ Weinstraße 2, Wachenheim/Weinstr.
Parkplätze am Straßenrand

06

MITTELALTERLICHE FLUCHTORTE

»Abwechslungsreiche Route durch Wald und Weinberge mit einer der wenigen frühen Burgen in der Pfalz, den ›Heidenlöchern‹ und einem Abstecher zur Wachtenburg«

Der Startpunkt unserer Wanderung liegt in Wachenheim. Auf dieser Tour gibt es gleich zwei unterschiedliche Burgtypen kennenzulernen.

Mit der Wachtenburg, zu der wir gleich am Anfang einen Abstecher machen, lernen wir eine hochmittelalterliche Burg kennen, die noch die äußeren Mauerringe des ehemaligen Zwingers aufbieten kann. Sie wurde Anfang des 12. Jahrhunderts erbaut und stetig weiterentwickelt. Dabei hatte die wesentlich später fertiggestellte untere Burg den Sinn, die mauerbrechenden Schusswaffen möglichst auf Abstand zur oberen Burg zu halten.

Wie viele Pfälzer Burgen wurde sie im Pfälzischen Erbfolgekrieg auf Anordnung des französischen Generals Mélac 1689 gesprengt. Glücklicherweise blieb der Bergfried zur Hälfte erhalten.

Ausblick Odinstal

Wachtenburg

Nach dem Abstecher zur Wachtenburg kehren wir wieder auf unsere ursprüngliche Route zurück und erreichen auf ihr bald das Odinstal. Dieses malerische Tal beherbergt in einer ausgesprochenen Insellage das gleichnamige Weingut. Das Gutsgebäude thront – ähnlich einem französischen Château – oberhalb der fünf Hektar dazugehörigen Rebflächen in Monopollage des kleinen Tals. Hier gedeihen einzigartige Weine, vornehmlich aus den Rebsorten Riesling, Weißburgunder, Auxerrois und Silvaner. Wer das kleine, aber feine Weingut besuchen möchte, sollte unbedingt vorab einen Termin vereinbaren (www.odinstal.de). Nach gut zwei Kilometern erreichen wir unser eigentliches Ziel, die sogenannten »Heidenlöcher«.

Sie tragen diesen Namen, weil man einst davon ausging, dass sie von den heidnischen Kelten erbaut wurden. Heute weiß man, dass sie zu einer Fluchtburg aus karolingischer oder ottonischer Zeit gehören (8. bis 10. Jahrhundert). Sie wurden errichtet, um den Bewohnern der Dörfer und Weiler der näheren Umgebung Schutz vor Überfällen durch Ungarn und Normannen zu bieten. Aufgrund der 65 mit Trockenmauern ausgeführten Gebäudefundamente, denen die Anlage den Wortteil »löcher« verdankt, schließt man, dass damals rund 250 Menschen in der Burganlage Platz gefunden haben könnten.

Die Mauer selbst, die wohl einst nicht über drei Meter hoch gewesen sein dürfte, trug oben eine Brustwehr aus Holz und Stein. Die beiden Tore im Süden und Norden des rund 450 Meter langen und drei Meter starken Mauerrings sind heute noch gut zu lokalisieren.

Nach dem Besuch der »Heidenlöcher« geht es abwärts und wir erreichen nach wenigen Minuten die spätgotische Michaelskapelle, deren erste Bauphase wohl um das Jahr 1470 datiert. Hier haben wir von dem kleinen Felssporn, auf dem die Kapelle errichtet wurde, einen wunderbaren Blick auf die Rheinebene.

Mit etwas Glück finden wir die Tischgruppe auf dem »Felsbalkon« vor der Kirche verlassen vor und können sie für eine Rast mit zünftiger Pfälzer Brotzeit und malerischer Aussicht nutzen.

Weingut Odinstal

MIT FOLGENDEN VINOTHEKEN GUT ZU KOMBINIEREN

Weingut Kesselring / Ellerstadt

Weingut Studier / Ellerstadt

Genießerlounge Schloss Wachenheim / Wachenheim

Weinbar MAGNUM 44 / Forst

Wein- und Sektgut Braun / Meckenheim

Weinwerk Reinhardt / Ruppertsberg

JK WineLounge / Ruppertsberg

Link zur Downloadseite mit Tourenverlauf

ROUTENPORTRÄT

Dauer 3 Stunde, 31 Minuten
Strecke 9,93 Kilometer
Schwierigkeitsgrad Frühling, Sommer, Herbst
Anstieg 290 Meter
Beste Jahreszeit ganzjährig
Bewertung der Wanderung
★★★ Sehenswürdigkeiten unterwegs
★★★ Panoramablicke
★ Kindertauglichkeit
★★ Picknick-Gelegenheiten
Einkehrmöglichkeit unterwegs Burgschänke Wachtenburg mit typischer Pfälzer Hausmannskost
Öffentliche Verkehrsmittel ja, Bushaltestelle Sportplatz an der L 516 (250 Meter entfernt), gegenüber gibt es auch einen Parkplatz
Startpunkt an der Kirche Sankt Margareta, Forst
Navigationseingabe Weinstraße 70, Forst
Parkplätze an der L 512 (Park un Laaf) gegenüber dem Sportplatz

07

WO EINST VULKANE RAUCHTEN

NEU

»Abwechslungsreiche Terroirwanderung durch die besonderen Weinlagen der Gemeinde Forst sowie der Burgschänke der Burgruine Wachtenburg«

Wir starten an der Forster Kirche St. Margareta (1723). An ihrer Südseite entlang erreichen wir die Weinberge der Weinlage Kirchenstück und folgen dem Weg, bis wir nach rechts Richtung Jesuitengarten mit seiner imposanten Jesuitenmandel – einer der frühestblühenden Mandelbäume an der Weinstraße – abbiegen. Linkerhand verläuft die wohl bekannteste Lage Forsts, nämlich das »Forster Ungeheuer«, benannt nach dem Amtsschreiber der benachbarten Stadt Deidesheim (gestorben 1699). Kurz darauf kommen wir zur Lage Pechstein, deren Namen vom hohen pechschwarzen Basaltanteil im Boden abgeleitet ist. Das Basaltgestein speichert tagsüber die Sonnenwärme und gibt sie über die Nacht hinweg wieder ab – ideale Bedingungen für den Weinbau. In der

Wachtenburg

Basaltsee

Lage Pechstein wachsen vor allem Rieslingreben, die sehr feine, mineralische Weine hervorbringen – unbedingt probieren! Von hier arbeiten wir uns zum Waldrand empor. Auch die mit Basalt gepflasterten Weinbergwege geben uns Hinweise auf die Vorkommen in dieser Gegend, denen wir später noch näher auf den Grund gehen werden.

Das nächste Zwischenziel unserer Wanderung ist die Ruine der Wachtenburg. Sie ist eine der wenigen in der Pfalz, die noch die äußeren Mauerringe des ehemaligen Zwingers aufbieten kann. Anfang des 12. Jahrhunderts erbaut, wurde sie stetig an die sich weiterentwickelnde Waffentechnik angepasst. Die wesentlich später fertiggestellte untere Burg hatte den Sinn, die mauerbrechenden Schusswaffen möglichst auf Abstand zur Kernburg zu halten.

Wie viele Pfälzer Burgen wurde auch sie im Pfälzischen Erbfolgekrieg auf Anordnung des französischen Generals Mélac 1689 gesprengt. Glücklicherweise blieb der Bergfried zur Hälfte erhalten.

In der Burgschänke bietet es sich an, eine Rast einzulegen und sich ein lauschiges Plätzchen auf einer der schönen Terrassen mit herrlichem Blick ins Tal zu sichern. Das für die Pfalz typische Speisenangebot ist hier breit und durchaus schmackhaft.

Nach dem Besuch der Wachtenburg gehen wir ein paar Stufen hinauf in den Wald und setzen dort unseren Weg fort. Nach ein paar hundert Metern öffnet sich der Blick ins Odinstal und die Rheinebene.

Kurz darauf senkt sich der Weg ins Margarethental, wo wir die Gelegenheit haben, den südlichen der beiden Basaltseen zu besichtigen. Dieses Biotop an der Basis steil abfallender Felswände wirkt, als sei es in einem alten Vulkankrater entstanden. Dieser Eindruck täuscht. Die beiden gewaltigen rund 100 Meter tiefen Krater sind menschengemacht. Bis in die 80er Jahre des letzten Jahrhunderts wurden hier im Tagebau große Mengen Basalt abgebaut und mit einer Seilbahn, die kerzengerade von den beiden Kratern bis zur Bahnverladestelle nördlich von Deidesheim verlief, verbracht. Von nun an verläuft unser Weg abwärts in Richtung Deidesheim. Auf einem etwas steileren Abschnitt folgt unser Weg einige 100 Meter der alten Seilbahntrasse, was sich noch an den Resten der Pfeilerfundamente gut nachvollziehen lässt.

Aus dem Wald heraus tauchen wir wieder bei den Deidesheimer Weinlagen Maushöhle und Herrgottsacker ins Pfälzer Rebenmeer ein. Auf unserem Nordkurs durch die Weinberge passieren wir die überlebensgroße barocke Marienstatue, die früher die Einzellage Mariengarten ankündigte, die mittlerweile in der Großlage Ungeheuer aufgegangen ist und erreichen bald unseren Ausgangspunkt bei der Forster Kirche.

Ausblick auf Deidesheim

MIT FOLGENDEN VINOTHEKEN GUT ZU KOMBINIEREN

Genießerlounge Schloss Wachenheim / Wachenheim

Weinbar MAGNUM 44 / Forst

Wein- und Sektgut Braun / Meckenheim

Weinwerk Reinhardt / Ruppertsberg

JK WineLounge / Ruppertsberg

Vinothek Oliver Zeter / Neustadt-Haardt

Link zur Downloadseite mit Tourenverlauf

08

TYPISCH PFALZ!

»Einfache Wanderung, die alles bietet, was die Pfalz ausmacht: Lebendige hübsche Städte, reizvolle Ausblicke, verwunschene Burgruinen und beste Erreichbarkeit mit öffentlichen Verkehrsmitteln«

Wir beginnen unsere Wanderung am Bahnhof und bummeln durch die Neustadter Innenstadt mit ihren vielen schönen Geschäften, Cafés und Fachwerkhäusern.

Am nördlichen Rande der Innenstadt steigen wir vorbei an alten Villen den sogenannten Treppenweg empor in den pittoresken Ortsteil Haardt – den Balkon der Pfalz. Oben durchqueren wir die mediterran angelegte Parkanlage – die sogenannten Doktor-Welsch-Terrassen. Und setzen unsere kleine Wanderung durch die Weinberge mit herrlichen Ausblicken auf Neustadt auf dem Sonnenweg fort, bis wir die Wolfsburg erreichen. Diese Ruine einer mittelalterlichen Höhenburg aus der ersten Hälfte des 13. Jahrhunderts liegt auf einem Felssporn über dem Neustädter Stadtteil Schöntal etwa 130 Meter über dem unter ihr vorbeifließenden Speyerbach. Ursprünglich diente sie dem Schutz der wichtigen Handelsverbindung zwischen Neustadt und Kaiserslautern.

ROUTENPORTRÄT

Dauer 2 Stunden, 25 Minuten
Strecke 8,67 Kilometer
Schwierigkeitsgrad mittelschwer
Anstieg 170 Meter
Beste Jahreszeit ganzjährig
Bewertung der Wanderung
★★ Sehenswürdigkeiten unterwegs
★★★ Panoramablicke
★★ Kindertauglichkeit
★★ Picknick-Gelegenheiten
Einkehrmöglichkeit unterwegs Burgschänke Wolfsburg, Eisdielen, Cafés, Crêperien oder Weinstuben im Stadtzentrum Neustadts
Öffentliche Verkehrsmittel ja, Bus und Bahn am Hauptbahnhof Neustadt
Startpunkt Neustadt, Hauptbahnhof
Navigationseingabe Hauptbahnhof Neustadt/Weinstraße
Parkplätze auf dem Bahnhofsparkplatz

Wolfsburg

Wolfsburg

Die Burganlage ist typisch für die Pfälzer Burgen. Auf einem schmalen Felssporn gelegen, der zu drei Seiten steil abfällt, war sie an ihrer Nordseite durch einen sogenannten Halsgraben und eine massive Schildmauer vor Angriffen von der Bergseite geschützt. Von der Aussichtsplattform auf dem Felsmassiv, wenige Meter oberhalb der Burg, bietet sich ein wunderbarer Blick über die Burgruine und das Tal darunter.

Unterhalb der Burg bietet die Burgschänke an Wochenenden und Feiertagen die Möglichkeit zur Einkehr mit einer herzhaften Pfälzer Brotzeit und einem typischen Pfälzer Weinschorle. Sie ist von April bis Oktober an Samstagen, Sonn- und Feiertagen geöffnet und wird ehrenamtlich von den Mitgliedern des Wolfsburgvereines, bei dem neue Mitglieder jederzeit herzlich willkommen sind, bewirtet.

Ob geöffnet ist, erkennt man an der von Weitem gut sichtbaren Burgfahne. Es gilt: »Wenn die Fahn hängt, is uff!«

An einem Sommerwochenende findet traditionell das Wolfsburgfest mit erweitertem Verpflegungsangebot sowie einem kleinen Unterhaltungsprogramm statt.

Hat die Schänke geschlossen, gibt es an den Tischen und Bänken reichlich Gelegenheit für ein zünftiges Picknick. Auf dem Rückweg sollten wir auf keinen Fall den kleinen Abstecher zum sogenannten Deidesheimer Tempel versäumen. Der Ausblick von hier – unter anderem auch auf das nördlich gelegene Haardter Schlösschen mit der Ruine der Burg Winzingen – ist lohnend. Zudem ist das pavillonartige Gebäude auf der im Sommer reichblühenden Wiese ein dankbares Fotomotiv. Es wurde vom Neustadter Bürgermeister und Weingutsbesitzer Friedrich Deidesheimer (1804 – 1876) in den Jahren 1853/54 erbaut und ist optisch an den Monopteros, einen Rundtempel im Englischen Garten in München, angelehnt.

Wer gerne einen Spaziergang mit einer originellen Weinprobe verbindet, dem seien die geführten Weinproben der Kultur- und Weinbotschafter Sabrina und Nils (www.haardt-core-pfalz.de) ans Herz gelegt, die angereichert mit viel Wissenswertem über die Region und den Pfälzer Wein hier im Deidesheimer Tempel ihren kulinarischen Ausklang finden.

Deidesheimer Tempel

MIT FOLGENDEN VINOTHEKEN GUT ZU KOMBINIEREN

Wein- und Sektgut Braun / Meckenheim

Weinwerk Reinhardt / Ruppertsberg

JK WineLounge / Ruppertsberg

Vinothek Oliver Zeter / Neustadt-Haardt

Vinothek Weingut Ökonomierat Isler / NW-Diedesfeld

Weinhaus Anton / Kirrweiler

Link zur Downloadseite mit Tourenverlauf

ROUTENPORTRÄT

Dauer 3 Stunden, 6 Minuten
Strecke 8,95 Kilometer
Schwierigkeitsgrad Mittelschwer
Anstieg 220 Meter
Beste Jahreszeit ganzjährig
Bewertung der Wanderung
★★★ Sehenswürdigkeiten unterwegs
★★★ Panoramablicke
★★ Kindertauglichkeit
★ Picknick-Gelegenheiten
Einkehrmöglichkeit unterwegs Klausentalhütte (mit großem Kinderspielplatz), Zeter Berghaus, Restaurant 1832 auf dem Hambacher Schloss
Öffentliche Verkehrsmittel Bushaltestelle Alsterweiler Kapelle (Entfernung 600 Meter vom Startpunkt)
Startpunkt Parkplatz Kalmitstraße am westlichen Ortsausgang von Maikammer
Navigationseingabe Parkplatz Kalmitstraße
Parkplätze auf dem großen Wanderparkplatz am Start

09

DEMOKRATIE UND HÜTTENKULTUR

»Hübsche Wanderung, die Pfälzer Hüttenkultur und eines der Wahrzeichen der Pfalz – das Hambacher Schloss – in einer Wanderung vereint«

Was wäre die Pfalz ohne ihre Hütten, die die typischen Pfälzer Spezialitäten wie Leberknödel, Saumagen, Bratwürste und Co. anbieten.

Stilecht dazu sollte man sich einen Schoppen Pfälzer Rieslingschorle am besten aus dem regionaltypischen »Dubbeglas« genehmigen.

Wer hier seinen Urlaub verbringt, sollte wenigstens einmal in einer Waldhütte eingekehrt sein. Dann wird er verstehen, warum die Pfälzer Hüttenkultur im März 2021 zum Immateriellen Weltkulturerbe der UNESCO gekürt wurde. Dabei überzeugte die Jury besonders, dass noch heute viele Hütten des Pfälzerwald-Vereins ausschließlich von ehrenamtlichen Helfern betrieben werden.

Vom Start der Tour in Maikammer haben wir von Anfang an in nördlicher Richtung unser eigentliches Wanderziel – das Hambacher Schloss – vor Augen. Majestätisch thront es auf einem Felssporn oberhalb des Neustädter Ortsteils Hambach. Auch wenn in Reiseführern in der Regel vom »Hambacher Schloss« gesprochen wird, heißt es bei den Einheimischen auch gerne Kästen- oder Keschdeburg, was im Dialekt so viel wie Kastanienburg heißt.

Hambacher Schloss

Nach rund anderthalb Kilometern biegen wir nach links ab, und erreichen die Klausentalhütte (www.klausental.de) – eine typische Vertreterin der Pfälzer Hütten. Sie bietet all das oben aufgezählte und dazu noch einen gewaltigen Spielplatz unterhalb der Terrasse.

Wer mit Kindern wandert, sollte schon hier rasten, wer aber nicht auf einen Tisch mit grandioser Panoramasicht über die Rheinebene verzichten will, kann noch bis zum Zeter Berghaus (www.zeter-berghaus.com), das nach weiteren 1,3 Kilometern an unserer Route liegt, durchhalten.

Knapp zwei Kilometer später erreichen wir das Hambacher Schloss. Es wurde im 11. Jahrhundert von den Saliern erbaut und später dem Hochstift Speyer vermacht.

Fernsicht aufs Hambacher Schloss

Hambacher Schloss

Im zweiten Markgrafenkrieg wurde die Kästenburg von Albrecht II. Alcibiades von Brandenburg-Kulmbach 1552 niedergebrannt, nachdem das Bistum nicht bereit gewesen war, ihm ein Lösegeld für die Verschonung der Burg in Höhe von 150.000 Gulden zu zahlen.

Nach provisorischem Wiederaufbau und nochmaliger weitgehender Zerstörung durch General Mélac im Jahre 1688 im Zuge des Pfälzischen Erbfolgekrieges, bestand die Kästenburg lange Zeit nur noch als Ruine fort.

Zu ihrer eigentlichen Berühmtheit gelangte die Ruine durch das sogenannte Hambacher Fest 1832. Die Demonstration der Demokratiebewegung auf der Burgruine, an der rund 25.000 Menschen teilnahmen und die insgesamt sechs Tage dauerte – später als »Nationalfest der Deutschen« bezeichnet –, war ein Meilenstein der frühen deutschen Demokratiebewegung.

1842 wurde die Ruine von ihren königstreuen Eigentümern dem späteren Bayernkönig Maximilian II. zum Hochzeitsgeschenk gemacht. Seitdem wird sie von den Pfälzern »Maxburg« genannt. Im Jahre 1844 begann der Staat Bayern mit dem Umbau in Anlehnung an Hohenschwangau. Durch die Revolution in den Jahren 1848/49 kam die Baumaßnahme zu einem verfrühten Ende.

Heute zeugt insbesondere noch der schlossähnlich umgebildete Palas (Wohntrakt), der von der Talseite das ansichtsprägende Element ist, von der Baumaßnahme.

Wer etwas Zeit hat, sollte diese zur Besichtigung des Schlossgebäudes und der darin untergebrachten Dauerausstellungen nutzen (www.hambacherschloss.de). Auch das Schlossrestaurant 1832 lädt zu einer Pause ein. Danach treten wir den Rückweg über den Handwerkerweg talwärts an.

MIT FOLGENDEN VINOTHEKEN GUT ZU KOMBINIEREN

Vinothek Weingut Ökonomierat Isler / NW-Diedesfeld

Weinhaus Anton / Kirrweiler

Weingut und Vinotel Schreieck / St. Martin

Weingut J. J. Berizzi/ Edenkoben

Weingut Klein / Hainfeld

Vinothek Das Weinhaus Meßmer / Burrweiler

Link zur Downloadseite mit Tourenverlauf

Genusswanderung mit Kindern

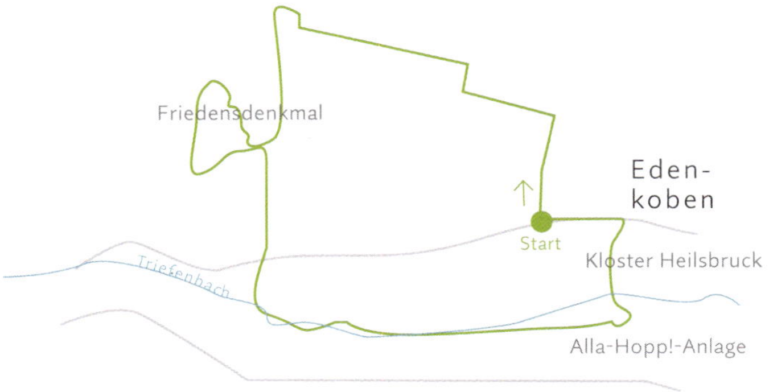

ROUTENPORTRÄT

Dauer 2 Stunden, 3 Minuten
Strecke 5,80 Kilometer
Schwierigkeitsgrad Mittelschwer
Anstieg 160 Meter
Beste Jahreszeit ganzjährig
Bewertung der Wanderung
★★ Sehenswürdigkeiten unterwegs
★★★ Panoramablicke
★★★ Kindertauglichkeit
★★ Picknick-Gelegenheiten
Einkehrmöglichkeit unterwegs Waldgaststätte Friedensdenkmal
Öffentliche Verkehrsmittel Keine
Startpunkt Parkplatz an der Kreuzung Klosterstraße/Woogweg
Navigationseingabe Edenkoben, Klosterstraße 175
Parkplätze auf dem Wanderparkplatz am Start oder in den umliegenden Straßen

10

DIE PFALZ MIT ALLEN SINNEN GENIESSEN

»Gemütliche Wanderung mit wunderbaren Panoramablicken, Gelegenheit zur Einkehr und dem wohl größten und schönsten Spielplatz der Pfalz«

Wir beginnen unsere Tour mit einer schönen Weinbergwanderung oberhalb von Edenkoben.

Rechts vor uns sehen wir in einiger Entfernung das Hambacher Schloss, links am Hang vor uns thront das sogenannte Friedensdenkmal – unser Ziel.

Zwischen den Weinbergen hat man hier immer wieder kleine Ausgleichsflächen mit blühenden Heckenrosen oder Wiesenblumen angelegt, sodass sich die Natur hier stets von einer anderen Seite zeigt.

Nach etwa einer Stunde Marschzeit, vorbei an Weinbergen, Wiesen, Schafs- und Ziegenweiden, erreichen wir das imposante Friedensdenkmal.

Es wurde 1893 bis 1899 in Erinnerung an den Krieg von 1870/71 im Auftrag von Prinzregent Luitpold vom Architekten August Drumm erbaut, der auch das Bilderrelief am Südportal des Reichstagsgebäudes in Berlin schuf.

Das Denkmal ist innen reich mit Fresken und Inschriften verziert, die Reiterfigur davor trägt einen Ölzweig

Kloster Heilsbruck

als Symbol des Friedens. Um auf die Plattform auf dem Dach des Denkmals zu gelangen, kann man einen etwas versteckten Treppenaufgang an der Rückseite nutzen. Der grandiose Ausblick lohnt auf jeden Fall den Aufstieg.

Wer danach etwas rasten will, kann dies in der unmittelbar hinter dem Denkmal gelegenen Waldgaststätte Friedensdenkmal tun. Neben Kaffee und Kuchen gibt es hier typische Pfälzer Spezialitäten und ein kühles Glas Wein oder ein Schorle (wie die Pfälzer das Wein-Mischgetränk stets im Maskulin nennen.)

Den Standort hier auf dem Werderberg wählte man, weil man von hier die durch optische Telegrafen, sogenannten Semaphoren, übermittelte Nachricht vom Sieg bei Straßburg empfangen hatte.

Semaphoren waren optische Signalgeber, bestehend aus einem senkrechten Balken, an dessen Spitze ein Querbalken angebracht war und an dessen Enden wiederum bewegliche Bretter befestigt waren, die man manuell verstellen konnte. Aus der jeweiligen Einstellung ließen sich ähnlich wie bei einem Morsetelegrafen Nachrichten ablesen. In der Pfalz gab es wohl mehrere sogenannte Semaphorenketten mit einer Vielzahl hintereinander platzierten Signalanlagen.

Der Straßburger Stein, den wir auf dem Rückweg passieren, erinnert daran. Von ihm hat man einen atemberaubenden Ausblick bis hin zum Schwarzwald.

Manche Quellen gehen davon aus, dass auf dem Sockel des Steins ein optischer Telegraf montiert gewesen war.

An einem malerischen Picknick-Platz vorbei geht es nun hinab ins Tal Richtung Edenkoben.

Wir folgen dem renaturiert dahinplätschernden Triefenbach bis wir das letzte Ziel, die Alla-hopp!-Anlage, erreichen. Der Bach fließt durch die Anlage und die Sprösslinge dürfen hier mit bereitliegenden Steinen und Ästen nach Herzenslust bauen und stauen.

Daneben hält die parkähnliche Anlage allerlei Attraktionen für kleine und größere Kinder bereit.

Bevor wir ans Auto zurückkehren, passieren wir noch die Reste des im Jahre 1232 gegründeten Zisterzienserinnenklosters Heilsbruck.

Obwohl leider vom Zerfall bedroht, lohnt sich der Blick von der Straße in die verwunschen wirkende ehemalige Klosteranlage.

Reiterfigur mit Ölzweig

Friedensdenkmal

MIT FOLGENDEN VINOTHEKEN GUT ZU KOMBINIEREN

Vinothek Weingut Ökonomierat Isler / NW-Diedesfeld

Weinhaus Anton / Kirrweiler

Weingut und Vinotel Schreieck / St. Martin

Weingut J. J. Berizzi/ Edenkoben

Weingut Klein / Hainfeld

Vinothek Das Weinhaus Meßmer / Burrweiler

Link zur Downloadseite mit Tourenverlauf

Genusswanderung mit Kindern

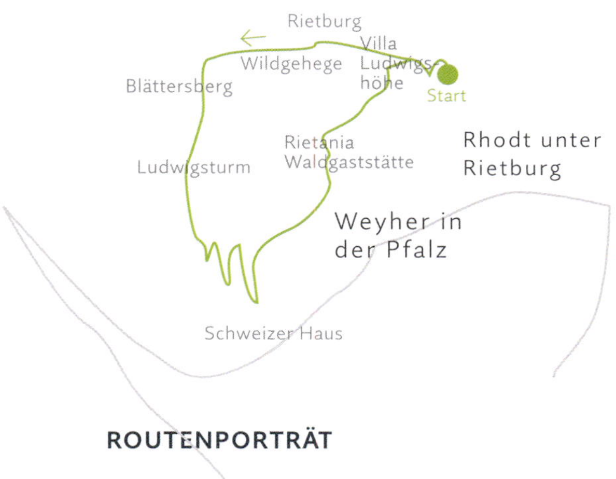

ROUTENPORTRÄT

Dauer 2 Stunden, 32 Minuten
Strecke 7,06 Kilometer
Schwierigkeitsgrad Einfach
Anstieg 340 Meter ohne Nutzung der Seilbahn, 180 Meter mit Nutzung der Seilbahn
Beste Jahreszeit ganzjährig
Bewertung der Wanderung
★★ Sehenswürdigkeiten unterwegs
★★★ Panoramablicke
★★★ Kindertauglichkeit
★★ Picknick-Gelegenheiten
Einkehrmöglichkeit unterwegs Burgschänke Rietburg, Schweizer Haus und Rietania Waldgaststätte
Öffentliche Verkehrsmittel an Sonn- und Feiertagen ab Bahnhof Edenkoben mit dem Palatina Bus 506 direkt zur Villa Ludwigshöhe
Startpunkt Waldparkplatz 200 Meter unterhalb der Villa Ludwigshöhe
Navigationseingabe sogenannter Plus Code, einfach ins Suchfeld bei Google-Maps eingeben: 73GV+P5 Edenkoben
Parkplätze am Start

11

DIE SCHÖNSTE QUADRATMEILE DES KÖNIGREICHES

»Vielseitige Wanderung, die die Interessen der ganzen Familie verbindet. Museum, Seilbahn, Burg und Tierpark – daneben mehrere gute Einkehrmöglichkeiten«

Villa Ludwigshöhe

Unsere Wanderung startet auf dem Parkplatz unterhalb der Villa Ludwigshöhe, die über dem Weinort Rhodt unter Rietburg thront.

Die sanierte Villa ist auf jeden Fall einen Besuch wert. Sie wurde von König Ludwig I. von Bayern in den Jahren 1846 bis 1852 im italienisch-klassizistischem Stil als Sommerresidenz erbaut.

Als ihn sein Baumeister danach fragte, ob er denn eine Parkanlage um seine Villa wünsche, soll er geantwortet haben: »Ein besonderer Garten ist überflüssig. Alles Land ringsumher ist, so weit das Auge reicht, ein großer Garten.« Wen wundert's, dass er später den Landstrich um seine Villa als »die schönste Quadratmeile seines Königreichs« bezeichnete.

Heute beherbergt sie ein Museum mit einem großen Teil des künstlerischen Nachlasses des Impressionisten Max Slevogt.

Daneben finden hier übers Jahr verteilt zahlreiche Konzerte und Kulturveranstaltungen statt.

Villa Ludwigshöhe

Rietburg

Details zu den Öffnungszeiten finden Sie unter: www.burgenlandschaft-pfalz.de

Nach dem Besuch der Villa empfehlen wir Ihnen die kurzweilige Fahrt mit der Sesselbahn nach oben zur Rietburg. Sie ersparen sich dadurch den Aufstieg auf den Serpentinen unterhalb der Sessellifttrasse mit rund 160 Höhenmetern und ein Schmankerl ist es allemal, fast geräuschlos zwischen den Bäumen nach oben zu schweben.

Oben angekommen, lädt uns die Burgruine Rietburg zu einer kleinen Besichtigung oder wenigstens zu einem Blick von der Aussichtsterrasse ein.

Die Rietburg wurde von dem Ministerialen Konrad II. von Riet Anfang des 13. Jahrhunderts erbaut. Der markanteste heute noch sichtbare Bauteil ist die am westlichen Eingang noch gut erhaltene Schildmauer.

Sie hatte zusammen mit dem Halsgraben davor die Funktion, Eindringlinge von der Bergseite abzuhalten.

Des Weiteren können wir noch die unterhalb der Kernburg verlaufende wiederaufgebaute Ringmauer der Vorburg erkennen. Im Laufe des Dreißigjährigen Krieges wurde die Burg zerstört und danach nicht wieder aufgebaut.

Nach dem Besuch der Burg und einer möglichen Einkehr in der Burgschänke wenden wir uns nach dem Verlassen der Burg gen Westen. Nun haben wir entweder die Möglichkeit, unseren Weg direkt Richtung Ludwigsturm fortzusetzen, oder noch dem kleinen unspektakulären Tierpark mit Rot- und Damwild einen Besuch abzustatten (Tierfutter an der Bergstation erhältlich).

Der anschließende Weg zum Ludwigsturm ist angenehm begehbar und führt uns durch eine abwechslungsreiche Waldlandschaft mit schönen Waldwiesen entlang des Weges.

Nach gut anderthalb Kilometern erreichen wir den 1883 erbauten Ludwigsturm auf dem Blättersberg – den höchsten Punkt unserer Wanderung (605 Meter Meereshöhe).

Der Aufstieg über die insgesamt 75 Stufen ist die Mühe wert. Von der runden, metallverkleideten Aussichtsplattform hat man bei gutem Wetter einen Blick über das Haardtgebirge bis zur Madenburg und zum Trifels.

Nach dem Abstieg folgen wir den zahlreichen Hinweisschildern zum Schweizer Haus, wo wir uns mit traditionellen Hüttengerichten und leckerem Wein stärken können (www.pwv-weyher.de/schweizer-haus/).

Schon einen knappen Kilometer später erreichen wir die gemütliche, in einem Blockhaus untergebrachte Rietaniahütte (www.rietania-huette.de). Auch hier gibt es wieder regionale Spezialitäten wie Leberknödel, Bratwurst, original Pfälzer »Fläschknepp« oder Saumagen. Dazu natürlich Pfälzer Wein und ein regionales Bier.

Ein weiterer Kilometer und wir sind wieder an unserem Ausgangspunkt zurück.

Rietburgbahn

MIT FOLGENDEN VINOTHEKEN GUT ZU KOMBINIEREN

Weinhaus Anton / Kirrweiler

Weingut und Vinotel Schreieck / St. Martin

Weingut J. J. Berizzi/ Edenkoben

Weingut Klein / Hainfeld

Vinothek Das Weinhaus Meßmer / Burrweiler

Weingut Karl Pfaffmann / Walsheim

Weingut Tina Pfaffmann / Frankweiler

Link zur Downloadseite mit Tourenverlauf

Genusswanderung mit Kindern

12

MITTELALTER-WG – GANERBENBURG MEISTERSEL

NEU

»Hübsche Wanderung durchs malerische Modenbachtal zum Burgengeheimtipp – Burg Meistersel, die sehr viel über die spätmittelalterliche Burgenwelt erzählt«

Direkt am Parkplatz beginnt unser Weg am Waldrand am Modenbachtal entlang. Der Modenbach ist etwa 30 Kilometer lang und entspringt mitten im Pfälzer Wald, etwa einen Kilometer südlich des Forsthauses Heldenstein. Vor Speyer mündet er in den Speyerbach und dieser nördlich des Doms in den Rhein.

Nach einigen 100 Metern erreichen wir den Natur-Spielplatz des Vereins zur

ROUTENPORTRÄT

Dauer 2 Stunden, 40 Minuten
Strecke 9,16 Kilometer
Schwierigkeitsgrad mittelschwer
Anstieg 250 Meter
Beste Jahreszeit ganzjährig
Bewertung der Wanderung
★★ Sehenswürdigkeiten unterwegs
★★★ Panoramablicke
★★★ Kindertauglichkeit
★★ Picknick-Gelegenheiten
Einkehrmöglichkeit unterwegs keine
Öffentliche Verkehrsmittel Bushaltestelle an der L 506 Weyher Abzweig Modenbachtal (750 Meter vom Start entfernt)
Startpunkt Wanderparkplatz an der L 506 (von Weyher 4 Kilometer in Richtung Ramberg) Beschilderung Nellohütte
Navigationseingabe 49.271284, 8.044362
Parkplätze am Start

Burgruine Meistersel und Modenbachtal

Burgruine Meistersel

Bewegungsförderung und Psychomotorik in Landau e. V. – ein frei zugängliches Abenteuerspielgelände mit Niederseilgarten, Werkelecke, Balancierelementen, Schaukel usw. An der großen Holzbank ist Platz für ein Picknick.

Etwas weiter im Wald queren wir den Modenbach und unser Weg führt uns empor zur Burg Meistersel. Ihre Ursprünge liegen im Dunkeln. Im Jahr 1100 wurde sie erstmals urkundlich erwähnt, als sie der Speyerer Bischof Johann I. aus seinem Familienerbe zusammen mit der Kästenburg – dem Hambacher Schloss – dem Erzstift vermachte. Doch Funde bezeugen, dass man die Felsbarre schon seit der späten Bronzezeit (1200 – 950 v. Chr.) als Rückzugsort aufsuchte. Eine dauerhafte Befestigung entstand aber wohl erst im 10. Jahrhundert als Reaktion auf die Ungarneinfälle.

Im 10. Jahrhundert gelangte die Burg Meistersel in königliche Hand und wurde als Lehen an Reichsministeriale – ritterliche Dienstleute – vergeben. Wie so häufig bei den Pfälzer Burgen zwangen wirtschaftliche Schwierigkeiten zur Aufteilung der Burg, sodass sich um 1400 bis zu acht Ganerben (Mitbesitzer) fanden, die gemeinschaftlich in die Instandsetzung und den Ausbau der Burg investierten. So wurde die Burg zu einer Art Wohngemeinschaft oder »Mehrfamilienburg«, was sich noch heute an den Fundamenten und Resten mehrerer eigenständiger Unterkünfte nachvollziehen lässt.

Leider wurde die Burg dann im Bauernkrieg 1525 von Aufständischen geplündert und war in der Folge kaum noch bewohnt. Man gab sie einfach auf.[5, 6] Nach einer umfangreichen Instandsetzung bis 2019 ist die Ruine ein baugeschichtliches Kleinod, das zudem insbesondere auf der oberen Ebene mit ihrem atemberaubenden Ausblick über den Wasgau auch zum Verweilen oder einem kleinen Picknick auf den warmen Mauern einlädt.

Nach dem Besuch der Burg kehren wir auf dem Rundweg zu unserem Ausgangsort zurück.

Modenbachtal

MIT FOLGENDEN VINOTHEKEN GUT ZU KOMBINIEREN

Weingut J. J. Berizzi/ Edenkoben

Weingut Klein / Hainfeld

Vinothek Das Weinhaus Meßmer / Burrweiler

Weingut Karl Pfaffmann / Walsheim

Weingut Tina Pfaffmann / Frankweiler

Weingut Emil Bauer & Söhne / Nussdorf

Weingut Sauer / Nussdorf

Link zur Downloadseite mit Tourenverlauf

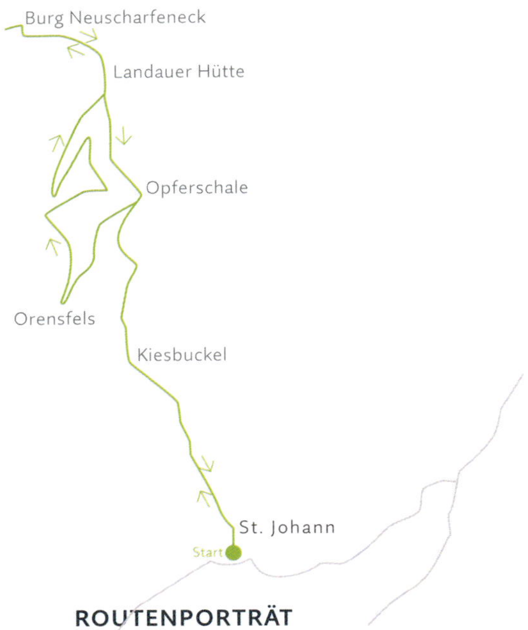

ROUTENPORTRÄT

Dauer 3 Stunden, 47 Minuten (unter Hinzunahme Burg Neuscharfeneck: 4 Stunden, 18 Minuten)
Strecke 9,87 Kilometer (mit Burg Neuscharfeneck: 11,5 Kilometer)
Schwierigkeitsgrad mittelschwer
Anstieg 420 Meter (mit Burg Neuscharfeneck 440 Meter)
Beste Jahreszeit Frühling, Sommer, Herbst
Bewertung der Wanderung
★★ Sehenswürdigkeiten unterwegs
★★★ Panoramablicke
★ Kindertauglichkeit
★★ Picknick-Gelegenheiten
Einkehrmöglichkeit unterwegs Hütte am Kiesbuckel und Landauer Hütte
Öffentliche Verkehrsmittel ja, Bushaltestelle St. Johann Weinstraße (VRN Linie 521)
Startpunkt Parkplatz, Ecke Weinstraße/Schlossstraße, Albersweiler Ortsteil St. Johann
Navigationseingabe Parkplatz, Albersweiler, St. Johann, Schlossstraße 5
Parkplätze am Start. Sollten diese belegt sein, gibt es am oberen Ende der Schlossstraße einen weiteren Parkplatz.

13

FELSEN, BURGEN, KELTENMYSTIK

NEU

»Eine Wanderung, die alles mitbringt, was typisch für die Pfalz ist: viele Sehenswürdigkeiten und gemütliche Hütten«

Blick auf den Trifels

Wir beginnen unsere Wanderung am Parkplatz zu Beginn der Schlossstraße des Albersweiler Ortsteils Sankt Johann. Hier wartet auch schon die erste Sehenswürdigkeit auf uns: der sogenannte Archäologische Park mit den Fundamenten der Klosterkirche der Reuerinnen, deren Anfänge auf das Jahr 991 zurückgehen. An gleicher Stelle finden sich auch Reste, die auf einen Römischen Gutshof zurückgehen (Villa Rustica).

Wir folgen der Schlossstraße nach oben Richtung Wald. Nur wenige Meter oberhalb zeugt eine grüne Tür von kriegerischen Zeiten. Sie gehört zu einem Pumpwerk des Westwalls, das zwei Bunker mit Wasser versorgte. Heute dient das Pumpwerk der Wasserversorgung des Naturfreundehauses

Orensfels

Kiesbuckel, das wir nach einem Anstieg über einen lichten Bergrücken mit blühendem Ginster erreichen. Das Naturfreundehaus ist jeweils an Wochenenden und Feiertagen geöffnet und bietet typische Pfälzische Hüttenverpflegung. Am zweiten Wochenende im Monat spielen hier die Kiesbuckel-Musikanten.

Nun geht es weiter auf den Orensberg, an dessen Südspitze eine markante Felsnase – der Orensfels – wie ein steinerner Balkon in den Pfälzerwald ragt. Er bietet einen herrlichen Panoramablick über das Rebenmeer im Osten, das Queichtal, hinein in den Wasgau über Annweiler auf die Burgengruppe Trifels, Anebos und Münz. Auf den tiefergelegenen Felsbalkonen gibt es für geübte Kraxler schöne Picknickgelegenheiten.

Weg zum Kiesbuckel

Von hier aus geht es weiter Richtung Gipfel des Orensberg. Gleich hinter dem Orenfels erreichen wir den Startplatz der Gleitschirmflieger und können bei gutem Wetter einigen Starts beiwohnen. Der Name Orensberg leitet sich ab von Urlesberg und ursprünglich vom althochdeutschen Wort Urlaß. Was so viel wie Weideberg bedeutete.[7] Auch alte Stiche dokumentieren, dass die Berge hier früher kaum bewaldet waren und ihre kargen Wiesen als Viehweiden dienten.

Grabungen auf dem Orensberg legten Siedlungsreste aus dem frühen Mittelalter frei, weshalb dort seit Jahren archäologische Forschungen betrieben werden. Gefunden wurden auch jungsteinzeitliche Pfeilspitzen aus Feuerstein sowie Keramik aus dem Frühmittelalter. Zudem wurde der ehemalige Eingang ins Innere eines im 8. Jahrhundert errichteten Ringwalls – einer karolingischen Fliehburg – entdeckt.

Nahe dem Gipfel führt uns unser Weg zu einem Felsen – im Volksmund als »Opferschale« bezeichnetet. Er weist Bearbeitungsspuren, unter anderem eine sogenannte »Blutrinne«, auf. Leider ist eine exakte Datierung nicht möglich, sie wird aber in die keltische Zeit eingeordnet.

Danach setzen wir unseren Weg bis zum Zimmerplatz fort. Dort haben wir drei Möglichkeiten. Entweder wir nutzen die dort gelegene Landauer Hütte für einen Stärkung, wir treten den Rückweg an oder wir bauen – der Ausschilderung folgend – einen Abstecher zur Burg Neuscharfeneck ein (einfache Distanz rund 800 Meter). Sie stammt aus dem 13. Jahrhundert, wurde zunächst 1525 im Pfälzischen Bauernkrieg und endgültig im Dreißigjährigen Krieg von den Schweden gesprengt.

Alle Burgenromantiker seien vorsichtshalber darauf hingewiesen, dass es in den Mauern der Burg spuken soll und der Geist des bösen Ritter Einaug von Scharfeneck hier des Nachts umherspukt.

MIT FOLGENDEN VINOTHEKEN GUT ZU KOMBINIEREN

Weingut Tina Pfaffmann / Frankweiler

Weingut Emil Bauer & Söhne / Nussdorf

Weingut Sauer / Nussdorf

Wein- und Sektgut Wilhelmshof / Siebeldingen

Südpfälzer Genusszentrale / Landau

Vinothek Par-Terre / Landau

WeinNest Vögeli / Wollmesheim

Link zur Downloadseite mit Tourenverlauf

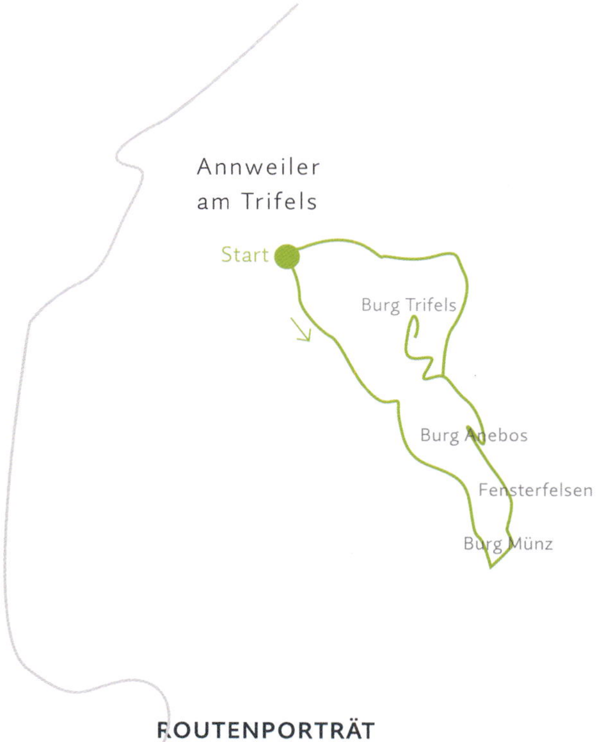

ROUTENPORTRÄT

Dauer 3 Stunden
Strecke 7,91 Kilometer
Schwierigkeitsgrad mittelschwer
Anstieg 320 Meter
Beste Jahreszeit ganzjährig
Bewertung der Wanderung
★★★ Sehenswürdigkeiten unterwegs
★★★ Panoramablicke
★ Kindertauglichkeit
★★ Picknick-Gelegenheiten
Einkehrmöglichkeit unterwegs Restaurant Barbarossa beim Trifels
Öffentliche Verkehrsmittel ja, Bushaltestelle Schwanenweiher am Start der Route
Startpunkt Waldparkplatz am Schwanenweiher
Navigationseingabe Annweiler, Burgstraße 23
Parkplätze am Start

14

AUF DEN SPUREN VON RICHARD LÖWENHERZ

»Ein MUSS für jeden Pfalz-Touristen! Spektakuläre Wanderung auf den Spuren von König Richard Löwenherz und Kaiser Friedrich I., Barbarossa«

Münzfels

Der Trifels ist wohl die bekannteste Pfälzer Burganlage. Auch die bizarren Felsformationen mit mindestens drei mittelalterlichen Burgen und einem der schönsten Ausblicke im Pfälzer Wald sind unbedingt sehenswert.

Unser erstes Ziel ist eine Aussichtsplattform auf einer Felsklippe südlich der Burg Scharfenberg (Münz). Von hier hat man einen grandiosen Ausblick über den Pfälzerwald. Dann geht es auf Serpentinen hoch zur »Münz«. Diese Bezeichnung bezieht sich auf die mittlerweile widerlegte Annahme, dass sich hier die mittelalterliche Münzstätte der Stadt Annweiler befunden hatte. Die Burg muss bereits vor 1154 in staufischer Zeit von Bertold von Scharfenberg – Vater des Bischofs und Reichskanzlers Konrad III – errichtet worden

Trifels

sein. Sie wurde im Zuge des Bauerkrieges 1525 vollständig zerstört und danach nicht wieder aufgebaut. Trotzdem lohnt sich unbedingt eine Besichtigung.

Erhalten sind noch der schlanke Bergfried mit dem typischen erhöhten Zugang und die Schildmauer. Von der Burg hat man einen fantastischen Ausblick über den Wasgau und zum Trifels. Die Aussichtsplattform und die Mauern drum herum laden zum Verweilen und zu einem Panorama-Picknick ein.

Unsere nächste Etappe führt uns am Gebirgskamm entlang durch eine atemberaubende Felsenkulisse zum Münzfels, Jungturm, Fensterfels, Bindersbacher Turm und schließlich zur Burg Anebos.

Die bizarren Felsformationen sind nicht nur eine Herausforderung für Bergsteiger, sondern auch für die Historiker. Ob sie auf ihren Felsplateaus Burg- oder Wehranlagen beherbergten, ist noch nicht vollständig geklärt. Beim Fensterfelsen deuten eine Rundbogenpforte, eine Treppenanlage und Balkenlöcher auf eine Nutzung der Felsplattform hin.

Auch beim Bindersbacher Turm sind Balkenlöcher auf dem oberen Felsplateau ein eindeutiges Zeichen einer frühen Bebauung. Ob sie als Burgen im klassischen Sinne betrachtet werden können, ist fraglich.

Als sicher gilt, dass es sich bei der Anebos um eine Anfang des 12. Jahrhunderts erbaute Höhenburg handelt.

Sie war der Stammsitz der Herren von Anebos, Reichsministerialen, denen das Lehensrecht übertragen worden war. Aufgrund der Kinderlosigkeit der Familie fiel die Burg 1246 an König Konrad IV., wurde im Laufe des 14. Jahrhunderts aufgegeben und verfiel.

Nach 500 Metern erreichen wir den Platz unterhalb des Trifels mit dem Restaurant Barbarossa. Hier können wir entscheiden, ob wir zur Burg aufsteigen (Fußweg 20 Minuten). Die kostenpflichtige Besichtigung ist sehr zu empfehlen (Öffnungszeiten und Preise unter: www.reichsburg-trifels.de).

Der Trifels ist nach dem Hambacher Schloss die am zweithäufigsten besuchte Burg der Pfalz. Erstmals Ende des 11. Jahrhunderts urkundlich erwähnt, hatte er zwei Jahrhunderte den Status der Reichsburg inne, auf der die Reichskleinodien (Krone, Reichsapfel, Zepter, Reichsschwert und Kreuz) verwahrt wurden. Heute werden dort Nachbildungen davon ausgestellt. 1193 wurde auf dem Trifels zeitweise der englische König Richard Löwenherz festgesetzt, bis er gegen Zahlung eines stattlichen Lösegeldes wieder freigelassen wurde.

Nachdem er den Bauernkrieg unbeschadet überdauert hatte, wurde der Trifels im Jahr 1602 durch einen Blitzschlag stark beschädigt, danach aufgegeben und verfiel zunehmend. Im 18. Jahrhundert wurden seine Überreste von den Annweiler Bürgern als Steinbruch genutzt.

Im Jahre 1841 begann man mit dem Wiederaufbau, der sich bis in die 1970er hinzog. Seine Originaltreue ist umstritten. Insbesondere die während der nationalsozialistischen Herrschaft vorgenommen Umgestaltungen, zum Beispiel der nicht stilgerechte Aufbau des Palas mit dem Kaisersaal, sind wohl eher einer politischen Selbstdarstellung und Glorifizierung des mittelalterlichen Erbes als einem authentischen Wiederaufbau zuzurechnen.

MIT FOLGENDEN VINOTHEKEN GUT ZU KOMBINIEREN

Wein- und Sektgut Wilhelmshof / Siebeldingen

Südpfälzer Genusszentrale / Landau

Vinothek Par-Terre / Landau

WeinNest Vögeli / Wollmesheim

Weingut Porzelt / Klingenmünster

Neuspergerhof / Rohrbach

Link zur Downloadseite mit Tourenverlauf

Wasgau Panorama

Genusswanderung mit Kindern

ROUTENPORTRÄT

Dauer 1 Stunde
Strecke 2,9 Kilometer
Schwierigkeitsgrad einfach
Anstieg 60 Meter
Beste Jahreszeit Frühjahr, Herbst, Winter
Bewertung der Wanderung
★ Sehenswürdigkeiten unterwegs
★★★Panoramablicke
★★★ Kindertauglichkeit
★★★Picknick-Gelegenheiten
Einkehrmöglichkeit unterwegs Bistro Palatina auf der Alla-hopp!-Anlage
Öffentliche Verkehrsmittel ja, Bushaltestelle Arzheimer Straße nur etwa 200 Meter vom Startpunkt entfernt
Startpunkt Parkplatz an der Alla-hopp!-Anlage an der K20
Navigationseingabe Alla-hopp!-Anlage Ilbesheim
Parkplätze am Start

15

SCHÖNSTE WEINSICHT DER PFALZ

»Wanderung am romantischen Birnbach entlang, durch den historischen Ortskern von Ilbesheim mit Aufstieg auf die Kleine Kalmit und der schönsten Weinsicht der Pfalz«

Ilbesheimer Rathaus

Unser Ziel, die Kleine Kalmit, ist mit ihren 271 Metern die höchste Erhebung in der Rheinebene und bietet eine grandiose Sicht über die Reblandschaft um sie herum.

Der Name »Kalmit« – lateinisch: »mons calvus« – bedeutet übersetzt »kahler Berg«. Genau das ist die Kleine Kalmit noch heute, sodass man es hier auch an sonnigen Wintertagen bestens aushalten kann.

Wir parken auf dem Parkplatz vor der Alla-hopp!-Anlage an der K 20 und halten uns rechts der Anlage. Der Weg führt uns rechts des Birnbaches in den Ort Ilbesheim. Der schmale Pfad bietet zahllose hübsche Motive von alten Sandsteinmauern, Bauerngärten und einem historischen Waschplatz.

Nach unserem Bachspaziergang sollten wir uns noch das historische Rathaus des Ortes anschauen. Mit seiner rötlichen Fachwerkfassade ist es eines der schönsten Rathäuser der Region.

1558 erbaut war es zweimal ein Brennpunkt der pfälzischen Geschichte. Im Jahre 1704, während der Belagerung der Stadt Landau, trafen sich hier die Militärführer der Allianz gegen die Franzosen, die sich in der Festung Landau festgesetzt hatten. Dabei waren: Kaiser Josef I., Prinz Eugen, Feldherr des habsburgischen Heeres, sowie der Herzog von Marlborough.

Als Beispiel für die Wechselhaftigkeit der Geschichte sei erwähnt, dass ausgerechnet hier am selben Ort nur knapp 100 Jahre später, 1792, die Ilbesheimer »Jakobiner« ihre eigene kleine Revolution nach französischem Vorbild starteten, vor dem Rathaus einen Freiheitsbaum aufstellten und die Aufnahme des Dorfes in die Französische Republik verlangten. Dass die Franzosen tatsächlich ab dem Jahre 1793 die Südpfalz dem Département Bas-Rhin zuschlugen und Ilbesheim damit bis 1815 französisch wurde, dürfte allerdings nicht der Erfolg der Ilbesheimer Revolutionäre gewesen sein.

Nach dem Besuch des Rathauses wandern wir zum eigentlichen Ziel, der Mater-Dolorosa-Kapelle auf dem Gipfel der Kleinen Kalmit.

Die Kleine Kalmit besteht ausschließlich aus Kalkablagerungen, die vor 30 Millionen Jahren bei der Absenkung des Rheingrabens entstanden. Mit etwas Glück finden wir im losen Gestein das eine oder andere fossile Schneckenhaus. Unter anderem spürte man hier auch versteinerte Haifischzähne und sogar Artefakte aus der Steinzeit auf.

Früher wurde der Hügel zum Abbau von Kalk genutzt. Naturfreunden fällt die mediterran wirkende Vegetation ins Auge. Neben der selten anzutreffenden Küchenschelle trifft man Küchenkräuter wie zum Beispiel Wilden Majoran und andere Heilpflanzen an. Bis 2008 wurde auf der Kleinen Kalmit gar Safran angebaut.

Mater-Dolorosa-Kapelle

Die beste Richtung, um die Kleine Kalmit zu besteigen, ist der Weg über den Südgrat des Hügels. Hier bieten sich uns verschiedene Picknick-Möglichkeiten. Unser absoluter Favorit ist die Tischgruppe unter den beiden Linden. All diese Plätze haben eines gemeinsam, nämlich »die schönste Weinsicht der Pfalz«, wozu sie das Deutsche Weininstitut kürte.

Von der 1851 erbauten Mater-Dolorosa-Kapelle setzen wir unseren Weg in nördlicher Richtung über den Weinlehrpfad und den historischen Weinberg fort, wo wir allerhand Wissenswertes über den Weinbau und die Reberziehungsformen erfahren.

Von hier gelangen wir bald zur Allahopp!-Anlage – ein Paradies für Kinder und Junggebliebene.

Tipp: Auf der Kleinen Kalmit findet jährlich Ende Juli das Kalmitfest statt (Details unter: www.Ilbesheim.de).

Kleine Kalmit mit Mater-Dolorosa-Kapelle

MIT FOLGENDEN VINOTHEKEN GUT ZU KOMBINIEREN

Südpfälzer Genusszentrale / Landau

Vinothek Par-Terre / Landau

WeinNest Vögeli / Wollmesheim

Weingut Porzelt / Klingenmünster

Neuspergerhof / Rohrbach

Link zur Downloadseite mit Tourenverlauf

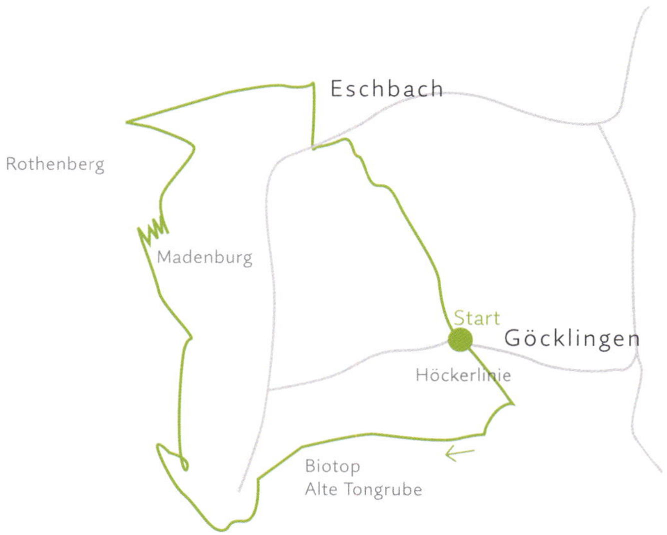

ROUTENPORTRÄT

Dauer 4 Stunden, 6 Minuten
Strecke 11,90 Kilometer
Schwierigkeitsgrad mittelschwer
Anstieg 280 Meter
Beste Jahreszeit ganzjährig
Bewertung der Wanderung
★★★ Sehenswürdigkeiten unterwegs
★★★ Panoramablicke
★ Kindertauglichkeit
★★ Picknick-Gelegenheiten
Einkehrmöglichkeit unterwegs Burgschänke auf der Madenburg
Öffentliche Verkehrsmittel ja, Bushaltestelle Oberdorfplatz (Entfernung 350 Meter)
Startpunkt Parkplatz am Fußballplatz am westlichen Ortsausgang von Göcklingen
Navigationseingabe Göcklingen, Hauptstraße 105 oder Fußballplatz Göcklingen
Parkplätze am Start

16

VON BURG BIS PANZERSPERRE

»Wehrhaftigkeit im Wandel der Jahrhunderte«

Madenburg

Im Mittelalter waren es dicke und hohe Mauern – im letzten Jahrhundert eher subtilere Bauwerke, die den Vormarsch des Feindes stoppen sollten.

Diese Wanderung bietet einen direkten Vergleich und daneben viel Natur und herrliche Ausblicke.

Wir starten in Göcklingen und stehen gleich darauf schon mitten in der ersten Sehenswürdigkeit – nämlich der alten Höckerlinie aus dem zweiten Weltkrieg.

Für viele Südpfälzer ein alltäglicher Anblick, für Auswärtige ungewohnt und bizarr. Die Drachenzähne, die Teil der Panzersperre des 1936 bis 1940 erbauten Westwalls waren, und sich 600 Kilometer entlang der Westgrenze des Deutschen Reiches zogen, waren eher von propagandistischem als von militärischem Nutzen.

Die Bauweise war immer gleich: Mehrere Reihen von Stahlbetonhöckern, verbunden durch ein gemeinsames Fundament. Diese eigenwillige Form bewirkte, dass Panzer, die in die Sperre einfuhren, unweigerlich nach mehreren Metern stecken blieben.

Wir folgen von hier dem Lauf des Krotten- und später des Kaiserbachs in Richtung des Haardtgebirges.

Madenburg/Eberhardsbau

Blick von der Madenburg

Unterwegs passieren wir den Biotopweiher »Alte Tongrube« mit einer schönen Picknick-Gelegenheit. Etwas später unterqueren wir die Weinstraße. Nach einer weiteren kurzen Strecke am Bachlauf entlang beginnt der Aufstieg zur Madenburg. Mit 180 Metern Länge und 50 Metern Breite ist sie die größte und in Bezug auf ihre Wehranlagen mächtigste Burg der Südpfalz.

Sie hatte im Laufe der Geschichte verschiedene Bezeichnungen, die allerdings die gleiche Bedeutung ausdrückten. Neben dem griechischen »Parthenopolis« (Jungfrauenburg) finden sich in alten Schriften auch Namensvorläufer wie »Maidenburg« (Burg der Jungfrau Maria).

Erstmals im Jahre 1076 erwähnt, als dort in einer Fürstenversammlung über die Abberufung des Salierkönigs und späteren Kaisers Heinrich IV. beraten werden sollte, wurde sie im Bauerkrieg 1525 von den Aufständischen eingenommen und in Brand gesetzt. Die Schäden wurden danach wieder ausgebessert. Wie auch die Kästenburg (Hambacher Schloss) wurde sie aber bereits im Jahre 1552 wieder von Markgraf Albrecht Alcibiades, weil ihm seitens des Bistums eine Lösegeldzahlung verweigert worden war, erobert und niedergebrannt.

Erneut wurde die Burg – dieses Mal im Stile der Renaissance – wieder aufgebaut und durch den repräsentativen Eberhardsbau ergänzt. Im Laufe des Dreißigjährigen Krieges wurde die Burg mehrfach beschossen, erobert und zurückerobert und nahm dabei beträchtlichen Schaden.

Madenburg

Im Jahre 1680, in den Reunionskriegen, wurde sie schließlich von den Truppen des Generals Montclar gesprengt und danach nie wieder aufgebaut.

Trotz der Zerstörung lassen sich heute noch die imposante, fünf Meter dicke Schildmauer, die Toranlage, der Bergfried, eine fast 60 Meter tiefe Brunnenanlage und vieles mehr erkennen.

Eine ausgiebige Besichtigung und der Besuch des kleinen Burgmuseums (Eintritt frei) lohnen sich unbedingt.

Hunger und Durst kann man in der Burgschänke stillen. Neben Pfälzer Spezialitäten bietet man hier Flammkuchen in allen Variationen an (www.madenburg-pfalz.de).

Unser Rückweg führt uns durch den gemütlichen Weinort Eschbach und entlang des 2009 aufwendig renaturierten, von Kopfweiden flankierten Krottenbachs. Die Schösslinge der Kopfweiden wurden bis vor einigen Jahrzehnten noch genutzt, um damit die Triebe der Weinreben an den Spanndrähten anzubinden.

MIT FOLGENDEN VINOTHEKEN GUT ZU KOMBINIEREN

Südpfälzer Genusszentrale / Landau

Vinothek Par-Terre / Landau

WeinNest Vögeli / Wollmesheim

Weingut Porzelt / Klingenmünster

Neuspergerhof / Rohrbach

Link zur Downloadseite mit Tourenverlauf

ROUTENPORTRÄT

Dauer 1 Stunde, 51 Minuten
Strecke 5,10 Kilometer
Schwierigkeitsgrad einfach
Anstieg 170 Meter
Beste Jahreszeit ganzjährig
Bewertung der Wanderung
★★★ Sehenswürdigkeiten unterwegs
★★ Panoramablicke
★★★ Kindertauglichkeit
★★ Picknick-Gelegenheiten
Einkehrmöglichkeit unterwegs Burgschänke Burg Landeck
Öffentliche Verkehrsmittel ja, Bushaltestelle (Klingenmünster Pfalzklinikum) nur etwa 100 Meter entfernt
Startpunkt Parkplatz Besucher Pfalzklinikum, Klingenmünster, Johannaweg
Navigationseingabe Klingenmünster, Johannaweg
Parkplätze am Start

17

1.000 JAHRE BURGENGESCHICHTE IM ZEITRAFFER

»Drei Burgen auf einen Streich und drei Burgenzeitalter im Zeitraffer – ein Leckerbissen für alle Burgenfreunde«

Wir starten unsere Wanderung auf dem Besucherparkplatz des Pfalzklinikums in Klingenmünster. Wir gehen auf dem Johannaweg Richtung Waldrand bis zur Johannaquelle. Von hier wandern wir zur Burg Schlössel. In Wirklichkeit handelt sich dabei eigentlich um zwei unabhängige Burganlagen: eine Fliehburg aus karolingischer oder ottonischer Zeit und eine Turmburg aus salischer Zeit.

Burgruine Schlössel

Gefundene Keramik lässt eine Datierung der ovalen Ringwallanlage (210 mal 100 Meter) ins 9./10. Jahrhundert zu. Wir betreten die Anlage durch eine künstliche Bresche, die nur eine ungenaue Vorstellung des Walls zulässt. Kurz vor dem Schlössel, wir haben nun schon mehrere schwer identifizierbare Wälle passiert, erreichen wir eine Infotafel. Wem die bisherigen Hinweise zu vage waren, dem empfiehlt sich ein kleiner Abstecher zum verhältnismäßig gut erhaltenen Südtor. Dazu müssen wir uns von unserem Standort vor der Tafel um 180 Grad drehen und querfeldein etwa 100 Meter rückwärtsgehen. Wir erkennen einen etwa zwei Meter breiten Mauerdurchgang, den wir durch das Gestrüpp passieren.

Dahinter liegt das sehenswerte ehemalige Südtor mit ordentlich aufgemauerten Resten der beiden Torlaibungen. Im Innern des Ringwalls wurden Reste aus einer Umwehrung mit Holzbohlen sowie Pfostenlöcher von Holzgebäuden gefunden. Wahrscheinlich war die Anlage als Fliehburg für die Bevölkerung der umliegenden Dörfer vor möglichen Normanneneinfällen errichtet worden. Da jegliche schriftliche Quellen fehlen, ist dies nicht belegbar. Die Turmburg, die wir nur wenige Minuten später erreichen, bietet weit mehr sichtbare Überreste. Ihre Bauzeit lag in frühsalischer Zeit um 1030/1040. Sie besteht aus Kern- und kleinerer Vorburg. Im Zentrum steht ein exakt quadratischer Wohnturm mit angebautem Abortschacht sowie Vorbau. Schlackefunde und Tiegelfragmente lassen darauf schließen, dass auf dem Gelände der Turmburg früher Buntmetalle, Eisen und Glas geschmolzen wurden. Zweimal gab es Zerstörungen und Brände, deren Schäden ausgebessert wurden. Von einer dritten Nutzungsphase sind noch Reste eines Dampfbades mit Steinofenheizung erhalten.

Blick von der Burg Landeck auf Klingenmünster

Trotz zahlreicher Fundstücke, Lanzen- und Pfeilspitzen, 270 Münzen, einer Schachfigur sowie einem Mühlespielbrett, das in eine Fensterbank gearbeitet war, liegt heute noch nahezu alles zu ihren Bewohnern und warum sie irgendwann im 12. Jahrhundert unterging, im Dunkeln. Gleich mehrere Sitzgruppen laden uns zu einer Rast ein. Nach rund zwei Kilometern erreichen wir die Ruine der erstmals 1237 erwähnten und wahrscheinlich von den Grafen von Leiningen erbauten Burg Landeck. Sie wurde im Zuge des Bauernkrieges 1525 erobert, in Brand gesetzt, aber wieder aufgebaut. Ihre endgültige Zerstörung erfolgte entweder im Jahre 1680 durch General Montclars Truppen im Rahmen der Reunionskriege oder 1689 durch die Zerstörungen im Pfälzischen Erbfolgekrieg. Architektonisch folgt sie der typischen Burgenkonzeption der Staufer.

Sie liegt in klassischer Spornlage, sodass ihr der steil abfallende Felssporn von drei Seiten Schutz bietet. Von der Bergseite ist sie durch einen Halsgraben mit Zugbrücke geschützt. Dahinter ragt die mächtige Schildmauer auf. Der Bergfried steht über Eck, um anfliegende Geschosse seitlich abzulenken. Der ursprüngliche Zugang liegt in rund zehn Metern Höhe über dem Burghof. Die seitliche Treppe ist neuzeitlich. Im Innern des Turms befindet sich ein kleines Museum. Die Zwingeranlage (zweite tieferliegende Ringmauer) aus dem 14./15. Jahrhundert diente dazu, Schusswaffen auf Distanz zu halten und in den Halbtürmen Hakenbüchsen zu installieren.

Da die Burg am Wochenende stark frequentiert wird, empfehlen wir den Besuch an einem Werktag. Die Burgschänke bietet ein breites Speisenangebot. Der Ausblick von hier ist aufgrund der exponierten Ecklage grandios.

Kurz bevor wir den Ausgangspunkt unserer Wanderung erreichen, machen wir noch Station bei der um 1190 erbauten Nikolauskapelle. Sie ist eine typische Vertreterin staufischer Sakralarchitektur und weitgehend im Originalzustand erhalten.

Burgruine Landeck

MIT FOLGENDEN VINOTHEKEN GUT ZU KOMBINIEREN

WeinNest Vögeli / Wollmesheim

Weingut Porzelt / Klingenmünster

Neuspergerhof / Rohrbach

Link zur Downloadseite mit Tourenverlauf

18

BURGEN – SO WEIT DAS AUGE REICHT

NEU

»Panoramawanderung mit geradezu inflationärer Burgenauswahl«

ROUTENPORTRÄT

Dauer 3 Stunden, 4 Minuten
Strecke 8,13 Kilometer
Schwierigkeitsgrad mittelschwer
Anstieg 320 Meter
Beste Jahreszeit Frühling, Sommer, Herbst, möglichst mit guter Fernsicht
Bewertung der Wanderung
★★★ Sehenswürdigkeiten unterwegs
★★★ Panoramablicke
★★ Kindertauglichkeit
★★★ Picknick-Gelegenheiten
Einkehrmöglichkeit unterwegs Burgschänke auf der Burg Landeck
Öffentliche Verkehrsmittel ja, Bushaltestelle (Klingenmünster Pfalzklinikum) nur etwa 100 Meter entfernt
Startpunkt Parkplatz Besucher Pfalzklinikum, Klingenmünster, Johannaweg
Navigationseingabe Klingenmünster, Johannaweg
Parkplätze am Start

Wir starten auf dem Besucherparkplatz des Pfalzklinikums für Psychiatrie und Neurologie in Klingenmünster.

Der erste Teil der Wanderung ist mit Wanderung Nr. 17 identisch. Wieder passieren wir die Johannaquelle und wandern weiter zur karolingisch/ottonischen Ringwallanlage aus dem 9./10. Jahrhundert bis zur salischen Turmburg Schlössel aus der Zeit um 1030/1040. Details zu den beiden Bauwerken finden Sie im Vorkapitel.

Nach rund einem Kilometer erreichen wir einen Aussichtspunkt mit schönem Ausblick auf die Madenburg (vgl. Wanderung Nummer 16).

Gleichzeitig stellt der Fels mit dem Aussichtspunkt die Nordostecke einer weiteren Fliehburg – dem Heidenschuh – dar. Die Bezeichnung stammt aus dem 18. Jahrhundert und spielt auf die fälschliche Annahme vorchristlicher Erbauer und den Grundriss in

Martinsturm

Form eines Schuhes an. Der ursprüngliche Name ist unbekannt. Ähnlich wie der Ringwall ums Schlössel ist auch der Heidenschuh urkundlich in keiner Weise fassbar. Auch er wird dem 9./10. Jahrhundert zugerechnet und diente wohl als Fliehburg für die Bewohner des Klosters Klingenmünster. Mit seiner ovalen Form und den 230 Metern Länge und 90 Metern Breite ähnelt er ebenfalls dem Ringwall ums Schlössel. An der Südwestflanke (der dem Aussichtspunkt abgewandten Seite), die wir nach rund 200 Metern erreichen, lassen sich hinter einer Hinweistafel noch zwei Toröffnungen erkennen.[8]

Nach noch einmal der gleichen Strecke erreichen wir den sogenannten Trifelsblick – einen weiteren Aussichtspunkt – von dem wir einen schönen Blick auf die Reichsburg Trifels haben (vgl. Wanderung Nr. 14).

Nach rund einem weiteren Kilometer gelangen wir zum Martinsturm. Von dem 1886 auf dem Teutelsberg ursprünglich aus Brandschutzgründen errichteten 14 Meter hohen Aussichtsturm haben wir bei gutem Wetter eine Aussicht vom Odenwald, über den Schwarzwald bis hin zu den Vogesen.

Seinen Namen trägt er in Erinnerung an Martin Waldthausen, einen ehemaligen Patienten des Pfalzklinikums, dessen Familie den Bau finanzierte.

Von der Aussichtsterrasse hat man eine gute Aussicht auf das Burgenensemble Trifels, Anebos und Münz auf den markanten drei Hügeln (Wanderung Nr. 14).

Nach wiederum einem Kilometer erreichen wir einen bei Kindern sehr beliebten Rastplatz mit schöner Aussicht – mundartlich Stäämännlhöh (Steinmännchenhöhe) – genannt, auf dem uns, wie schon der Name sagt, hunderte aufeinandergetürmte Steinmännchen erwarten.

Nur 500 Meter weiter kommen wir schon an den nächsten Aussichtspunkt – den Weißen Fels – von dem wir einen schönen Ausblick auf den Hundsfelsen und die Burgruine Lindelbrunn haben. Sie wurde Mitte des 12. Jahrhunderts erstmals erwähnt und diente wohl der Verteidigung des Trifels.

Von hier aus erreichen wir in knapp anderthalb Kilometern die erstmals 1237 erwähnte und wahrscheinlich von den Grafen von Leiningen erbaute Burgruine Landeck (Details siehe Wanderung Nr. 17). Nach einer ausgiebigen Besichtigung der Burgruine und einer Stärkung in der Burgschänke gehen wir über den Panoramaweg zu unserem Ausgangspunkt zurück.

Blick auf den Trifels

Stäämännlhöh

MIT FOLGENDEN VINOTHEKEN GUT ZU KOMBINIEREN

WeinNest Vögeli / Wollmesheim

Weingut Porzelt / Klingenmünster

Neuspergerhof / Rohrbach

Link zur Downloadseite mit Tourenverlauf

DANK

Dass es nun nach nur zwei Jahren schon eine völlige Neuauflage meines Wein-, Vinotheken- und Wanderführers gibt, ist vor allem eines – ein Teamerfolg. Das vorliegende Buch hat mittlerweile einen Umfang erreicht, der kaum noch von einer Einzelperson abzuarbeiten ist. Stellvertretend für das Team an Entdeckern, Testern, Wanderern und Fotografen möchte ich folgenden Mitstreiterinnen und Mitstreitern ganz besonders danken:

Zuallererst meiner Frau Christiane, die nicht müde wurde, das Internet nach neuen, von uns unentdeckten Vinotheken zu durchsuchen, die mich bei vielen Vinotheken begleitete und jede der Wanderungen mitwanderte.

Daneben danke ich ganz besonders Frank Seidel, der mit seiner Frau Sabine unermüdlich mit Kamera und Drohne unterwegs war, um Vinotheken, Landschaften und vor allem die Burgen – häufig aus der Luft – perfekt in Szene zu setzen. Ohne ihn wäre so manches nicht in dieser prächtigen Form in diesem Buch vertreten. Wem seine Drohnenfotos von der Pfalz gefallen haben, dem seien seine Instagram-Auftritte unter @seidelsfrank oder @pfalz.drohne ans Herz gelegt (Kontakt: register@sei-del.de).

Doch letztlich bedarf es neben den Akteurinnen und Akteuren in vorderster Front auch noch einer perfekten Hintermannschaft in der Produktion.

Und da sei ganz besonderes meine Redakteurin Anja Sandmann vom Gmeiner-Verlag herausgehoben. Unter ihrer Koordination entstand dieses Buch und sie war es, die die Last zu tragen hatte, wenn der Autor mal wieder nicht rechtzeitig lieferte oder dies oder jenes noch fehlte. Liebe Anja, vielen Dank für Deine Unterstützung und vor allem deine Engelsgeduld mit mir. Ein weiterer Dank geht an Susanne Lutz und Veronika Buck, die als Mediengestalterinnen alles äußerst geschmackvoll arrangierten.

Ein weiterer Dank geht an Stefanie Stoltenberg – selbst erfolgreiche Reiseliteraturautorin und für dieses Projekt meine Lektorin. Bei einem meiner Schreibseminare entdeckt und von Anfang an für ihre Adleraugen bewundert, die jeden noch so kleinen Fehler zielsicher aufspürten.

Aber da gibt es noch eine ganze Schar weiterer Unterstützer aus der »Weinwelt«, der mein Dank gilt.

Stellvertretend seien hier genannt: Professor Doktor Ulrich Fischer und sein Verkostungsteam vom Weincampus, die mir ermöglichten, in einem Verkostungsausschuss meine Verkostungs-Skills zu optimieren. Heike Kuhly von der Sektkellerei Wachenheim und Barbara Roth vom Wilhelmshof, die mir meine Fragen zur Sektherstellung geduldig beantworteten. Christine und Jochen Gradolph vom Weingut Neuspergerhof und Indra Weisbrodt vom Weingut Holz-Weisbrodt, die mich an ihren Erfahrungen zu entalkoholisierten Weinen teilhaben ließen.

Aber natürlich geht last but not least mein Dank an alle Winzerinnen und Winzer, die mir bei meinen Besuchen alle Fragen so geduldig und kompetent beantworteten und mich einluden, ihre herrlichen Weine und Sekte zu testen.

ENDNOTEN UND ABBILDUNGSVERZEICHNIS

1 Vgl. Plantz, Julia, in Die Rheinpfalz, Lokalausgabe Bad Dürkheim, vom 20.04.2023. Online unter: https://www.rheinpfalz.de/lokal/bad-duerkheim_artikel,-wurstmarkt-wein-ohne-alkohol-jetzt-erlaubt-_arid,5495314.html, Abruf am 19.09.2023.

2 Vgl. Deutsches Weininstitut (Hrsg.), Pressemeldung, (2023). Online unter: https://www.deutscheweine.de/presse/pressemeldungen/details/news/detail/News/alkoholfreie-weine-und-sekte-im-trend-1/, Abruf am 18.09.2023.

3 Hermelink, Thorsten, im Online-Newsletter des Meininger Verlags (Hrsg.), (2023). Online unter: https://www.meininger.de/wein/handel/hawesko-verliert-und-will-wachsen, Abruf am 18.08.2023.

4 Vgl. Rühle, Lea, YouGov (Hrsg.), (2022). Online unter: https://yougov.de/entertainment/articles/43116-fast-die-halfte-der-deutschen-genz-trinkt-keinen-a?redirect_from=%2Ftopics%2Fentertainment%2Farticles-reports%2F2022%2F07%2F11%2Ffast-die-halfte-der-deutschen-genz-trinkt-keinen-a, Abruf am 18.09.2023

5 Vgl.: https://www.burgenlandschaft-pfalz.de/de/weitere-monumente/burgruine-meistersel/geschichte/ (Abruf vom 17.12.2023)

6 Vgl. Keddigkeit, Jürgen et al.: Pfälzisches Burgenlexikon III, Kaiserslautern (2005), S. 534 – 546

7 Vgl.: https://dewiki.de/Lexikon/Orensberg (Abruf am 17.12.2023)

8 Vgl.: Keddigkeit, Jürgen et al.: Pfälzisches Burgenlexikon II, Kaiserslautern (2002), S. 327 und 328.

Alle Fotos, sofern hier nicht gelistet, stammen von Autor Uwe Ittensohn:

Harald Hartusch, Saarbrücken 83
Daniel Prediger Fotografie für Schloss Wachenheim AG, Konz 83, 84
Jonatan Nong Quantz, Haßloch 87
Weingut Heinrich Spindler, Forst 89
Alexander Schleissing, Frauendorf an der Schmida, Österreich 94, 95
Die Abbilderei Sajovic&Scherr GesbR 95
Weingut Reinhardt, Ruppertsberg 96, 97
Vivienne Lion, Neustadt 98, 100, 101
Theo Handrich, Ruppertsberg 99, 100
Medienagenten Stange & Ziegler OHG, Bad Dürkheim 66, 67, 68, 69, 102, 103, 143, 145
Vinothek Oliver Zeter, Neustadt 104
Sandra Fehr, Südharz 105
Leah Schirmer, Weinheim 106, 107
Rainer Moster, Speyer 111
Siegfried Kirr, Rülzheim 112
Steffen Beck, Speyer 114, 115, 117, 135
Florian Weisser WEISSER DIE AGENTUR, Deidesheim 116, 144
Sarah Baumann, Haßloch 118, 119
Weingut Isler, Neustadt-Diedesfeld 120
Lukas Thudium, Neustadt 122
Karl Hoffmann, Neustadt 123, 125
Ralph Anton, Kirrweiler 125
Thomas H. Lerch. Offenbach a. d. Queich 126, 127
Weingut Schreieck, St. Martin 127, 129
Charlotte Pfeifer, Neustadt 130, 132, 133
Janina Berizzi, Edenkoben 131, 133
Akim Benamara, Kapstadt 134, 135, 137
Weingut Klein, Hainfeld 136
Martin Meßmer, Burrweiler 138, 140
Hans-Georg Merkel, Landau 144
Christian Bullinger, Fotograf 146, 149, 163, 165
Melanie Dreysse, Hamburg 147
Timo Ziegler, Ilbesheim 147
Weingut Pfaffmann, Frankweiler 148
Schröck – Oliver Freudenthaler, Laufen 150
Weingut Bauer, Landau-Nußdorf 152
Marvin Rheinheimer, Mannheim 154, 157
Nikolay Kazakov, Karlsruhe 155, 157
Behrendt und Rausch, Kottenheim 155
Fotostudio Weissfloch, Kulmbach 156
Jörg Sänger, Bielefeld für DLG 158
»Loeffel-Fenster«, Herxheim 159
Timo Volz, Mannheim 160
Thomas Pötschik, Aschaffenburg 160
Markus Hammer, Landau 161, 196
Den Pipić, Edesheim 162
Klaus Gamber, Überlingen 164
Vinothek Par-Terre, Landau 166
Nicole Weber, Landau 167
Marcus Zumbansen, Berlin 167
Weingut Friedrich Becker, Schweigen 168
Weingut Sigrist, Leinsweiler 168
André Straub, Leipzig 169
Rolf Goosmann, Bad Bergzabern 169
Dorothee Ackermann, Oberhausen 170
Firma x2e, Rohrbach 171
Britta Hoff, Landau 172
Bjørn Kray Iversen, Albersweiler 173
Pressebild.de/Bertold Fabricius, Halstenbek 174, 176
Richard Winter, Offenbach / Queich 176
Lisa Brucker, Landau 177
Familie Gradolph, Rohrbach (bearbeitet Frank Seidel) 178
Bioland Weingut Neuspergerhof, Rohrbach 180, 181, 191
Franz Hennecke, Grünstadt 185
Christian Hennecke, Grünstadt 186
Aline Wyrwich, Neustadt/Weinstraße 187
Karlheinz Schmeckenbecher (verstorben) 194
Jörg Kaufmann, Wollfsburgverein e. V., Neutsadt 214, 215

Weitere Kriminalromane von Uwe Ittensohn

Uwe Ittensohn
Requiem für den Kanzler
Kriminalroman
310 Seiten, 12,5 x 20,5 cm, Paperback
ISBN 978-3-8392-2386-4
Buch 14,– € / E-Book 11,99 €

Altbundeskanzler Helmut Kohl soll nach einem Requiem im Dom zu Speyer beigesetzt werden. Der Ludwigshafener Kriminalhauptkommissar Frank Achill koordiniert den Einsatz der örtlichen Polizeikräfte und bittet seinen Freund André Sartorius als ortskundigen Stadtführer um Unterstützung. Alles sieht nach einer harmlosen Routineaufgabe aus. Doch dann mehren sich die Zeichen, dass Extremisten dem Ereignis ihren kaltblütigen Stempel aufdrücken wollen. Ein Wettlauf gegen die Zeit beginnt …

Uwe Ittensohn
Abendmahl für einen Mörder
Kriminalroman
314 Seiten, 12,5 x 20,5 cm, Paperback
ISBN 978-3-8392-2560-8
Buch 15,– € / E-Book 10,99 €

Eine Autofahrerin wird durch den Steinwurf von einer Brücke schwer verletzt. Nur die unbedachte Tat eines Jugendlichen? Stadtführer André Sartorius vermutet mehr dahinter. Als eine mysteriöse Nachricht des Täters auftaucht und man kurz darauf bei einem Mordopfer eine ähnliche Botschaft findet, ermittelt er auf eigene Faust. Aus Steinskulpturen am Domportal, theologischen Texten, Schutzpatronen, Märtyrern und Reliquien ergibt sich für ihn ein verstörendes Bild. André ist sich sicher, dass noch weitere Tote folgen werden …

Uwe Ittensohn
Festbierleichen
Kriminalroman
405 Seiten, 12 x 20 cm, Paperback
ISBN 978-3-8392-2822-7
Buch 14,– € / E-Book 10,99 €

Ein abgetrennter Finger am Strand der Ludwigshafener Parkinsel, ein Einbruch bei einem ansässigen Chemieunternehmen und ein toter Wachmann bei der Mannheimer Eichbaum-Brauerei. Handelt es sich hier um tägliche Polizeiroutine oder hängen die Fälle etwa miteinander zusammen? Und dann geht auch noch ein Erpresserschreiben bei der Speyerer Bürgermeisterin ein – das Bier für das Brezelfest soll vergiftet werden.

Wird es dem Ermittlerteam um Sartorius und Achill gelingen, die tödliche Gefahr für die Festbesucher abzuwenden?

Uwe Ittensohn
Klostertod
Kriminalroman
352 Seiten, 12,5 x 20,5 cm, Paperback
ISBN 978-3-8392-0148-0
Buch 14,– € / E-Book 10,99 €

Ein mysteriöser Todesfall in einem Speyerer Kloster. Die Polizei ist sicher, dass die Täterin unter den Nonnen zu finden ist, stößt jedoch auf eine Mauer des Schweigens. Derweil untersuchen der Privatermittler André Sartorius und die Studentin Irina den Fall auf eigene Faust. Irina lässt sich ins Kloster einschleusen und geht den mysteriösen Vorgängen als frischgebackene Novizin auf den Grund. Dabei entdeckt sie ein komplexes Gespinst aus Gier um Macht und Geld und wird am Ende selbst zur Zielscheibe.

Uwe Ittensohn
Winzerblut
Kriminalroman
352 Seiten, 12,5 x 20,5 cm, Paperback
ISBN 978-3-8392-0427-6
Buch 16,– € / E-Book 11,99 €

Vor dem Neustadter Saalbau stirbt auf bizarre Weise ein Student. Zunächst sieht alles nach einem Unfall aus - eine tödliche Mischung aus jugendlicher Ausgelassenheit, Leichtsinn und zu viel Alkohol. Hauptkommissar Achill will den Fall schnell schließen. Doch Privatschnüffler André Sartorius und Oberkommissarin Bertling ermitteln auf eigene Faust entlang einer mysteriösen Blutspur weiter. Sie dringen in die Geheimnisse des Weinbaus vor und stoßen auf ein weiteres ungewöhnliches Verbrechen.

Uwe Ittensohn
Letzte Lese
Kriminalroman
410 Seiten, 12,5 x 20,5 cm, Paperback
ISBN 978-3-8392-0609-6
Buch 16,– € / E-Book 11,99 €

Ein Winzer wird übel zugerichtet unter seinem Traubenvollernter gefunden. Nur eine Woche später wird im selben Dorf ein Polizist überfahren. Die Ermittler gehen von Unfällen aus. Kriminalhauptkommissar Achill will tiefer ermitteln, doch der neue Oberstaatsanwalt, der so gar nicht mit den Gepflogenheiten im Winzermilieu zurechtkommt, legt ihn an die Kette. Als Unterstützung kommen der Privatschnüffler André Sartorius und dessen Mitbewohnerin Irina wie gerufen. Gemeinsam stoßen sie auf ein komplexes Gespinst, das weit über eine Winzertragödie hinausgeht.

GMEINER SPANNUNG

WWW.GMEINER-VERLAG.DE
Wir machen's spannend